# 「顔」研究の最前線

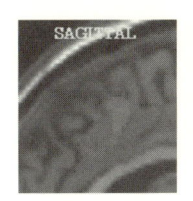

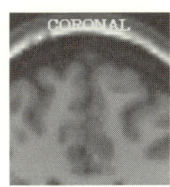

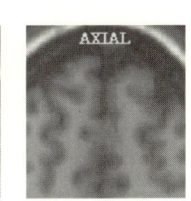

竹原卓真
野村理朗 編著

北大路書房

# はしがき

*主よ，わたしは御顔をたずね求めます（聖書　詩篇27.8）*

　これは，聖書の詩篇にある有名な一節であり，次節にこう続く。「御顔を隠すことなく，怒ることなく，あなたのわたしを退けないでください」。ここでわかることは，古来から「顔」は個人の象徴として，また対象の心情や思考等についての情報源が表出されるいわば掲示板として，あるいはコミュニケーションの原初形態を担うものとして認識されてきたということである。そうした「顔」は，数々の論考の対象となっており，それは実験的アプローチをとる心理学者にとっても研究対象として魅了してやまないものである。

　1993年に出版された『顔と心』（吉川左紀子・益谷真・中村真編，サイエンス社）は，顔の心理学的研究のバイブルとして，日本における顔研究の扉を大きく開いた先駆け的な専門書であった。また，日本心理学会においては，1991年を皮切りに定期的に開催されていた顔研究のワークショップは，当時の顔研究の魅力が余すことなく伝えられた画期的な企画であった。こうした当時の専門書・学会企画に刺激を受けて顔研究を志した多くの若手研究者は，いままさに研究現場の第一線に立ち，そこから有益な成果を日々報告している。本書は，顔研究の先駆者によって開かれた大きな扉をくぐり，現在それぞれの分野の第一線で活躍している若手心理学研究者によって執筆陣が構成されるという，これまでにあまり類を見ない特色を有している。

　最近の10年間は，顔に関する様々な新しい理論やモデルが提唱されており，コンピュータ技術・脳機能画像化技術の進展や，それをもとにした新しいパラダイムを採用する研究が増加し続けている。また，トラディショナルな研究においても様々な研究知見が報告されていて，枚挙に違がないにもかかわらず，『顔と心』が出版されて以降，科学的な観点から議論した類書はほとんど見当たらなかった。そこで，顔研究がどこまで進展しているのかという最新の状況を詳細に伝える専門書の出版を企画した次第である。本書が大学生・大学院生に対しては卒論や修士論文などの必携テキスト，顔研究に携わる研究者にとっては最新の研究知見に触れることができる有用なガイドブックとなれば幸いである。

　顔にまつわる研究は多岐にわたっている。それは知覚心理学，認知心理学，発達心理学，社会心理学などの基礎研究から，急速に発展をつづける比較認知科学，認知神経科学，そして臨床心理学などの広範な領域におよぶ。本書では，そうした顔研究の妙味が失われることなく，また各領域におけるエッセンスが満遍なく盛り込まれているはずである。こうした顔研究の，心理学的研究の交差点ともいえる特徴を活かして，伝統的なアプローチを体系立てて紹介する章から，まさに日進月歩の勢いのある領域

において押さえて置くべき知見と将来の研究方向を示す章まで，それぞれの領域の特徴にフィットした紹介が試みられている。したがって，ある章は個々の実験的研究についての紹介をじっくりと精読するのもよいし，あるいは辞書代わりに用いつつ繰り返し読むことで，理解が深まる章もあるだろう。また，顔研究の各領域をレビューするにあたって，無視することの出来ない重要な研究知見については各章に続くコラムとして紹介されている。

本書では，顔にまつわる研究領域についてその大枠を網羅してあるが，その詳細については触れられていないトピックもある。たとえば，情報工学的観点からの顔認知のシミュレーション研究や，動物の侵襲的研究などがそうである。また，各研究領域で行なわれてきた顔研究が，密接に関連づけられながら進められてきたとはいい難く，そうした背景から，章によって特定テーマへのスポットの当て方が異なっている部分もある。こうしたことから，今後行なうべきは，各領域の異なる観点を対応付けつつ統合してゆく包括的なメタ研究であり，この点について近い将来に詳細な議論の機会をもつことを願っている。まずは本書が，顔研究に関する新しい研究構想が展開される契機となることを願ってやまない。

最後に，本書の出版をお受けくださり，企画段階から編集にいたる一連の過程について細かいリクエストに応えてくださった，北大路書房編集部の薄木敏之氏に心から感謝申し上げたい。

2004年8月　編　者

# 目 次

はしがき

## 第1章 顔と進化論 ……………………………………………………… 1

第1節 顔認識の進化を探る：比較認知科学的アプローチ　2
　1．はじめに　2
　2．比較認知科学とは？　2
第2節 ヒト以外の霊長類における顔認識研究　3
　1．顔から何を読み取るか？　3
　2．顔認識に関する比較認知研究　6
第3節 終わりに　12

## 第2章 顔と発達 …………………………………………………………… 13

第1節 生まれたばかりの赤ちゃんは，「顔」に注目する　14
　1．お母さんの顔はいつわかる？　14
　2．親の姿形を学習する：トリの場合　15
　3．産みの親と育ての親と　16
　4．いつ，お母さん顔を好きになる？：既知顔の認識　17
　5．赤ちゃんの顔の好みとヒトの顔の見方：隠された関係　18
　6．ほんとうにお母さん顔が好き？　それは，ヒトだけのもの？　19
　7．経験と環境と　24
第2節 「ひとみしり」が起こるころ：半年以降の発達をみる　25
　1．赤ちゃんはいつ表情がわかるの？：赤ちゃんの表情に対する反応と好み　26
　2．どの表情から区別しはじめるのか？　27
　3．大人と同じ表情の見方をしているの？　31
　4．顔の男女の区別：赤ちゃんの場合　33

## 第3章 顔と知覚：運動情報 ………………………………………………… 39

第1節 顔の知覚研究最前線：動きの情報処理　40
　1．顔の動きの分類　41
　2．人物の同定と動き情報　41
　3．課題に適した情報の抽出　45
第2節 表情知覚と動き情報　47
　1．表情の変化速度が知覚に及ぼす影響　49
　2．表情の時空間強調が知覚に与える影響　52
第3節 顔と声のマルチモーダルな動的情報　53
第4節 終わりに　55

## 第4章 顔の表情と認知　61

第1節 はじめに　62

iii

第2節　近年の表情認知研究と2大モデル　62
　　1. 表情認知のカテゴリ説（カテゴリ知覚モデル）　62
　　2. 表情認知の次元説　64
　　3. カテゴリ説と次元説の対立　67
　第3節　モーフィングを使用した研究例とカテゴリ説の主張　67
　　1. モーフィングの導入　67
　　2. Etcoff & Magee（1992）の研究　68
　　3. Calder ら（1996）の研究　68
　　4. Young ら（1997）の研究　69
　第4節　モーフィングを利用した次元説の研究　70
　　1. カテゴリ説が唯一なのか？　70
　　2. Takehara & Suzuki（1997）の研究　71
　　3. Takehara & Suzuki（2001）の研究　71
　　4. 山田（2000）のモデル　73
　第5節　フラクタルの概念を用いた表情認知研究　75
　　1. 自己相似性とフラクタル　76
　　2. フラクタル性をもつ図形の例——コッホ曲線　76
　　3. フラクタル次元　77
　　4. 表情認知研究とフラクタル　78
　第6節　表情認知研究の現状と将来　79

## 第5章　顔と認知神経科学　85

　第1節　はじめに　86
　第2節　顔の認知過程に関与する脳領域　87
　　1. 静的側面の処理　88
　　2. 動的側面の処理　91
　　3. カプグラ症候群　95
　第3節　Haxby モデルを越えて　96
　　1. 曖昧な表情認知　96
　　2. 自己の認知　99
　第4節　表情の認知と遺伝子　102
　第5節　認知神経科学的アプローチの現在と将来　103

## 第6章　顔と生理学　107

　第1節　顔刺激の処理の神経科学的研究　108
　　1. はじめに　108
　　2. 神経細胞（ニューロン）と細胞外電位記録について　108
　　3. 顔刺激の処理にかかわる脳の部位　109
　　4. 実験方法　111
　　5. 顔に応答するニューロンは脳の中にどのぐらいあるのか？　113
　　6. 顔に応答するニューロンと顔刺激の物理的特徴との関係　114
　　7. 顔に含まれる生物学的に意味のある情報に対する応答　114
　　8. 処理の時間的な順序　115
　　9. 個体識別中のニューロン活動　118

10. 今後の課題：顔に応答するニューロンは，顔の認知に必要か？　119
　第2節　事象関連脳電位を用いた顔研究　120
　　　1. 事象関連脳電位とは　120
　　　2. 顔刺激に対して特異的に生じるERP成分　120
　　　3. 構造的符号化段階以降の顔の処理　122
　　　4. 終わりに　124

## 第7章　顔と精神疾患　127

　第1節　統合失調症における顔表情認知　128
　　　1. はじめに　128
　　　2. 統合失調症における顔表情認知のプロフィール　128
　　　3. 統合失調症患者の顔表情認知に影響を及ぼしうる要因　130
　　　4. 統合失調症患者の顔表情認知の日仏比較　133
　　　5. 統合失調症における顔表情認知障害の生物学的基盤　136
　第2節　アレキシサイミアにおける表情認知障害　139
　　　1. アレキシサイミア概念とは何か　139
　　　2. アレキシサイミアの測定　140
　　　3. 精神・身体疾患，人格特性からみたアレキシサイミアの位置づけ　141
　　　4. アレキシサイミアの感情処理に関する実験的研究　142
　　　5. 表情認知障害に関連した研究の今後の展望　146

## 第8章　顔と記憶　151

　第1節　顔の記憶に影響する要因　152
　　　1. 示差性と魅力　152
　　　2. 個人差　154
　　　3. 記憶方略　155
　第2節　表情の記憶　157
　　　1. 顔の記憶に及ぼす表情の影響　158
　　　2. 人物同定と表情の記憶の関係　159
　第3節　人物の記憶：顔と個人情報の連合記憶　160
　　　1. 個人情報の記憶　160
　　　2. 名前の記憶　161
　　　3. 組み合わせの記憶　162
　第4節　顔の記憶と顔認識モデル　163

## 第9章　顔と化粧　171

　第1節　現代日本における化粧の定義　172
　　　1. 「化粧」概念の定義　172
　　　2. 化粧の心理的効用モデル　173
　第2節　化粧をめぐる心理学的研究の動向　174
　　　1. 化粧を学問する　174
　　　2. 生理心理学的研究　176
　　　3. 社会心理学的研究　176

4. 臨床心理学的研究：高齢者への化粧を中心に　178
         5. その他，哲学的・文化論的研究　180
      第3節　化粧の目的ごとにみる心理学的研究　182
         1. ケア　182
         2. メーキャップ　183
         3. フレグランスとアロマ　183
      第4節　化粧研究の展望：健康心理学と化粧　184

## 第10章　顔と高齢者 …………………………………………………………… 187

      第1節　高齢者の表情に関する先行研究　188
         1. コミュニケーション機能としての表情の重要性　188
         2. 表情表出に関する研究　188
         3. 表情解読に関する研究　190
      第2節　高齢者の笑いの表出に関する研究　191
         1. 健康な高齢者の笑いの特徴　191
         2. 認知症高齢者の笑いの特徴　195

引用文献　201
人名索引　225
事項索引　231

コラム①　感情コミュニケーションに及ぼす親の影響　37
コラム②　顔の動きの知覚と脳活動　56
コラム③　空間周波数と顔知覚　58
コラム④　無表情とその認知　81
コラム⑤　目は口ほどにものを言う？　105
コラム⑥　顔認知のヒトの脳メカニズム　125
コラム⑦　サイコパスと顔：顔は殺すなと訴える　148
コラム⑧　言葉で表現すると顔は思い出しにくくなる？：言語陰蔽効果　167
コラム⑨　顔の記憶に及ぼす注意の役割　169

【編集部注記】
ここ数年において，「被験者」（subject）という呼称は，実験を行なう者と実験をされる者とが対等でない等の誤解を招くことから，「実験参加者」（participant）へと変更する流れになってきている。本書もそれに準じ変更すべきところであるが，執筆当時の表記のままとしている。文中に出現する「被験者」は「実験参加者」と読み替えていただきたい。

第 **1** 章

● 顔と進化論

☆

● 桑畑裕子

# 第 1 節　顔認識の進化を探る：比較認知科学的アプローチ

## 1．はじめに

　ヒトにとって，顔は最も見なれた視覚刺激の1つであるとともに，最も重要な意味をもつ社会刺激である。たとえば，ヒトは顔を見て，即座にそれが誰であるかを認識できる。また，顔から性別やおおよその年齢を推測することや，表情を読むことでそのヒトの感情や心の状態を認識することも可能である。このように，ヒトは顔から非常に多くの情報を瞬時に読み取ることができるという卓越した顔認識能力をもっている (Bruce, 1988)。

　それでは，こうした顔を認識する能力は，ヒトだけに備わったものなのであろうか。それとも，ヒト以外の動物種も同じような能力を有しているのであろうか。このような問いに答えることは，ヒトのもつ認知様式の進化的起源を探ることでもある。

　本章においては，ヒト以外の動物を対象として行なわれた比較認知科学的研究を紹介する。そこから得られた知見により，ヒトが有する顔認識の進化の一端が解明されるだろう。

## 2．比較認知科学とは？

　「比較認知科学とは，ヒトを含めた種々の動物の認知機能を分析し比較することにより，認知機能の系統発生を明らかにしようとする行動科学である。いわば『心』の進化を科学的に解明しようというのがその目的である」(藤田，1998)。

　人間は言語をもち，非常に高度な文明を発展させてきた。こうした事実から，われわれは「人間は特別な動物である」と考えがちである。しかし，本当にそうであろうか。われわれは人間という独自の存在であると同時に，生物としてのヒトでもある。身体の形態や行動が進化の産物として獲得されたように，認知能力についても，他の動物との進化的連続性を仮定しても不思議はないだろう。

　このような学問的立場は，近年，比較認知科学という研究領域として確立されてきた（藤田，1998；渡辺，2000）。そこでは，ヒトがもつ認知の起源や進化，系統発生を解明することを目的として，さまざまな動物種がもつ認知能力を比較するという手法が用いられる。こうした作業を通じ，ヒトのもつ能力のうち，何が他の動物と共通であるか，あるいは異なっているかを検討することで，ヒトの認知機能の進化を明らかにすることができる。

認知の進化を探る前に，まず，ヒトを含めた霊長類の系統関係について簡単に説明しておく。図1-1には，霊長類の分類とその系統樹が示されている。霊長類とは，動物分類学上での霊長目に相当した動物であり，原猿類（メガネザルなど），新世界ザル（リスザル，オマキザルなど），

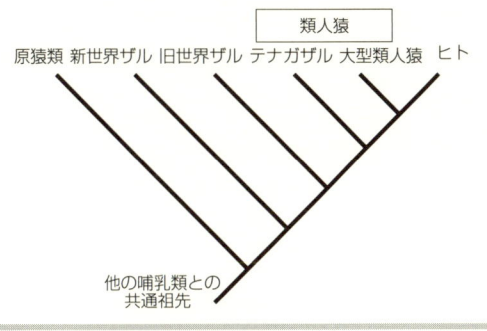

**⬆図1-1　霊長類の分類と系統関係**（竹下，1999より改変）

旧世界ザル（ニホンザルなどのマカクザル，ヒヒなど），類人猿（チンパンジー，オランウータン，ゴリラなど），ヒトなどを含み，現在では約200種ほどの存在が知られている。

　ヒトを含めた霊長類の祖先は，約7000万年前に地球上に出現したといわれている。その後，彼らは原猿類，新世界ザル，旧世界ザルの各系統へと順に分かれ，約500万年前にチンパンジー・ボノボの系統とヒトの系統が分岐した（竹下，1999）。つまり，霊長類と一口に言っても，各系統種とヒトとの間の進化的距離はさまざまに異なっているのである。彼らのもつ認知機能をヒトのそれと比較することにより，系統発生的な近縁さと認知能力の類似度との関連を検討することができる。それは，ヒトのもつ認知機能の起源が，進化の過程のどの段階までさかのぼれるかについての示唆を与えてくれ，ひいては心の進化をたどることを可能にするといっても過言ではない。

　本章の以下の部分においては，このような比較認知科学的立場から行なわれた研究を紹介することで，霊長類の顔認識の進化について考えてみたい。

## 第2節　ヒト以外の霊長類における顔認識研究

### 1．顔から何を読み取るか？

　ヒトを含めた広範な霊長類は，同種個体からなる社会集団を形成しており，その中で相互交渉をもちながら生活している。ヒト以外の霊長類の多くは，順位のある群れ社会を形成しており（de Waal & Tyack, 2003），そうした群れの中で生きるためには，自分以外の他個体からさまざまな情報を読み取り，それに即した反応をとる必要があるだろう。つまり，霊長類が社会的関係を構築し，その関係を維持していくためには，

他個体を認識しコミュニケーションをとる能力が不可欠であると考えられる。

それでは，ヒトを含めた霊長類は，社会的対象である他個体に関するどんな情報を認識することができるのであろうか。社会的交渉を行なうためには，他個体の属性，すなわち種，性別，アイデンティティなどを認識することが重要となる。霊長類は外界を認識する手段として，視覚モダリティを優位に用いていることから（Fobes & King, 1982），他個体を認識する際にも，視覚情報が重要な役割を果たしているのではないかと考えられる。

以下では，ヒト以外の霊長類が，顔に含まれる情報から，他個体の属性（種，個体アイデンティティ）を認識できることを示した研究をいくつか紹介する。

(1) **種認識**

他個体を認識するうえで，まず必要となるのが自種を他種個体から識別する能力である。野外においては，自分の群れのテリトリー内に複数の動物種が混在して生活していることが多い。そうした生活環境内では，自種に属する個体を認識する能力はとても重要なものとなるだろう。

これまでの研究の結果，種を弁別する際に，顔を含めた頭部の情報が優位に用いられていることが示されている。Fujita（1987）は，ニホンザルなどのマカクザルを被験体として，自種に対する視覚的選好を調べた。この実験で用いられた刺激は，自種および他のマカクザルの写真であった。マカクザルは旧世界ザルのマカカ属に属するサルの総称である。彼らは，互いに系統的距離が近く，また視覚的にも類似度が高い。もし，サルたちが自種の個体を他種のマカクザルから弁別することができれば，彼らが自種に対してきわめて鋭敏な感度をもっている証拠であるといえよう。

このFujita（1987）の実験では，レバーを押すとスクリーン上に写真が呈示され，レバー押しを止めると呈示が終了するという感性性強化の手続きが用いられた。各刺激が呈示されたときに，被験体がレバーを押していた時間を測定することによって，それぞれの写真に対する選好を調べた。その結果，ニホンザルやアカゲザルを始めとする多くのマカクザルは，他種のマカクの写真よりも自種の写真を長く見ていたことがわかった。つまり，彼らは自種を他種から弁別し，自種に対して視覚的選好を示したのである。

さらに，ブタオザルを対象として同様の実験を行なった結果，彼らが種を弁別する際には，頭が最も重要な手がかりとなっていることが明らかとなった（Fujita, 1993）。これらの実験の結果から，マカクザルというきわめて近縁な種間においても，自種弁別が可能であること，さらに顔を含む頭部の情報を種弁別の手がかりとして用いていることが示唆されたのである。

## (2) 個体認識

　社会的集団を形成する動物においては，他個体を同定，認識する能力が不可欠である。これまでの研究から，ヒト以外の霊長類においても，顔に含まれる情報をもとにして，他個体を識別し，同定することができることが示されている。

　Boysen & Berntson (1989) の実験では，心拍数を指標とし，チンパンジーにおける同種個体認識を調べた。既知・未知個体の写真を呈示したときの心拍数を比較したところ，既知個体が呈示されたときには，心拍数が増大することがわかった。このような既知性に伴う心拍数の変化を測定するという手法は，ヒト乳児においても広く用いられてきた手続きである。この実験の結果から，チンパンジーは顔写真から，個体識別が可能であることが明らかになった。

　また，他の実験からは，チンパンジーが異種（ヒト）個体認知が可能であることも示されている。松沢(1991)の研究では，チンパンジーに対して，既知のチンパンジーやヒトの写真を用いた命名訓練を行なった。この実験では，個体の写真が呈示されたときに，それを表わすアルファベットを選択することを訓練した。その後，テストとして新奇な写真が呈示されても，やはり正しいアルファベットを選ぶことができた。また，チンパンジーとヒトの写真が呈示されたときを比較すると，同種であるチンパンジーの個体名を選択するほうが成績が良かった。つまり，この実験から，チンパンジーは同種，異種個体のいずれについても個体弁別をすることが可能だが，同種個体の弁別のほうが容易であることがわかった。

　一方，類人猿以外の霊長類においても，個体認識の研究が行なわれている。旧世界ザルのマカカ属の一種であるカニクイザルも，顔写真に基づいて，群れ内の個体を識別することができる。Dasser (1987) の実験では，同時弁別課題が用いられた。まず，2個体の顔写真を呈示し，そのうちの一方を選択するように訓練した。その後，同じ個体の異なる角度の顔写真を呈示し，般化テストを行なった。すると，彼らは新奇な刺激に対しても，正しく反応することができた。この結果は，サルたちが個体性に基づいて，弁別を行なっていた可能性を示唆するものである。

　ここで紹介した種認識，個体認識に関する先行研究の結果は，ヒト以外の霊長類が顔情報をもとに他個体を認識できること，そしてさらにそれが実験的に検証可能であることを明確に示しているだろう。

　また，以上のような個体認知に加え，ヒトを含めた霊長類のコミュニケーション行動においては，顔の表情の果たす役割が大きい (Chevalier-Skolnikoff, 1973；Redican, 1975)。こうした事実も，霊長類の社会的対象認知における顔認識の重要性を支持し

ているといえるだろう。なお，表情の進化というトピックについては，金沢（1993）に詳細に記述されているので，そちらを参照されたい。

## 2．顔認識に関する比較認知研究

これまでに述べてきたように，ヒト以外の霊長類においても，他個体を認知するときに顔に含まれる情報を利用しており，顔を認識することが生態学的に非常に重要な意味をもつことは言うまでもないだろう。

だが，顔認識の進化を探るためには，その認知・情報処理様式の異同についても検討する必要があるだろう。また，それらがどのような発達を遂げているかという点も，非常に興味深い問題である。そこで，以下の項においては，乳児，成体のそれぞれの発達段階に分けて，顔認識に関する比較認知研究を紹介する。

### （1）成体における顔認識様式

#### ①顔の倒立効果

ヒトの顔認識の特徴として，よく知られているのが顔の倒立効果であろう。これは，顔を180度回転させて呈示すると，認識が大きく阻害されるという現象のことである。また，他の物体認識と顔認識を比較すると，顔認識のほうが倒立呈示による認識阻害効果が大きいことも知られている（Yin, 1969）。このような倒立効果は，顔の個別の特徴ではなく，顔全体の特性に基づいた知覚がなされているためであり，顔認識において全体処理が優位に行なわれている証拠であると考えられている（Diamond & Carey, 1986）。

ヒト以外の霊長類においても，顔の倒立効果が存在するか否かを明らかにするために，これまでに多くの研究が行なわれてきた。初期の研究では，倒立効果の存在に否定的な結果が示されていたが（Rosenfeld & Van Hoesen, 1979；Bruce, 1982；Tomonaga et al., 1993），これらの実験では用意された刺激の数が少ないという問題点があった。こうした問題点を克服した近年の比較認知研究では，ヒト以外の霊長類においてもヒトと類似した倒立効果の存在を支持する結果が得られている。

表1-1は，おもな先行研究の結果を簡単にまとめたものである。こうした実験では，見本合わせ課題という手続きが用いられることが多い（基本的な見本合わせ課題の流れについては，図1-2を参照）。倒立効果を調べる研究では，見本と比較刺激の両方が倒立して呈示される場合と，見本刺激と比較刺激の間に180度の回転が加えられている場合とがある。

チンパンジーを対象としたTomonaga（1999）の研究では，このような2種類の条件を用いて，ヒトの顔写真と家の写真を認識する際の倒立呈示効果を調べた。その結

## ●表1-1 顔の倒立効果を示した先行研究の結果のまとめ

（　）内は出典を表わしている。また，表内の記号は，それぞれの刺激に対して，○：倒立効果が示された，×：倒立効果は確認できなかったことを示す。なお，空欄の刺激については，実験において調べられていなかった。

| 種 | 刺激 | | | |
|---|---|---|---|---|
| | 自種 | ヒト | 未知種 | 顔以外 |
| チンパンジー<br>(Tomonaga, 1999) | | ○ | | × |
| アカゲザル<br>(Overman & Doty, 1982) | ○ | ○ | | |
| チンパンジー<br>(Parr et al., 1998) | ○ | ○ | × | × |
| リスザル<br>(Phelps & Roberts, 1994) | | ○ | × | × |
| アカゲザル<br>(Wright & Roberts, 1996) | | ○ | × | × |

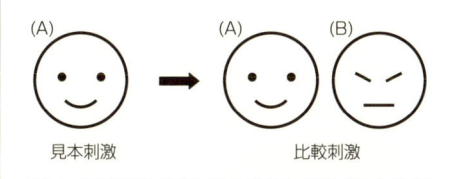

## ●図1-2　見本合わせ課題の基本的な手続き

見本刺激としてAが呈示されたあとに，比較刺激としてA,Bの刺激が呈示される。見本刺激と同じAを選べば正解，Bを選べば間違いと判断される。また，見本刺激と同じ刺激を呈示する代わりに，Aに含まれる特徴を変化させたA'（例，180度回転したもの）が呈示され，般化を調べるというテストが用いられる場合も多い。

果，見本と比較刺激の両方が倒立して呈示されると，両方が正立した場合よりも成績が低下することが明らかとなった。また，比較刺激が見本刺激から180度回転していた場合には，反応時間が増大することもわかった。こうした倒立呈示による認識阻害効果は，ヒトの顔に対してのみ発見され，家の写真に対しては示されなかったことから，ヒトと同様に，倒立効果が顔認識に特有の現象であることが示唆された。

さらに，複数種の顔を刺激として用いた実験からは，視覚経験と倒立効果の関連を示唆する興味深い結果が得られている。アカゲザルを対象に，ヒト，アカゲザルの顔認識を調べたOverman & Doty（1982）の研究では，いずれの種の顔であっても，倒立して呈示された場合には成績が低下することが示された。また，チンパンジーに対して，同種（チンパンジー），視覚経験のある異種（ヒト），未知な種（新世界ザルのオマキザル），人工物（車）の写真を呈示して，見本合わせ課題を訓練したParrら（1998）においては，既知種（ヒトとチンパンジー）の顔に対してのみ，倒立呈示による認識阻害効果が認められた。

一方，Phelps & Roberts（1994）では，新世界ザルのリスザルを対象にして，ヒト，サルの顔，景色の写真を呈示したところ，ヒトの顔が倒立されたときにのみ，成績が低下した。この結果は，アカゲザルを被験体とした実験からも確かめられている（Wright & Roberts, 1996）。しかし，これらの実験で用いられたサルの顔というカテゴリーには，さまざまな種のサルの顔が混在されていたため，自種の顔に対する認

識については明らかにはされていない。

　以上の実験の結果から，大型類人猿（チンパンジー），旧世界ザル（アカゲザル），新世界ザル（リスザル）という広範な霊長類種の顔認識において，ヒトと同様に，倒立呈示による認識阻害効果が存在することが確認された。さらに，こうした顔の倒立効果は，すべての顔刺激に適応されるわけではなく，自種や視覚経験のある他種（ヒト）の顔を認識するときにのみ出現する可能性もあわせて示唆されている。

　このような視覚経験と倒立効果の関連は，ヒトの先行研究においても示されている。Diamond & Carey (1986) では，倒立効果，ひいては全体的処理というものは，顔に特異的な処理方法なのではなく，非常によく親しんだカテゴリに属する刺激を認識する際にみられる傾向であると述べている。ヒト以外の霊長類の顔認識においても，種レベルでの既知性が認識様式に影響を与えているという可能性もあるだろう。顔処理様式と既知性の関連を明らかにするためには，今後さらなる研究が必要である。

### ②弁別手がかり：目の重要性

　ヒトの顔情報処理においては，目が特に重要な役割を果たしていることが知られている（Ellis et al., 1979；Shepherd et al., 1981；Young et al., 1985）。

　一方，ヒト以外の霊長類においても，顔認識における目の重要性を示唆する結果が得られている。Gothardら (in press) が，同種個体の顔写真を呈示したときの走査パターンを調べたところ，アカゲザルは目の部分を最も頻繁に見ていることがわかった。また，ヒトの顔を呈示した際にも，アカゲザルは，同様な走査パターンを示すことが確認されている（Keating & Keating, 1982）。このような自発的に顔を走査する際にみられる目への偏好は，ヒトとヒト以外の霊長類に共通した行動パターンである（Yarbus, 1967）。

　また，オペラント学習の手続きを用いた実験からも，顔認識における目の重要性が示唆されている。筆者らは，見本合わせ課題を用いて，旧世界ザルのギニアヒヒと，新世界ザルのフサオマキザル・リスザルをテストした。まず，2人の人物の顔写真を刺激として，見本合わせ課題を訓練した。その後のテストでは，目，鼻，口の各部分が隠された顔が見本刺激として呈示された（図1-3）。各部分が隠されたときに，彼らの成績がどれくらい低下するかを比較することで，ヒトの顔を弁別する際に用いている手がかりが明らかになると考えたのである。実験の結果，いずれの種においても，目が隠された場合にのみ，成績が有意に低下することがわかった。しかし，鼻，口が隠された条件では，訓練刺激が呈示された条件と成績に差がなかった。

　目が隠されたときの弁別成績の低下は，同種の顔を用いたチンパンジーやアカゲザルの実験においても確かめられている（Parr et al., 2000）。すなわち，手がかりとし

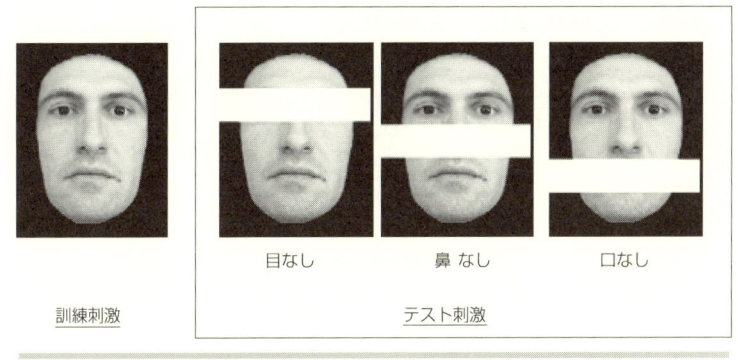

| 訓練刺激 | テスト刺激 |
| --- | --- |
|  | 目なし　鼻なし　口なし |

●図1-3　顔認識における弁別手がかりを調べた実験で呈示された刺激例

ての目の重要性は，広範な霊長類において共通していると考えられる。

ヒトは，視線方向に対して非常に敏感に反応し，新生児でさえも視線への感度が高いことがわかっている（Batki et al., 2000）。また，近年の研究により，チンパンジー乳児が，自分を見ている顔写真と，見ていない顔写真を弁別し，自身を見ている顔に対して偏好を示すことがわかっている（Myowa-Yamakoshi et al., 2003）。

さらに，マカクザルにおいても，生後1か月未満という発達の初期段階から，自身に向けられた視線を回避したり（Mendelson, 1982），視線方向を弁別できることが知られている（Mendelson et al., 1982）。彼らにとっては，視線を合わせることは威嚇の意味をあらわしているため，目に対して特別な注意を払うことは自然な行動だといえるかもしれない。つまり，目という刺激は，社会的場面におけるシグナルとしての機能を有しているために，顔を呈示されると自動的に目の部分に注意を向けるのではないだろうか。そうした自発的な選択的注意の結果，顔弁別課題という場面においても，目の部分に依存した処理が行なわれるのかもしれない。

## （2）乳児における発達研究

### ①顔図形に対する偏好

ヒトの乳児は，顔のような構造をもつ刺激に対して視覚的偏好を示す（Goren et al., 1975；Johnson & Morton, 1991）。こうした現象を調べた研究では，非常に単純な線画で描かれた図形を用い，顔のように見える図形と，顔には見えない図形（例，図1-4に示した顔図形と部品顔図形）に対する乳児の反応を比較するという手法が用いられてきた。そうした実験の結果，顔を見た経験の少ない（あるいはほとんどない）乳児でさえも，顔図形をより長く見ることが示された。こうした事実は，ヒトにとっての顔の特殊性を裏付けるのみならず，その生得性をも示唆するものといえるだろう。

　　　　　　顔　　　　部品顔　　　　顔配置

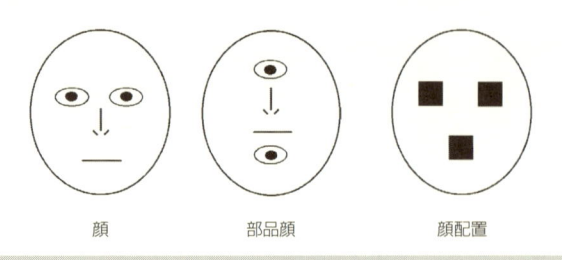

**◯図1-4　霊長類乳児における顔図形偏好の実験で用いられた刺激**
（桑畑ら，2002；Kuwahata et al., 2004）

　一方，ヒト以外の霊長類においても，このような顔図形偏好が存在することが，近年の研究から明らかにされつつある。それらの実験では，顔図形への偏好の有無に加えて，①顔に含まれるどんな情報が乳児の好みに影響を与えるのか，また，②発達に伴う変化はあるのかという点に焦点が当てられてきた（Myowa-Yamakoshi & Tomonaga, 2001；Kuwahata et al., 2004；桑畑ら，2002など）。これらの実験の結果を簡潔にまとめると以下のようになる。

- ヒト以外の霊長類である類人猿（チンパンジー，アジルテナガザル），マクザル（ニホンザル，アカゲザル）の乳児においても，顔図形に対する偏好反応が存在する。
- 生後1か月未満の時期には，部分の形状が顔様でなくても，全体として顔らしい配置をなしている図形に対して偏好を示す（図1-4，顔配置）。
- 生後1か月をすぎると，各構成要素の形状という部分的情報と，それらの配置という全体的情報の両方が顔様である刺激に対してのみ，偏好を示すようになる（図1-4，顔）。

　これらの実験によって示された霊長類乳児における顔図形偏好とその発達的変化のパターンは，ヒト乳児の先行研究で示された結果といちじるしく類似している（Johnson & Morton, 1991）。ヒトの乳児においても，偏好を受ける刺激のタイプは発達に伴って変化する。生後1か月未満の乳児は刺激の全体的配置のみに基づいた反応を示すが，その後，生後2か月をすぎると，全体と部分のいずれもが顔様で，より実際の顔に近い刺激に対してのみ偏好を示すようになる。こうした発達パターンにおける類似性は，発達初期の霊長類が共通した顔認識メカニズムを有している可能性を強く示唆するものであろう。

②母親顔認識

　赤ちゃんを取り巻く環境の中で，最も近しい他者は母親である（なお，ここでの「母親」とは，必ずしも生物学的母親である必要はなく，主たる養育者という意味で用いている）。さまざまな身体，認知機能が未発達な乳児が，母親による世話を受けずに生存していくことは不可能である。そのため，赤ちゃんにとって自身の母親を認識する能力は必要不可欠であろう。

　ヒトの赤ちゃんにおいては，母親顔認識はきわめて早期に獲得され，生後数日という時期から母親の顔を好んで見ることが知られている（Bushnell et al., 1989）。また，ヒトによって育てられたニホンザルの赤ちゃんも，わずか3時間程度，「母親」（ヒト養育者）の顔を見ただけで，お母さんの顔への好みを成立させることが報告されている（山口，2003）。

　また，Myowa-Yamakoshi & Tomonaga（2001）の研究では，生後4～5週齢のアジルテナガザル1個体が母親の顔を認識できるのかという点が調べられた。テナガザルは，類人猿の中では最もヒトと系統的距離が遠く，チンパンジーやゴリラなどの大型類人猿とは区別して，小型類人猿として分類されている種である。実験に参加した個体は，実の母親に育児放棄され，生後13日齢からヒトによって人工保育されていた。そのため，ヒト養育者の顔が「母親顔」として用いられた。刺激としては，養育者，見知らぬヒト，見知らぬテナガザルの顔写真を用いた。実験の結果，テナガザル乳児は，養育者の顔を他の2刺激よりも多く対視していた。つまり，生後1か月齢のテナガザルは，母親（養育者）を未知個体から弁別することができたのである。

　チンパンジー乳児における母親顔認識を調べた実験では，「母親顔」のほかに，同じグループに住むチンパンジーたちの顔を合成した「平均顔」，ならびに母親の特徴を際立たせるように加工した「強調顔」の3種類の刺激が用いられた。各刺激が呈示されたときの対視反応を比較したところ，生後4～8週齢の時期のチンパンジー乳児は，母親顔を他の2刺激よりもよく見ていたことがわかった。しかし，チンパンジー母子が毎日のように接していたヒトの顔を用いて，同様の実験を行なったところ，彼らがヒト実験者の顔を認識しているという明確な証拠は得られなかった（山口，2003；友永ら，2003）。

　以上の実験の結果から，ヒト以外の霊長類の乳児は，母親（養育者）を他個体から弁別する能力があることが明らかとなった。また，こうした母親顔認識は，養育者が異種（ヒト）であっても示されたことから，自種に固有な弁別能力なのではなく，生後経験の結果として獲得された可能性が高いだろう。しかし，最後に述べたチンパンジーの実験からは，顔を記憶するうえで，視覚的な経験だけが影響を与えているので

はないことも示されている。もしかしたら，乳児期の霊長類は，単純な視覚経験ではなく，養育経験というより密接した相互交渉を通じてのみ，顔を学習していくのかもしれない。

## 第3節　終わりに

　本章では，ヒト以外の霊長類における顔認識に関する研究を紹介してきた。これまで得られた知見の多くは，ヒトとヒト以外の霊長類における顔認識様式やその発達に多くの共通点があることを示している。こうした事実は，広範な霊長類が共通したメカニズムを有している可能性を示唆しており，ヒトのもつ顔認識の進化的起源が（少なくとも）サルとヒトが分岐する以前にまでさかのぼれることを意味しているのかもしれない。

　しかしながら，ヒトにおける詳細で広範囲にわたった研究と比較すると，ヒト以外の霊長類を対象とした実験はまだまだ不十分であるといわざるをえない。また，個々の実験が点在して行なわれているため，それらを統括するような議論にはいたっていないのが現状である。顔認識の進化の全容を解明するには，残念ながら，いま少しの努力と時間が必要となるだろう。

　また，今回は霊長類で行なわれた実験のみを紹介したが，他の動物種においても，数少ないながら，顔認識研究が行なわれている（ヒツジ：Peirce et al., 2001；Kendrick et al., 1996；ウシ：Rybarczyk et al., 2001）。Adachi ら（submitted）の研究では，ペットとして飼われているイヌが，飼い主の顔と声の正しい組み合わせを認識できることが示されている。これは，間接的な証拠ではあるが，イヌが顔に含まれている情報から，飼い主を認識できることを示唆していよう。

　今後，霊長類だけにとどまらず，広範な動物種における比較認知研究を行なうことで，現在のヒトが有している顔認識メカニズムの系統発生や，進化の過程における選択圧などの諸側面を明らかにすることができるだろう。顔認識に関する包括的な進化モデルを構築するためには，今後，より多くの比較認知科学的研究が行なわれることが期待される。

# 第 2 章

● 顔と発達

☆

● 山口真美

# 第1節　生まれたばかりの赤ちゃんは,「顔」に注目する

　顔認知の不思議の1つに,その能力の生得性がある。生まれたばかりの乳児でも,顔に注目する能力があるというのだ。そもそもこの事実の発見は,乳児を対象とした実験方法の開発までさかのぼる。

　乳児を対象とした実験は,"プレファレンス法（preference）"と"馴化・脱馴化法（habituation-dishabituation）"とよばれる2つの方法がある。このうち"プレファレンス法"は,乳児の好みをもとに2つの図形の区別を調べる方法だ。実験では,乳児の目の前に2つの図形パタンを呈示し,各図形への"注視時間"を比較する。まずより長く見る図をあらかじめ決定しておく。この予想通り,乳児が特定の図をより長く見ているならば……2つの図は識別されていると解釈するのである。この実験方法は非常に強力で,現在は乳児を対象とした視力検査にも応用されている。

　この実験の遂行のため,乳児がより長く見るであろう「図形」の決定が重要とされる。Fantzら（1961, 1963, 1975, 1979）は,乳児が好む図形パタンを列挙した。そもそも,乳児の好む図形パタンには,明らかな法則性が見られるのだ。

　Fantzらは（1961, 1963, 1975, 1979）,生後46時間〜5・6か月の乳児を対象に,図形の好みを調べる実験を行なった。

　その結果,輝度とは無関係に,図のパタンで好みが決定されることが明らかになった。乳児は均質なものよりもパタンのあるものを好む。さらにパタンの中でも,同心円のものや縞,そして顔模式図をよく見ることが発見された。

　Fantz以降,縞模様は視力検査に応用され,顔図形の認識は,形態知覚と独立して研究されることとなったのである。

　現在でも,顔に注目する行動を利用し,乳児を対象とした顔実験は行なわれている。

## 1. お母さんの顔はいつわかる？

　生後数週間ほど経った乳児は,まだ首も座らないのに,一生懸命身体を動かしてお母さんの顔を見ようとする。一見単純に見えるこの行動は,じつはたいへん不思議である。なぜなら,乳児には新しいものを好み,見なれたものを好まない性質があるからだ。

　見なれたはずのお母さん顔をなぜ好んで見るのかについて,インプリンティングの話から進めていこう。

## 2．親の姿形を学習する：トリの場合

　ウズラやニワトリといった離巣性の生物は，生まれてすぐにお母さんを学習するという特性をもつ。

　離巣性の鳥類は，巣をつくらない。ヒナは，産まれてすぐに母親の後について自分で餌をついばみはじめる。したがって，卵から孵るやいなや，否が応にも母親の姿を認識しなければならないことになる。

　こうした生態をもつ離巣性の生物には，産まれて最初に見る動く物体を，自動的に母親と決定するしくみがある。これを，インプリンティング（imprinting；刷り込み）とよぶ。このインプリンティングは，ヒトの乳児がお母さん顔を好むことに似ている。

　しかしヒナは，なにを手がかりに親鳥を識別しているのだろうか。

　インプリンティングが成立したヒナは，親を見かけると後を追う。この後追い行動を利用した実験が考え出された。さまざまなモノをヒナに見せ，後追い行動が見られるかどうかを観察したのだ。

　Johnson & Morton（1991）は，親鳥のいろいろな特徴，目玉やくちばしなどを，1つひとつヒナに見せていった。そうすると，「首のカーブの形」に後追い行動することがわかったのである（図2-1）。

　最初に見た姿かたちで決定されるという，そんな単純な学習でまちがいはおきないのだろうか。そもそもインプリンティングを発見した Lorenz, K.Z. は，カモたちに自分の姿を親として学習させることに成功している。模型の車を親として学習させた実験もある。タイミング悪く親以外の姿形を最初に見てしまったら，まちがった親を学習することにもなりうるのだ。

　しかしながら最近の研究で，インプリンティングのもう少し現実的で複雑な側面もわかってきた。同じく Johnson & Morton（1991）に次のような実験がある。

　おもちゃの自動車を親として学習させられたヒナに，後から本当の親の姿を見せる。すると今度は，後から見せた本当の母親の姿を追いかけるようになったのだ。インプリンティング成立から数日内に親の姿を学習させれば，誤った学習は修正できたのである。

❶図2-1　首のカーブがお好み
（Johnson & Morton, 1991より作成）

　ただし，この再学習にも期限がある。本当の母親の姿を見せるタイミングが遅れる

と，ヒナたちはもはや親の姿の学習を修正できなくなってしまう。親の姿かたちさえあてがえば，いつでも無尽蔵に再学習可能というわけでもないのである。

どうやらインプリンティングの場合では，親を見るタイミングと，親が自種の姿かたちに合っているかどうかということが，1つの鍵となっているようだ。

## 3．産みの親と育ての親と

インプリンティングの実験からわかること，それは，生物にとって生まれてすぐの環境が物をいうということだ。

Fujita（1987）は，人為的に母子交換をつくりだすことを考えた。

すなわち，ニホンザルの赤ちゃんをアカゲザルの母親に，アカゲザルの赤ちゃんをニホンザルの母親に育てさせることにしたのだ。ちなみにニホンザルとアカゲザルは，交配も可能な近い種だ。

これらのサルに，育ての親と産みの親，どちらの顔を好むか調べる実験が行なわれた。ふつうに育っていれば，自分の母親が属する自種の顔を好む。他種の親が育てると，インプリンティングの場合のように好みはすり変わるのだろうか。

奇妙なことに実験の結果は，ニホンザルとアカゲザルとで異なった。

ニホンザルは，育て親のアカゲザルの顔を，アカゲザルは，見たことのない産みの親のアカゲザルの顔を，好んで長く見ていたのだ。つまり，ニホンザルは育ての親の影響が大きく，アカゲザルは少なかったということができる。

近い種でありながら，アカゲザルとニホンザルで，どうして差が生じたのだろう。Fujitaによれば，ニホンザルとアカゲザルの本来の生育環境に原因があるという。

ニホンザルは地理的に隔離された島国である日本で育つ。他種との接触が少ないため，自種の形態認識が多少あいまいであっても，他種と交配する危険はない。種を維持するのに特に配慮する必要はなく，自種の顔に対する知識もそれほどいらなかったのかもしれない。そのため，育て親の影響を素直に受けることになったのである。

一方のアカゲザルは，他種と接触する地域に育つ。他種との交配の危険性があるため，種の維持のためには，自分の種をしっかりと認識する必要がある。それには，自種に対する生まれつきの知識が求められたのだろう。このため，育て親の影響は拒絶されることになったのだ。

親と環境からの影響の受け方は，種によって違うのだ。

ところで，このサルの実験とインプリンティングの実験で比較しているのは，自種と他種の姿かたちや顔である。特別で個別な存在である，「お母さん」そのものをこの赤ちゃんたちが好むかどうかは，扱っていないのだ。それでは，お母さんという特

別な個体への好みについて話を進めよう。

## 4．いつ，お母さん顔を好きになる？：既知顔の認識

　Bushnellら（1982）は，新生児を対象に，母親顔の認識の実験を行なっている。
　新生児の実験では，顔以外のものが手がかりとならないように最新に注意される。顔だけに注目するようにするため，服が見えないよう白衣を着てもらう上，匂いも届かないようにする。
　このように準備して，実のお母さんとお母さんによく似た女性に，乳児の目の前に並んでもらった。そして，乳児がどちらの顔をより多く見つめるかを観察したのだが，その結果，なんと生後数日の乳児でも，母親の顔を好んで見ることがわかった。
　そもそも胎児の時，お腹の中からお母さんの声を聞くことはできても，顔を見ることは不可能だ。産まれるまで見ることのないお母さんの顔を，数日という短い間で，どうやっておぼえるのだろう。Bushnell（1998）は，さらなる実験を考えた。
　今度は生まれてから2日間，乳児と母親とのすべての接触行動をていねいに観察し，乳児がお母さんの顔を見た時間を記録した。さらにこの2日間のあいだ4時間おきに，お母さん顔を好むかどうか調べる実験が行なわれた。
　お母さん顔の好みがこの間のいつに生じ，その時の親子の接触時間はどのくらいなのかが調べられたのだ。
　実験の結果，母親の顔を見た時間が11時間から12時間を超えると，お母さん顔を好むようになることがわかった。お母さんの顔を見た経験の具体的な量が，お母さん顔への好みを決定していたのである。
　しかし，11時間から12時間という時間が長いのか短いのか，この実験だけではわからない。時間を相対化する必要がある。
　私たちは別の種との比較で，この相対化を試みた。同じ実験をニホンザルで行ない，お母さん顔を好きになる発達速度をヒトと比較したのである。
　これにはヒトに育てられているニホンザルが実験に選ばれた。実験のために数時間おきに母親ザルと赤ちゃんザルを引き離すのは，不可能だ。人工哺育でなければできない実験なのである。
　出産を確認し人工哺育が開始された時から，赤ちゃんザルのすべての行動をビデオに撮影する。ここから，赤ちゃんザルのお母さん（代理母）との接触時間を記録するのである。さらに出生直後から2日間，6時間おきにお母さん顔の好みを調べる実験を行なった。
　前述したように，ニホンザルは育てられた種の顔を好むことがわかっている。この

実験からさらに，ニホンザルは育て親である「代理母」の顔を好むことがわかった。そしてこの種の場合，お母さん顔を見る経験がたった3時間弱の時点で，お母さん顔への好みが成立することがわかったのである。ヒトの6倍の速さである。

どうして，ニホンザルの発達はこんなに早いのだろう。

ヒトとサルでは，新生児期において身体機能面での発達差が大きい。ニホンザルは，生まれてすぐにハイハイしだし，座ることもできる。つねにせわしなく動きまわり，ヒトに見られるような，親子がゆっくり見つめ合う行動はほとんどない。こうした行動面の違いが影響することはじゅうぶん考えられる。

一方で，行動発達の差も理由として考えられる。サルとヒトの視覚部位の脳の発達差は約4倍程度といわれる。このような差が影響していることも考えられる。

## 5．赤ちゃんの顔の好みとヒトの顔の見方：隠された関係

ヒトの乳児はふつう，見なれているものを好まない。見なれているはずの，顔そのものやお母さん顔を好んで見ることは，乳児の一般的性質に反する。これは顔だけに見られる現象なのだ。この乳児にとっての顔の特殊性は，大人の場合と共通するものがある。大人の顔認識のメカニズムから説明しよう。

大人は，千をこえる顔を記憶し，識別することができる。これほどたくさん記憶できる物体は，顔以外にはない。こうした特殊性は，「顔空間モデル」として考えられてきた。

大人の顔の見方は，自分が見てきたさまざまな人々の顔データの蓄積に基づいている。経験した顔は，見る頻度と顔の形状をもとに，より効率的に判断できるよう並べられ，蓄積されていく。よく見る顔を中心に，あまり見たことのない顔を周辺に位置した「顔の見方のモデル」がつくられる。このモデルを基準に，ヒトは顔を判断するというのである。

たとえば日本人では，たくさん見た日本人の顔が中心に，見る機会の少ない白人や黒人などの外国人の顔は周辺に位置するモデルができあがる。中心にある顔はたくさん見ているため区別するのが得意であるのに対し，周辺にいくほど区別が苦手になる。日本人が外国人の顔を区別しにくいのは，このためだ。

このようなモデルを駆使して顔を区別できるようになるのは，10歳ころだと研究者の間では考えられている（Carey, 1992）。しかし，生まれたばかりの乳児が好む顔にも，このモデルは関係している可能性もある。顔図形を注目している乳児と，お母さん顔を注目している乳児……一見するとまったく別の顔を注目しているように見えるこの2つの行動は，このモデルからの理解が可能かもしれない。

顔モデルの中心（中心顔）は，顔の経験が始まったこのころ，めまぐるしく変わると考える。
　生まれたばかりの時，乳児には顔に関する経験はない。そこで，顔の最低条件である，目鼻口が正しい配置にあることを，中心としている。
　やがて見た顔の経験によって，現実の顔にそった顔の中心ができはじめる。乳児が見る顔は，お母さんを中心とした家族の顔だ。その結果，このころの乳児には，お母さんに似た中心顔ができあがる。
　つまり，中心顔を好んで見る働きにより，顔経験のない新生児は，顔の最低条件を好み，お母さんや家族の顔経験を積んでからは，お母さんに似た顔を好むようになると考えるのだ。
　乳児が顔図形に注目することと，お母さん顔に注目することは，じつは中心顔を好むという同じしくみに基づいている。中心顔が変化しているだけなのだ。
　そしてこのような中心顔の変動は，乳児の顔認識の発達と関連しているようだ。
　Pascalisら（2002）の実験がある。彼らは，生後6か月の乳児と大人に，アカゲザルの顔とヒトの顔を見せ，脳波のパタンを記録した。顔を見る時に特有の脳波パタンが，アカゲザルの顔を見た時にも生じるかどうかを調べたのである。すると，6か月の乳児では，アカゲザルの顔でもヒトの顔を見た時と同じ脳波パタンが生じた。これに対して大人では，アカゲザルの顔を見ても，このような脳波パタンは生じなかったのだ。
　どうやら生後6か月ごろまでは，ヒトとサルの分け隔てなく，あらゆる種の顔が平等に区別できるようなのだ。やがてヒトの顔の認識に専門化すると，ヒト以外の顔は見分けにくくなっていくようなのだ。
　ヒトの顔へと専門化するのは，顔認識の発達の貴重な一歩だ。この歩みはもちろん，顔を見る経験によって推進される。そして顔を見る経験は，乳児の中心顔を見ようとする行動によって加速される。乳児が中心顔を見ることは，いわば顔認識発達の水先案内の役割をしているともいえるのである。

## 6．ほんとうにお母さん顔が好き？　それは，ヒトだけのもの？

　顔空間の成立と，中心顔への好みの成立について調べる実験を紹介しよう。
　先に説明した，お母さん顔の好みを調べる実験では，お母さんと他人の女性の顔との間で好みを比べていた。この2つの顔のうち，お母さん顔の方は，乳児の中心顔に似ている。つまりこの手の実験では，乳児の本当の好みがお母さん顔にあるのか，それとも中心顔にあるのか，調べることができないのだ。

そこで，お母さん顔よりももっと中心顔に近い顔をつくり出して，お母さん顔と好みを比べることにした。

CG（コンピュータ・グラフィックス）で，仮想的な中心顔をつくり出すことにしたのだ。乳児がよく見る家族の顔を集めて平均顔をつくるのだ。私たちはこの他に，お母さんの顔の特徴を際立たせたお母さんの強調顔，お父さんの強調顔，そして平均顔をお母さんに似せたお母さんの非強調顔，お父さんの非強調顔をつくった。これらのCG顔に，実際のお母さんとお父さんの顔を混ぜて乳児に見せ，乳児がどの顔をいちばん好んで見るかを調べたのである。

平均顔は家族の顔を単純に平均化したものだ。乳児の現実の経験から言えば，これよりももう少しお母さんに近い，「お母さんの非強調顔」が中心顔にいちばん近いだろう。

もちろん家族の顔が違えば平均顔は変わる。これらの顔は，乳児ごとにつくられた（図2-2）。

生後1か月から7か月まで毎月，この好みを調べる実験を行なった。乳児はお父さんの顔をあまり見なかったので，よく見たお母さんのさまざまな顔を比べることにした。乳児はお母さんの顔よりも平均顔を好んで見ることがわかった。ただし，中心顔にいちばん近いと考えられる「お母さんの非強調顔」への好みはなかった。それでも，お母さん顔よりも中心顔に近い平均顔を好んだということで，乳児が中心顔を好む仮説は実証されたのである。

さて，このように乳児が中心顔を好むことは，ヒトに固有のことなのだろうか。私たちは比較のため，ニホンザルを対象にした実験も行なった。

この実験では，育てられた環境の効果も同時に調べられるように，ヒトが育てたニホンザルと，ふつうに親に育てられたニホンザルの両方を対象にしている。つまり，ヒトが育てたサルの場合，赤ちゃんザルが見る可能性のあるヒト，獣医や実験・養育スタッフなどの顔を集めて平均顔をつくり，お母さん顔（代理母）の顔・お母さん（代理母）の強調顔と好みを比較する。一方，母親が育てたサルの場合では，赤ちゃんザルが見る可能性のあるサル，つまり自分のケージから見えるサルの顔を集めて平均顔をつくり，お母さん顔・お母さんの強調顔と好みを比較するのだ。さらにこれらのサルは身近にお父さんがいないため，お母さんの次によく目にする顔をお父さん顔の代わりに見せることにした。ヒトが育てたサルの場合は別のサルの代理母，母親が育てたサルの場合は近くのお母さんサルだ。もちろんこれらの中では，平均顔が赤ちゃんザルの中心顔に近いと想定される。サルはヒトほどたくさんの顔を集中して見てくれない。そのため，赤ちゃんザルの実験では見せる顔を減らし，お母さんの非強調顔を

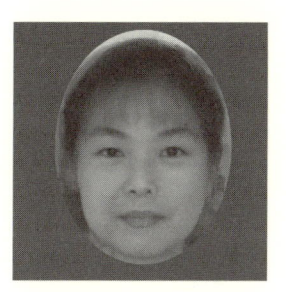

第1節　生まれたばかりの赤ちゃんは,「顔」に注目する

平均顔

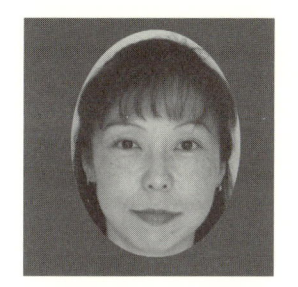

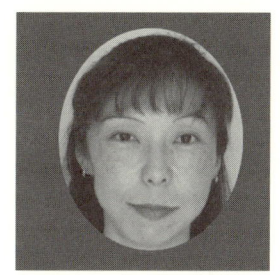

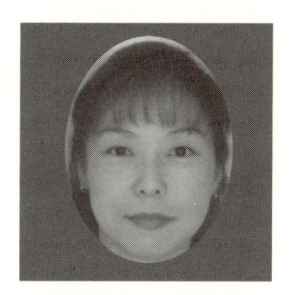

お母さん顔　　お母さんの強調顔　　お母さんの非強調顔

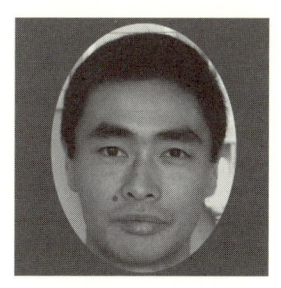

お父さん顔　　お父さんの強調顔　　お父さんの非強調顔

↑図2-2　赤ちゃんの顔の好みを調べる実験

(a) 人工保育の場合

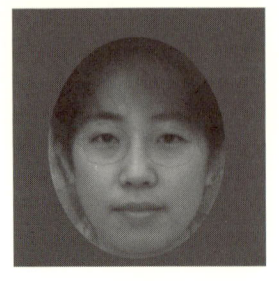

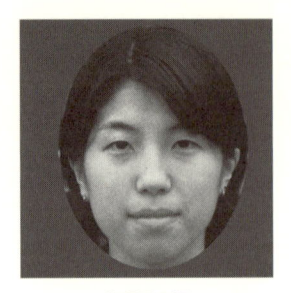

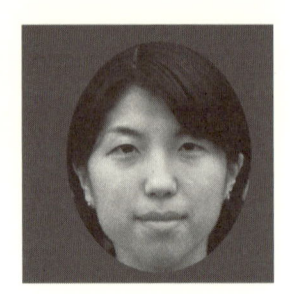

　　　平均顔　　　　　　代理母の顔　　　　　代理母の強調顔

(b) 通常保育の場合

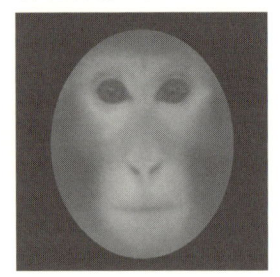

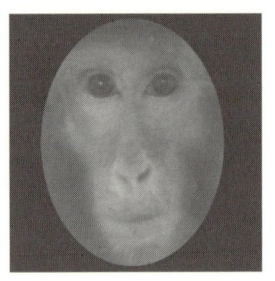

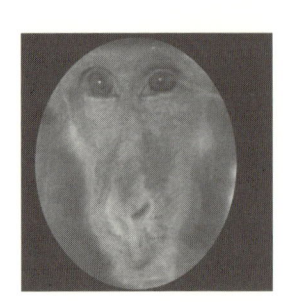

　　　平均顔　　　　　お母さんの顔　　　　お母さんの強調顔

↑図2-3　ニホンザルを対象にした実験

見せずに，平均顔を中心顔とみなすことにしたのである（図2-3）。

　予想されるように，ヒトが育てたサルと，実の母親が育てたサルとで，結果は違うものとなっていた。ヒトに育てられたサルたちは，これらの顔の中で中心顔と母親顔を同じ程度好み，サルに育てられたサルたちは母親顔を好んで，中心顔を好まないことがわかったのだ。

　中心顔を好むかどうかは，サルの場合，育てられ方が大きく関係しているようだが，どうしてこうした違いが生じたのだろう。

　1つには，ヒトの養育スタイルの影響が考えられる。

　ヒトは，子どもと接する時やミルクを与える時に，その子の顔を見つめる。複数の人間が頻繁に赤ちゃんの顔を覗き込むのは，ヒト特有だ。その結果，ヒトに育てられ

たサルは，母親をはじめとする大勢の人の顔を見て育つ。このような育てられ方をしたサルは，ふつうよりもたくさんの顔経験を積むことになり，それが中心顔の好みへとつながったのかもしれない。

　もう１つには，サルの顔とヒトの顔の，形態上の違いの問題がある。

　赤ちゃんザルにとって，ヒトの顔かたちは特殊だ。自種から遠い形態をしているヒトの顔は，サルには積極的に学習しなければならない対象だった。学習する必要性が，中心顔の作成につながったのかもしれない。特別な学習をしなくてはいけない事態が，サルに生じていたと考えるのだ。

　いずれにしても結果をまとめれば，ふつうに育ったニホンザルは中心顔を好まなかったことになる。しかし，これではまだ，中心顔を好むことはヒト特有だと断言できない。ヒトとニホンザルでは，種の距離が少々離れているからだ。もう少しヒトに近い種での実験を紹介しよう。京都大学霊長類研究所での，実の母親に育てられた３頭の赤ちゃんチンパンジーを対象にした実験だ。

　母親のチンパンジーと，同じ施設にいるチンパンジーたちの顔をもとに，平均顔がつくられた。サルの実験と同じように，平均顔とお母さん顔，母親の特徴を強調した母親の強調顔，そしてよそのお母さん顔を見せ，チンパンジーがどの顔を好んで見るかを調べたのである。

　実験の結果，このチンパンジーたちは平均顔（中心顔）を特に好んだことがわかった。しかし，平均顔に対する好みの成立が，ニホンザルよりも，さらには発達の遅いヒトよりも遅いことがわかったのだ。

　じつは，このチンパンジーたちは，産まれた直後からしばらくの間，他のチンパンジーと離れて親子だけで暮らしていたのである。そのため，一定期間のあいだ実験を管理するヒトの顔はたくさん見ていたが，母親以外のチンパンジーの顔は見ていなかったのだ。つまりチンパンジーの顔経験を積む時期が，通常よりもずっと遅れたのである（図２-４）。

　中心顔への好みが見られたのは，ようやく他のチンパンジーとともに過ごすことになった期間以降のことであることもわかった。顔を見た視覚経験の多い少ないが，直接中心顔の好みに影響を与えることがわかったのだ。中心顔の形成には，母親以外のたくさんの同種の個体の顔を見る必要があることがわかる。

　当初の問いに戻れば，チンパンジー程度に進化した動物なら，中心顔を好むしくみをもっていることになる。ただしこれらのチンパンジーたちの特殊な生育環境が影響している可能性は十分あるので，より詳しい研究が必要ではある。そういうことから今のところは，中心顔を好むしくみはヒト特有と，断言できないわけである。

平均顔　　　　　　　　お母さんの顔　　　　　　　お母さんの強調顔

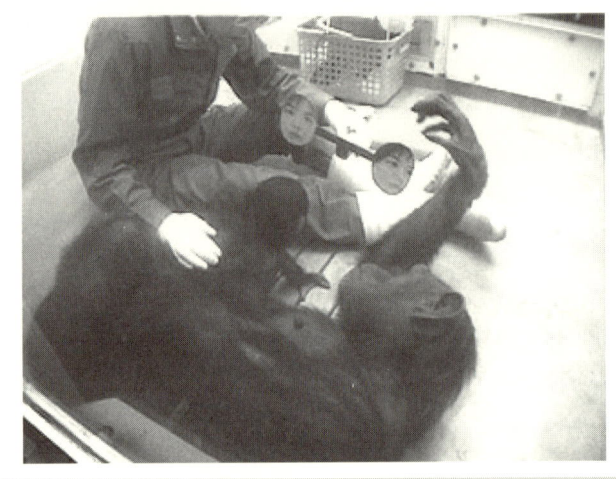

実験風景
京都大学霊長類研究所にて
（友永雅己氏　撮影）

🔴図2-4　チンパンジーを対象にした実験

## 7．経験と環境と

　ヒトの乳児がお母さん顔を好むことには，たくさんの不思議が隠されていた。
　短い経験でお母さん顔を好むことは，タイミングが重要という点で，前述した通り鳥類のインプリンティングと似ている。このヒトと鳥類との共通性は，ヒトが生物の一種にすぎないことを実感させるものである。
　しかし一方で，ヒトの乳児がお母さん顔を好む裏には，顔を識別するという高度なヒトの能力のきざしがある。小さい赤ちゃんのころから，顔に関する学習はすでに始まっているのである。
　こんなに小さいころの経験が，後の顔認識の成立とつながっているのは，一見不可解にも思えるかもしれない。しかし，こんな障害の報告もある。
　Geldartら（2002）による，生まれつきの白内障を外科手術で克服した，元患者の

報告だ。白内障では，眼球の中のレンズが曇っているためはっきりした画像が見えなくなる。外科手術で人工レンズを装着すると，目の見えは正常になる。ただし，手術を受けるまでの産まれてから6か月間，これらの患者たちはモノの形をはっきりと見ることなく育った。そして手術後10年以上経過してから行なった実験で，彼らが，顔認識にわずかな障害をもっていることがわかったのである。実験では，髪型を隠して顔だけ見せて，視線の変化や表情の変化といった，顔のさまざまな違いを検出できるかどうか調べた。そうすると，元患者たちは，表情や顔向きの変化に臨機応変に対応するのが困難であることがわかった。つまり，同じ人物の表情や顔向きが変わると，同じ人物と見ることができず，別人の顔のように見えてしまうのだ。

　正常な視覚経験を受けてきた大人は，表情や顔向きが変わったからといって，人物の判断が混乱することはない。たくさんの顔を区別できるためには，その前提として，同一人物の顔の判断が安定しないと話にならないのである。しかしこの能力は，意外に繊細で壊れやすかったのだ。白内障を克服した元患者たちのように，生後6か月ごろまでの顔を見る経験がないと，この能力は失われ，後の経験で回復することもできないようだ。

　ところで，ここまで扱った赤ちゃんの発達レベルでは，ここまで安定した顔を見る能力は備わっていない。この時点でのお母さん顔の識別には，見やすくわかりやすい，髪型が重要なのだ。先に紹介したお母さん顔を好んだという実験でも，髪型を隠した状態のお母さん顔を好むまでには，生後2か月くらいかかるということもわかっている。次に，こうした少し高度な顔を見る能力の発達について説明する。

# 第2節　「ひとみしり」が起こるころ：半年以降の発達をみる

　生まれて半年から1年近くなった赤ちゃんは，見おぼえのない顔を見て泣きだすことがある。ひとみしりだ。どうしてこの時期に，ひとみしりは見られるのだろう。

　ひとみしりが成立するためには，誰が知っている人で，誰が知らない人か，1つひとつの顔を認識できねばならない。そのためには，顔がもつさまざまな情報を知らねばならない。1つの顔だけ覚えてお母さんの顔を見分けた時とは，格段の違いがある。

　表情や性別は，それぞれ顔のもつ重要な情報の1つである。このころの赤ちゃんは，男性よりも女性の顔を，しかも微笑んだ女性の顔を，機嫌よく見つめているようだ。これは，性別や表情を認識できているということだろうか。

## 1. 赤ちゃんはいつ表情がわかるの？：赤ちゃんの表情に対する反応と好み

　表情によるコミュニケーションは進化的に古く，社会をつくる哺乳類全般に共有される。重要であれば，表情は学習によることなく，生まれつき表出できるのかもしれない。

　Rosenstein & Oster（1988）は，生後2時間の新生児の舌に苦い味や酸っぱい味の物質をのせ，どんな反応をするかを調べた。すると，甘い味にはリラックス，苦みや酸っぱい味には不快といった，味に見合った表情を示すことがわかったのだ。

　表情は生まれつき，自動的に表出されるようである。

　表情が自動的なら，表情に対する反応も自動的かもしれない。ということは，表情に対する反応や表情を読み取る能力も，小さいころから備わっている可能性がある。

　生後36時間の乳児が表情の変化に気づくかを調べる実験がフィールドら（Field et al., 1983）によって行なわれた。乳児の目の前で，女性が微笑んだり悲しんだり驚いたりして見せるのである。これを見せられた乳児は，表情が変化する時に特に注目した。どうやら生後数十時間の新生児でも，表情の変化に気づくようだ。

　Fieldら（1983）たちは，乳児が顔のどの部分に注目しているかも記録している。微笑みと悲しみでは口のまわり，驚きでは口と目を交互に見ていることがわかった。つまり，その表情において目立ちやすい特徴に注目しているようなのだ。

　乳児は圧倒的に幼いころから人の表情に反応することがわかったが，この実験にはいくつかの問題がある。いちばんの問題は，乳児の目の前で表情をつくることだ。これでは表情のつくり手の意図が混入する恐れがある。そうなると，乳児は表情そのものに反応しているのか，表情のつくり手の意図に反応しているのか，わからなくなる。

　しかもヒトでは，機械のようにつねに同じ表情をつくることはできない。実験のたびごとに表情そのものが変わってしまうようでは，問題だ。それで，多少現実味が薄れるが，静止した写真や絵の表情を実験で使用することになった。

　Ahrens（1954）は絵の表情を使った実験を行なった。彼らは表情に合った反応――微笑みには微笑み，怒りには回避といったような行動――を乳児が示すかどうかを見ることにした。表情を正しく認識しているならば，表情ごとに違う反応を示すはずだ。このやり方で，乳児が表情の意味を理解しているかどうかを調べることができる。

　しかし乳児にとってこの実験はむずかしかったようだ。生後5か月程度の乳児ではできなかったのだ。ようやく生後8か月で，怒りの表情に不快・回避反応を示すことができたのである。

　絵の表情はシンプル過ぎてかえってわかりにくいのかもしれない。そこで，写真を使った実験が行なわれるようになった。演技の経験のあるモデルなどに依頼し，それ

らしく見える表情をつくってもらうのである。
　さらに言えばAhrensたちの実験にはもう1つの問題がある。乳児の表情反応を判定するのがむずかしいことだ。乳児は，大人ほどはっきりと表情を表現できるわけではないからだ。そのため実験する側に，乳児の表情に対する知識が必要とされるのだ。
　これと比べると，乳児の注視を調べる方が有効だ。そのため，以降の実験では，乳児の注視を計測することになった。
　というわけで，注視をもとに，乳児がどの表情を好むか調べる実験が行なわれた。2つの表情写真を並べて見せ，どちらを好んで見るかを調べるのである。
　生後4か月の乳児を対象にした実験は，予想通りともいえる結果だった。LaBarberaら（1976）やHaan & Nelson（1998），複数のグループによる実験から，乳児は喜びや微笑みを，怒りや悲しみや無表情の顔よりも好んで見ることがわかった。
　ところがネルソンたち（Nelson & Dolgin, 1985）が生後7か月の乳児を対象にした実験では，反対の結果となった。乳児は，微笑みよりも恐怖の表情を好んで見たのである。
　小さい乳児が微笑みを好むのは理解できる。微笑みは，お母さんがよくするような，受容的で肯定的な表情だからだ。これと比べると，大きくなって恐怖の表情を好むのは不思議だ。どちらかというと，否定的な表情だからだ。なぜ，このような変化がおこるのだろう。
　どうやら，乳児の表情に対する経験が関係しているようだ。
　表情の学習は，微笑みをよく見ることから始まる。大人は赤ちゃんに笑顔で接する。そのため，乳児が目にするほとんどの表情は笑顔となる。反対に乳児は，驚いた顔や怖がっている顔を，ほとんど見ることがない。
　やがて乳児にとって，微笑みは見なれたものとなり，反対に驚きや恐怖の表情は珍しく映るようになる。そして，珍しいものに注目する性質のある乳児は，見ることの少ない恐怖の表情に注目するようになる。
　つまり，大きくなってから恐怖の表情を好むようになったのは，それが珍しく見えたからなのだ。反対に，微笑みは見なれて珍しくないので，注目しないのである。
　発達的に見ると，顔の内部に注目できるようになるのが生後4か月ころ，視力があるていど安定し顔のパーツを見はじめるのが生後6か月ごろである。こうした中で，生後7か月ごろに表情を見る経験が蓄積しはじめるのも，不思議ではない。

## 2．どの表情から区別しはじめるのか？

　乳児はどの表情から区別できるようになるのだろうか。乳児の馴れを手がかりに，

表情の区別を調べる実験が行なわれた。

3か月の乳児を対象にしたYoung-Browneら（1977）の実験では，乳児は，微笑みと怒り，驚きと微笑み，驚きと悲しみの表情を区別できることがわかった。しかし，悲しみと微笑みの区別はできなかった。

つまり，区別できる表情の順番には，意味があるようなのだ。表情は図のように，快・不快と覚醒・眠りの2つの意味次元に分けられる。私たち大人は，この軸をもとに表情を判断していると考えることができる（図2-5）。

3か月の乳児が区別できた表情のペアは，覚醒と眠りの軸の対局にあたる。表情の区別は，この軸から始まるようだ。そもそもこの軸は，眠りの方が小さく，覚醒の方が大きい，というように表情の動きの大小を表わしている面もある。そういうことから，両極にある表情は，動きの大小の違いをもとに区別しやすいのかもしれない。反対に，悲しみと微笑みのペアの方は，両方とも眠り側にあって，見た目の違いが微妙でわかりにくく，3か月の乳児では区別できなかったのかもしれない。

ところでこの実験は，1人の表情を区別させている。しかし実際の表情は，人によって違う。素顔でも怒っているように見える人もいたり，微笑んだように見える人もいる。豊かに表情を表現する人もいれば，そうでない人もいる。表情がわかるということは，こうした個々の顔の違いを無視して，表情に関する情報だけを抽出できることを意味する。

すなわち，たくさんの人がつくった微妙に違う表情を見せた実験が必要なのだ。し

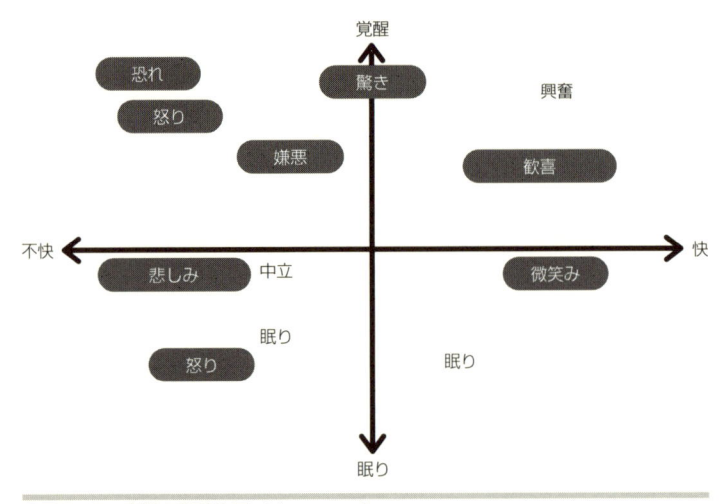

❶図2-5　**表情の意味次元**（山口，2003）

かもまだその前に，乳児が同じ表情の微妙な違いそのものを認識できているかどうかを確認しておく必要がある。つまり，乳児は，同じ表情にも微妙な違いがあることを認識した上で，表情を分類できるのかを調べるのだ。

生後3か月の乳児に，曖昧なものから大げさなものまで，さまざまな微笑みを見せた実験が行なわれた。Nelson（1993）は，大げさな微笑みを乳児が好むことを発見した。

乳児が同じ微笑みの中から特に強く表出した微笑みを好んだということは，いろいろな微笑みの表情を区別できていたと結論できる。

同じような実験で，生後4か月の乳児はいろいろな恐怖の表情を区別できることもわかった。

こうした成果をもとに，たくさんの人のつくったさまざまな表情を区別する実験が，今度は生後7か月の乳児を対象に行なわれた。Nelsonら（1979）は，馴化・脱馴化法（habituation-dishabituation）を使って微笑みと恐怖の表情の区別を調べた。

実験に先がけて，先ほどと同じ作業が行なわれた。実験で見せられる，さまざまな微笑みの顔の違い，さまざまな恐怖の顔の違いを，乳児が区別できていることを確認した。その上で実験は行なわれた。乳児はまず3人の微笑みに馴れさせられた。すると，3つの微笑みの違いを無視し，微笑み自体に馴れることができた。それから恐怖の表情を見せ，微笑みと恐怖の違いが区別できることがわかった。

次の実験では，3人の恐怖の表情に馴れさせられた。乳児は，恐怖の表情にも馴れることができた。しかし，それから見せた微笑みと恐怖の表情を区別することはできなかった。同じ表情ペアでも，馴れる表情を変えることによって区別できなくなったのだ。

同じようなことが他の実験でも発見された。Caronら（1982）の実験では，4人のモデルの表情を使って，微笑みと驚きの表情の区別を調べた。実験の結果，生後8か月の乳児は，微笑みと驚きのどちらの表情に馴れても，2つの表情を区別できた。ところが，6か月の乳児は，微笑みに馴れた時は区別できたが，驚きに馴れた時は区別できなかったのだ。

なぜ，馴れる表情によって，表情の区別のでき・不できが生じるのだろう。好みの実験と同じように，それぞれの表情に対する馴れと珍しさによって説明してみよう。

そもそも人工的に馴れをつくり出す馴化・脱馴化実験では，対象に対する「本来の馴れ」が同じであることが前提となる。本来の馴れが異なる場合，馴れているものを実験上の「馴れ」に使うか，その後の「テスト」で使うかで，結果が混乱することになる。

馴化・脱馴化実験で，2つのものが区別できると判断する基準を復習しておこう。まず特定のものに「馴れ」させ，次に「テスト」で新しいものを見せる。この新しいものを乳児が珍しがって見ること——注視時間があがること——が区別できるかどうかの基準となる。

　しかし，もともと馴れているものを「馴れ」で使った場合，どうなるだろう。「テスト」の時に登場する表情の珍しさがより際立つ。その結果，区別は容易になる。反対に，もともと馴れているものを「テスト」で見せると，どうなるか。新しく珍しく見えるはずのものが，本来の馴れのため新しく見えなくなる。そのため，区別はできなかったとみなされるのだ。

　とはいえ，乳児がよく目にする表情とそうでない表情で，馴れと珍しさに違いができるのは，発達上自然なことだ。さらに言えば，このような現象は生後7か月ごろにおきると考えられる。先に説明した表情の好みの実験がその証拠となる。このころ，乳児は珍しい表情に注目するようになるのだ。

　そうした時期を経て，生後7か月をすぎると，今度は珍しい表情の経験が，馴れた表情の経験に追いつくようだ。珍しい表情というものが，なくなっていくようなのだ。その証拠に，Caronの実験の生後8か月児では，表情の珍しさの効果はなくなっていた。そしてもちろん大人の私たちの間でも，特定の表情が珍しく見えるということはない。

　ところで，ある種の経験が，表情認識の発達に深刻な影響を与えることを明らかにした研究がある。すなわち，虐待の経験だ。アメリカの心理学者Pollak & Tolley-Schell (2003) は，3歳から5歳の虐待を受けた子と養育を放棄された子を対象に，表情を見る能力を調べた。

　養育を放棄された子の表情認識の成績は，虐待を受けた子よりも劣っていた。この差の原因は，経験の違いにあるようだ。養育を放棄された子は，親とのかかわりが少なく表情に対する経験が少ない。そのため，表情がわかりにくくなったようなのだ。

　さらに詳しく調べたところ，養育を放棄された子は表情を「悲しい」と判断しがちであることがわかった。一方，虐待を受けた子は表情を「怒り」と判断しがちで，悲しみや嫌悪といった表情を区別するのがむずかしかった。どうやら，目にする機会が多い表情に，表情判断がひきずられているといえそうだ。養育放棄の子どもは親の「悲しみ」の表情，虐待を受けた子は親の「怒り」の表情を見ることが多かったと推測されるからだ。

　このように，表情判断には，経験の重みも大きいのだ。そしてその経験の源は，家族とのかかわりにある。親と子のつながりは，子どもの情緒の発達だけでなく，認識

の発達においても重要な役割を担っているのである。

## 3．大人と同じ表情の見方をしているの？

　大人と同じ表情の見方ができるようになるのは，いつごろからなのだろうか。発達変化が見られ始めた生後7か月前後を中心に，大人の表情の見方と比べながら，できることとできないことをみていこう。

　まずは，できることから。

　私たち大人は，微笑みの顔には微笑みの声，怒りの顔には怒りの声……と表情と声色を結びつける。微笑みながら怒った声色をしたり，怒りの顔を見せながらも微笑みの声色で話しかける人を見ると，私たちは不安になる。そして，皮肉を言われているのか，あるいは嘘をつかれているのか……，と不一致の理由を探りだそうとする。つまり，表情と声色が少しでも矛盾すると，即座に違和感を抱くほど敏感なのだ。

　こうした声色と顔の表情の結びつきは，やはり生後7か月ごろに可能となるようだ。Phillipsら（1990）の実験では，微笑みと悲しみの表情と声色が一致しているものと矛盾したものを，乳児に示した。すると乳児は，表情と声色が一致した方に注目することがわかった。つまり，表情と声色を1つのセットとして認識しているようなのだ。

　もう1つは，大人と同様の「顔の倒立効果」が生じることだ。顔を逆さにした時に顔認識ができにくくなることは，顔特有の見方を獲得している証拠となる。

　Nelson & Haan（1998）の実験では，生後7か月の乳児に微笑みと恐怖の表情を見せ，通常は恐怖の表情を好むことを確認した後，今度は顔を逆にして見せたところ，恐怖の表情への好みはなくなった。

　また，顔を見る際の脳波を記録すると，恐怖の表情を見た時にいちばん強く反応した。これは，恐怖の表情を見て，「顔だ！」と強く反応したということだ。ところが，恐怖の表情を逆さにすると，この反応は弱くなった。顔反応は消失してしまったといえる。乳児も，顔を逆さにすると，それが顔だということがわからなくなるようなのである。

　次に，できないことをみよう。

　1つめは，顔を全体の印象で見ることだ。大人は顔を1つの特徴というよりは全体の印象で判断する。一方，生後38時間の小さい乳児は，目立ちやすい特徴で表情を判断していた。さらに生後6か月になっても，部分で表情を判断することがわかっている。

　Haan & Nelson（1998）は，生後6か月の乳児を対象に，顔の部分を入れ替えて見せる実験を行なった。

まず、乳児を、驚き顔に馴れさせる。その後、①驚き顔をベースにした、目だけ恐怖の表情の合成顔、②同じく口だけ恐怖の表情の合成顔、それと③通常の恐怖の表情、の３つを見せたのである。実験の結果、乳児は③の恐怖の表情と、①目だけ恐怖の表情を、驚き顔から区別していることがわかった。つまり、目のまわりが変わるかどうかで、表情を区別しているようなのだ。

もう１つは、否定・肯定といった意味次元のカテゴリーに表情をふり分けるのが苦手だということだ。

Ludemann & Nelson（1988）は、肯定的な表情と否定的な表情を用意した。肯定表情は、微笑みと、赤ちゃんをあやす時にする、驚いたように見せかけた表情。否定表情は、怒りと悲しみの表情だ。それぞれ、見ためにわかりやすい表情とわかりにくい表情とを用意した。

乳児は複数の肯定表情グループの顔に馴れた後、否定表情を見せられた。肯定と否定で表情を区別できるかが調べられたのである。複数の種類の表情に馴れたためわかりにくいのか、生後７か月の乳児は表情の区別に失敗した。しかし生後10か月になると、見た目にわかりやすい表情であれば、否定と肯定を区別できた。否定・肯定のカテゴリーの形成は、生後10か月を待たねばならないようだ。

それにしても、こうした違いはなぜ生じるのだろうか。表情の最も根本的な情報は、否定か肯定という意味の区別にある。肯定は状況が安全であること、否定は回避すべき危険があることと結びつき、これらは生きていくために必要な情報だ。そのため、このような区別はほとんど生まれつきできるに違いない、と研究者の間で信じられてきた。

つまり、表情の意味は本来、行動に直結するはずだ。そこで、表情が実際の行動の判断指標となりうることを調べた研究をみてみよう。「社会的参照」とよばれる現象の研究である。

生後７か月ごろから、まわりの状況を判断する必要がある時、赤ちゃんはしきりにお母さんの顔色をうかがうようになる。私たちの実験中でもよく見られる現象だ。お母さんの顔色から、目の前の状況が安全かどうか判断しようとしているのだ。お母さんがリラックスして微笑むのは安全のサインで、反対にお母さんが緊張しているのは危険のサインとなる。こうしたサインをもとに、赤ちゃんは次にどういった行動をとるべきかを判断しているのだ。

お母さんの表情によって、赤ちゃんの行動は本当に変わるのだろうか。Sorceら（1985）は実験で確かめることにした。「視覚的断崖」を利用した実験だ。視覚的断崖は見せかけの断崖である。高さを知覚できる赤ちゃんは、この手前で断崖をわたるの

を躊躇する。しかし，お母さんの表情によって行動は変わった。生後12か月の乳児は，断崖の向こうにいるお母さんが不安げな表情を示すとわたろうとしないが，微笑むと断崖をわたり出したのである。

さまざまな実験から，経験が蓄積され始めた生後7か月ごろ，表情を見るしくみはおおざっぱに完成していることが推測される。またこのころは，情緒面や身体面の発達も活発だ。ハイハイなどで自力で動く直前ということもあり，表情を使ったコミュニケーションは，身に迫る危機の回避のために，必須とされはじめる時期でもある。そうした実際的な必要から，この時期以降に表情の否定・肯定の区別についても急速に発達するのだと考えられる。7か月と10か月のあいだで実験結果に差が出るのは，そこにちょうどこうした過渡期があるからなのだ。

## 4．顔の男女の区別：赤ちゃんの場合

男女の区別は表情の区別と似ている。双方とも，個々の顔の違いを無視して分類することを求められるからだ。

日本人の乳児を対象にした馴化・脱馴化実験を，私たちは行なった（Yamaguchi, 2000；山口，2003）。個人の顔の違いを無視して，男女の違いを区別できるかどうかに焦点をあてた。

この実験ではまず1人の男性（あるいは女性）の顔写真に馴れさせる。それから，この顔と同性の別人と異性の別人の顔を見せる。

乳児が男女で顔を区別できるなら，男女の違いを個人の違いよりも優先するはずだ。その時，異性の別人は同性の別人の顔よりも，大きく違って見えるはずである。反対に，もし乳児が男女の区別ができなければ，異性の別人は同性の別人と同じていどの違いに映る。

乳児の見方がこのいずれであるかを，「テスト」で見せる異性の別人と同性の別人とへの注視の仕方で調べるのである。

実験で使ったのは，男女平均顔と男女強調顔である。乳児が馴れるのは，女性の平均顔か，男性の平均顔のどちらかだ。女性の平均顔に馴れた場合，男性の平均顔と女性の強調顔を見せられ，男性の平均顔に馴れた場合は，女性の平均顔と男性の強調顔を見せられる。

じつは平均顔を使うことにはからくりがある。女性の平均顔で説明しよう。馴れさせた女性の顔（女性平均顔）と，テストで見せる女性の顔（女性強調顔）と男性の顔（男性平均顔）の違いの大きさは，同じである。顔のそれぞれの特徴の色と形が，まったく同じ違いになるよう原理的につくられているのだ。つまり，形や色といった顔の

物理的側面だけで判断すれば，同性の顔（女性強調顔）と異性の顔（男性平均顔）は同じていどに違って見えるのである。実際，男女というカテゴリーの存在そのものを知らない宇宙人がいるとしたら，そう判断するかもしれない。しかし性別の違いに注目できれば，異性の顔（男性平均顔）だけが異なって見えるのだ（図2-6）。

実験の結果，生後8か月の乳児では顔の男女識別が完全にできた。一方で，生後6か月の乳児では男女識別が不完全で，馴れた顔が女性か男性かで結果が異なったのだ（図2-7）。

生後6か月児の詳しい結果はグラフにある通りだ。女性の顔に馴れると，「テスト」の異性（男性）の顔を同性（女性）よりも長く見た。この時，性別は識別されていたのだ。ところが，男性の顔に馴れると，「テスト」の異性（女性）と同性（男性）の顔を見る時間は同じだったのだ。この時，性別は識別できていないことになる。

この非対称性は表情の結果とよく似ている。生後7か月の微笑みと驚きの区別と同じことが，女性と男性の顔の区別でも起こっているのだろうか。表情の時のように，男性と女性の顔に対する馴れと珍しさが違うのだろうか。

(a)

　　　★馴れで見せる顔★　　　★テストで見せる顔★

　男性平均顔　　→→　　男性強調顔・女性平均顔
　　　　　　　　　　　（馴れた性の顔）（新しい性の顔）
　　　性別で顔を判断するとしたら…男性の顔はあきているので，女性の顔に注目する。

　女性平均顔　　→→　　女性強調顔・男性平均顔
　　　　　　　　　　　（馴れた性の顔）（新しい性の顔）
　　　性別で顔を判断するとしたら…女性の顔はあきているので，男性の顔に注目する。

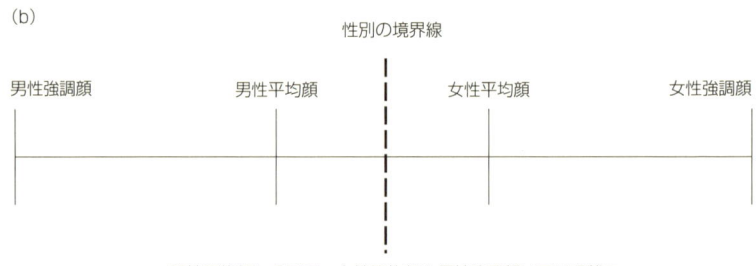

(b)

　　　　　　　　　　　　　　性別の境界線

男性強調顔　　　　男性平均顔　｜　女性平均顔　　　　女性強調顔
─────────────────｜─────────────────
　　　　　　　　　　　　　　　｜

男性平均顔から見て，女性平均顔と男性強調顔は同じ距離にある。女性平均顔から見て，男性平均顔と女性強調顔は同じ距離にある。しかし，性別で区切られる。

❶図2-6　実験で見せる刺激顔（a）とそれぞれの顔の位置関係（b）

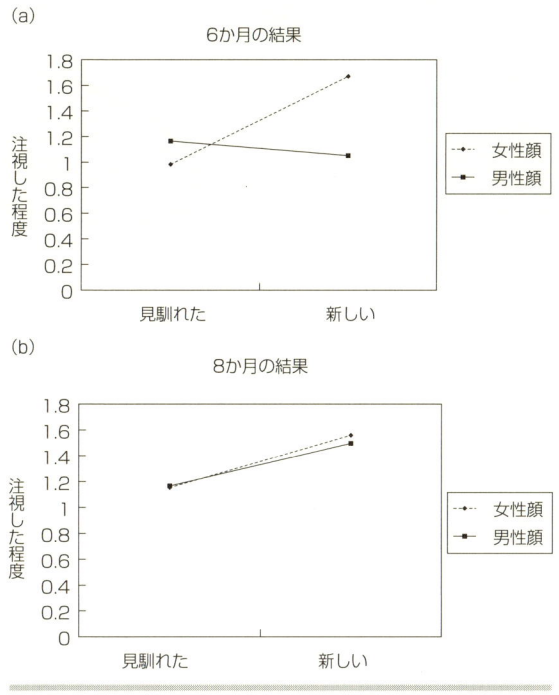

## 第2節 「ひとみしり」が起こるころ：半年以降の発達をみる

(a) 6か月の結果

(b) 8か月の結果

❶図2-7　6か月・8か月の赤ちゃんの男女顔の区別の結果

　馴れの実験では，まず特定のものに「馴れ」，「テスト」で新しいものを見，この新しいものを乳児が珍しがって見ること——注視時間があがること——が必要だった。

　そういうことから言えば，生後6か月の乳児は，女性の顔にもともと馴れてしまっていたようである。そのため，女性の顔に馴れる実験では，女性顔への本来の馴れがすでにあるので，「テスト」の男性顔がより珍しく見えて注目が増し，実験はうまくいった。反対に，男性の顔に馴れる実験では，「テスト」の女性顔はもともと馴れており珍しくないため注目しなかった。「テスト」の新しい刺激への注目が増加しないため，識別できないことになったのだ。

　ここから考えられる生後6か月と8か月の違いを，図に示す。生後6か月ころで，経験が先行する女性の顔カテゴリが先に成立する。その後男性の顔の経験はそれを追うように積み重ねられ，生後8か月ごろに男性のカテゴリも形成され，男性と女性の不均衡はなくなると考えるのだ（図2-8）。

　女性の顔と男性の顔に対する経験は，実際異なるのだろうか。Quinnら（2002）は，

35

第2章 顔と発達

6か月の結果　　　　　　　　　　　　8か月の結果

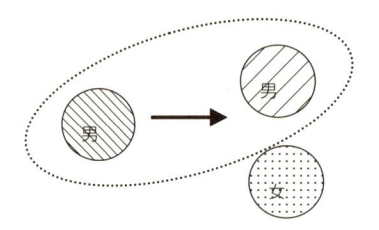

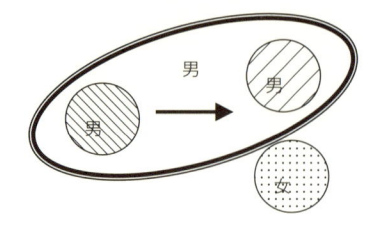

慣れさせる顔 → テスト顔　　　　　　慣れさせる顔 → テスト顔
男の顔に慣れさせると…区別がつかない　男の顔に慣れさせると…区別可能
　（男の顔カテゴリ不完全）　　　　　　（男の顔カテゴリ完全）

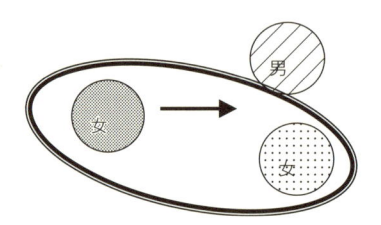

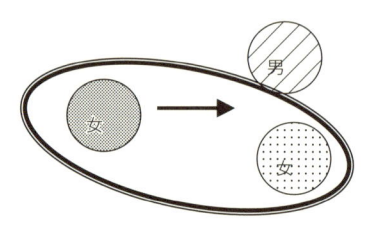

慣れさせる顔 → テスト顔　　　　　　慣れさせる顔 → テスト顔
女の顔に慣れさせると…区別可能　　　　女の顔に慣れさせると…区別可能
　（女の顔カテゴリ完全）　　　　　　　（女の顔カテゴリ完全）

**↑図2-8　生後6か月と8か月の男女顔カテゴリ形成の違い**

　お父さんに育てられた赤ちゃんで実験を行なった。予測通り，お父さんに育てられた乳児では，お母さんに育てられた乳児と逆の結果が示された。男性の顔の方がなじみ深く，男性顔から学習が始まるというのだ。
　生まれて半年以降の顔認識の発達は，赤ちゃんの経験がもととなる。したがってこのころの発達過程を調べることは，赤ちゃんがどのような経験をしたかを知ることにつながる。それは必然的に，赤ちゃんの育つ社会環境を考えることにもつながるのだ。
　そういう意味で顔はほんとうに，赤ちゃんにとって「社会的な」刺激だ。顔はそれ自体が社会的な属性を示す刺激であり，しかもそれを学習していく中で直接社会とつながることになるという意味でも社会的なものである。
　いずれにせよ，顔認識は，生まれた後に接した社会環境によって決定される。個体がそれぞれの社会環境に適応するための余地を残しているという点で，非常によくできたしくみである。

## コラム① 感情コミュニケーションに及ぼす親の影響

　われわれが感情コミュニケーションを最初に経験する場は家族であり，その影響については多くの研究が行なわれている。親のどのようなかかわりが子どもの感情表出や他者の感情に応える力をはぐくむのか，また親子関係は，子どもが他者と感情コミュニケーションをとる力にどのような影響を及ぼすのであろうか。

　親子の感情表出の関連を検討した研究に，Halberstadtら（1993）がある。母親の感情表出性はFamily Expressiveness Questionnaire（Halberstadt, 1986）によって測定し，子ども（5，6歳児）の感情表出については，感情体験（喜び・悲しみ・恐れ）を想起して話す課題と，実際に感情（喜び・落胆・不安）を引き起こすよう意図された実験状況の間のようすをビデオテープに撮り，それをEMFACS(Ekman & Friesen, 1978)と，声・身体の動き・表情を含む子どもの全体的な感情表出をとらえた評定とを用いてコード化を行なった。これらの関連を検討した結果，表出性の低い母親の子どもは，表出性の高い母親の子どもよりもポジティブな表出を示し，表出性の高い母親の子どもは，表出性の低い母親の子どもよりもネガティブな表出を示した。Halberstadtらは，こうした結果が得られた理由の1つとして，母親のネガティブ表出性が高い場合には，ポジティブ表出による緩衝の有無にかかわらず，子どものポジティブな感情状態を弱めるのではないか，すなわち母親のポジティブ表出の高低にかかわらず，ネガティブ感情の表出性が高ければ，子どもの感情表出はネガティブに，低ければポジティブになると考察している。

　また，感情コミュニケーションにおける，親の感情表出の誘意性に加えて働きかけの詳細に注目した研究もなされている。Denhamら（1997）は，子どもの感情コンピテンス（感情表出性，感情理解，他者の感情に対して適切に反応する能力）は，親の社会化によってその基礎が形成されると考え，相互作用における親のかかわりが，子どもの感情コンピテンスと，社会的コンピテンス（子どもが仲間関係を構築する能力）に及ぼす影響を検討した。その結果，まず，親がポジティブな感情を示す子どもほどポジティブな情動を仲間に対して示す傾向があり，一方ネガティブな感情を示す親をもつ子どもは，幼稚園における社会的コンピテンスが低かった。このことは，親の感情表出のモデリングが，子どもの情緒的・社会的コンピテンスの社会化の一端を担うものとして結論づけられている。また，子どもの感情表出に対する親の反応の随伴性，すなわち子どもが感情を表出した際に，親がポジティブにかかわるのか（正の強化），

ネガティブにかかわるのか（負の強化）も，子どもの感情コンピテンスに影響し，ポジティブなかかわりが感情理解を促進することが明らかになった。

　以上に見てきた研究は，親が子どもの感情表出を社会化させるという働きを担うと考え，その影響の詳細を検討することを目的に行なわれてきたものであり，おおむね親のポジティブなかかわり，ネガティブ表出の低さ，および子どもの感情表出を受容することが子どものポジティブな感情表出を高め，仲間とうまくかかわる能力を引き出すといえよう。

　一方，感情コミュニケーションの発達をこれまでよりも長いスパンでとらえ，愛着スタイルとの関連を検討する研究も行なわれてきている。愛着理論では，早期に親子間で行なわれた具体的な相互作用の経験を通じて内的作業モデルが形成され，この内的作業モデルが，親子という特定の関係性を超えて，その後の対人関係に影響を及ぼすと考えられている。こうした研究では，単なる親の要因ではなく，相互作用の結果として子どもが獲得してきている愛着表象が，子どもの感情コミュニケーションに影響を及ぼすと考えられている。

　Becker-Stollら（2001）は，思春期の子どもの非言語的行動に及ぼす愛着表象の影響を，母親と思春期の子どもとが互いに異なる意見をもつ問題について話し合うという相互作用課題時の表情や行動指標についての観察から検討した。その結果，安定した愛着表象をもつ子どもは，コミュニケーション促進的行動（喜びの表情，微笑み，相手を見つめる，表情による感嘆や疑問の表出）を多く示し，拒否的な愛着表象をもつ子どもは，コミュニケーションを抑制する行動（悲しみと怒りの表情，そっぽを向く，異議を唱えるジェスチャ）を多く示した。これまでの関係に基づく情動的評価が，他者に対する感情の開放的な表出やコミュニケーションの前提条件となるという愛着理論と合致していると結論づけられている。

　これまで多くの研究によって，子どもの感情コミュニケーションのあり方に及ぼす親の影響の詳細が明らかにされてきた。親が感情表出のモデルとして機能し，子どもの感情表出に対する親のかかわりが子どもの感情コンピテンスを高めることが明らかにされてきているが，さらに，子どもがこれらをどのように認識し，受けとめているのかが，その後の感情コミュニケーションに影響を及ぼすことが明らかにされてきている。今後，発達早期の具体的な相互作用の検討とともに，それによって形成される，感情コミュニケーションに対する子どもの期待，態度，価値観などを検討することが，感情コミュニケーションの発達的変化に対する理解を深める可能性があろう。

第 **3** 章

● 顔と知覚：運動情報

☆

● 蒲池みゆき

# 第1節　顔の知覚研究最前線：動きの情報処理

「眉間に皺を寄せる，頭を傾ける，目を回す，……ことばを話すように，顔も*動き*を通して話している」(O'Toole et al., 2002)。

われわれ人間は，顔からさまざまな情報を受け取ることで円滑なコミュニケーションを行なっている。顔はつねに動くものであり，脳内でもおそらくダイナミックな処理を行なっているということは，少し興味をもって考えると誰でも思いつくことである。ところが，顔は写真を1枚見せただけでも「男性か女性か」「年齢はどのくらいか」「知り合いかどうか」「知っているなら，誰か」という情報を，十分に伝えることができる。視覚研究者として言えば，「基本的に2つの目があり，その下に鼻，口」という同じような静止パターンの微妙な違いから，このようにさまざまな処理を瞬時に行なう能力をもっている人間の処理システムは，ある種，特異的だといえる。このため，顔に関する知覚心理学的研究分野は，静止画から得られる情報に特化して発展を遂げたといっても過言ではない。

このような静止顔パターンを使った人間の処理機能については，おもに「人物の同定」「表情」「年齢などの属性」に関して，二次元または三次元画像を使って実験が行なわれてきた。これらに対して，近年では顔の「動き」に重点をおいた研究に注目が集まっている。

前述したように，1枚の顔写真からでも情報の受け取り（コード化）が可能な範囲は広いといえるが，その人間の処理機能をさらに高めるために動きの情報が必要な場合，もしくは，静止情報のみではカバーできないために動きの情報が必要な場合が存在する。前者は「人物の同定」など，後者はたとえば，「発話内容の聞き取り」や「表情の変化」「目線などによる注意方向の変化」などがそれにあたる。この，顔の動的な情報に注目することで，顔から得られるもう1つのモダリティ情報である，「声」とのマッチング問題へと研究を発展させることも可能になってきた。

本章では，近年，特にこの十年間で飛躍的に研究が進んだ「動き」を刺激とした人物同定，表情，発話知覚などにかかわる顔の知覚研究を紹介する。また，それぞれの研究が発展的に進められるカギとなった研究や，動きの抽出など刺激呈示時に用いられた新たな技術的手法についても具体的に紹介したい。

## 1. 顔の動きの分類

　顔から得られる動きに関する視覚情報はおもに，剛体的な動き（rigid motion）と，非剛体的な動き（non-rigid motion）の2つに分類される。

　前者の剛体的な動きは，頭部の一部としての顔を前提としており，通常の頭部の回転（head rotation）という表現に加え，首をかしげる（tilt），頭を振る（shake），うなずく（nod）などがそれに含まれる。他方，後者の非剛体的な動きは，おもに表情，発話などに含まれるような顔パターン*内部*の動きを示す。眉間に皺を寄せる，口をすぼめる，ほおを膨らませる，瞬きをするなどがそれに含まれる。顔は三次元物体（あるいは二次元パターン）の一部であるとする定義もあるが，最大の特徴として，この非剛体的な動きの表現により，さまざまな表情などをつくり出すという三次元*柔軟*物体であるところが興味深い。

　日常生活において，われわれはこの剛体的な運動と非剛体的な運動が組み合わせられた非常に複雑な状態で顔を観察している。以後に紹介する研究の中には，この剛体的・非剛体的運動を区別して知覚への影響を調べたものもみられる。

## 2. 人物の同定と動き情報

　顔の特徴を巧みにとらえ利用している実例として，物まね芸人の例をあげる。彼らは，真似ようとする人物ともともとの顔が形態的に似ている場合もあるが，特に熟練した物まね芸人は有名人の「動き」を真似ることでその特徴を表現する。物まね芸人が有名人の身振り，頭の動きや顔を真似ることができるのは，これらの「動き」が顔の形状やテクスチャ情報と分離して人物に特徴的な手がかりを与えるからである（Hill & Johnston, 2001）。

　これまでのところ，人物同定に関連する研究では，動きの情報は顔の知覚を促進（あるいは妨害）するか，という点に留意して研究がなされてきた。O'Toole ら（2002）は，人物同定過程における顔の動きの役割を，以下の2つの仮定をもとにまとめている。

①補足的情報仮説（the supplemental information hypothesis）：われわれは，顔の不変構造（invariant structure）に追加する形で，人物に関する特徴的な顔の動きやジェスチャに関する表象をもっている。これらの特異的な動きは，動的な顔の印章（signatures）として利用される。時空間印章（spatiotemporal signatures）という表現は，三次元物体認識一般について提唱されたもの（Stone, 1998）。

②表象促進仮説（the representation enhancement hypothesis）：顔の動きは，顔の三

次元構造の知覚を促進することにより，再認に貢献する。この仮説では，人間の顔から得られる構造情報の品質を動的情報が「向上させる」ことを想定している。

　これら2つの仮説は相互排他的ではなく，相補的な関係にある。前者の補足的情報仮説は，特異的な顔の動きの直接的なコード化が行なわれていることを示唆し，他方後者の表象促進仮説は，顔の不変的な構造のコード化を促進するような知覚処理に動きの情報が寄与していることを示している。顔の知覚過程全般にわたり，両仮説のように顔の動きが補足的に働く場合もあると考えられている。
　2番目の表象促進仮説の論理的根拠としてとりわけ重要な背景となる理論は，心理学やコンピュータビジョンの分野で数多く研究がなされてきた，動きからの構造復元（structure-from-motion：Ullman, 1979）を介して三次元形状の復元に関する手がかりを与えるというものである。与えられた顔の三次元形状をもとに，人物の同定も可能になる。数理的には剛体的運動を仮定しており，顔の場合は頭部のrigidな動きによって満足な解が得られるが，ただし，多くの顔の動きによっては妨害を受けることも予測される。

(1) 人物同定課題における顔の既知性の問題

　過去の静止画を用いた人物同定に関する研究と同様，動きの情報の促進効果について，顔が既知（familiar）であるか未知（unfamiliar）であるかの違いも大きな影響を及ぼすことがわかっている。Burtonら（1999）は，画像の質が悪い一般的な監視カメラで撮影したビデオ映像を刺激として見せた場合，被験者がすでに知っている人の顔の認識は可能だが，知らない人の顔の識別は困難であることを示した。
　動きを伴う既知の顔の再認に関する研究では，上記のうち補足的情報仮説を一貫して支持するようなデータがあげられている。また，日常場面では静止した写真1枚からでも人物の同定はある程度可能であるため，できる限り運動情報のみを呈示するためにさまざまな手法がとられている。過去に報告された研究のうち，よく利用される方法は，前述の質質が悪い画像などのほか，有名人の顔などを白黒に二値化（thresholded：Lander et al., 1999）した画像や，写真のネガのように輝度を反転させた（photographic negatives：Lander et al., 1999 ; Knight & Johnston, 1997）画像を用い，特に動きの情報「のみ」を利用して再認を行なえるように刺激を工夫している。これらの研究では，元の録画された動画の順序で刺激を呈示する条件以外に，静止画像の順序をランダムに呈示し，観察される顔画像枚数の多さが再認成績を向上させているかどうかの確認を行なっている。結果として再認成績が向上するのは，顔をモーションとして呈示した場合，つまり滑らかな変化がある場合であることが確認された。

これに対して未知の顔の学習には，動きはあまり有効ではないという結果が得られている（Christie & Bruce, 1998）。この研究では人物のさまざまな頭部の変化や表情変化を伴うビデオを撮影し，動画クリップもしくは動画と同じ枚数の静止画を被験者に呈示し，学習過程とした。その後のテストで動画クリップや静止画呈示を行ない，再認課題を遂行した。結果は，学習時の動画呈示が静止画呈示に勝って再認成績が向上することはなかったが，記憶した顔をテストする際の動画呈示にはやや有効性が認められることを示唆した。

### （2） 動きの抽出とマッピングによる呈示法

前項の研究では，通常撮影された二次元画像の画質を落とす手法を用いて，運動情報の呈示を行なっている。しかし，1．で述べた顔から得られる2つの運動，剛体的運動と非剛体的運動を区別することはできない。つまり動画呈示の際，頭部の運動と表情などの変化のどちらが再認成績を向上させるのかは明確ではない。

そこで，顔に光点やマーカなどを付加して点の動きを抽出し，そこから頭部の動きと顔の内部の動きを区別する手法がある。このように動いた物体の座標から物理的な運動情報を抽出する手法はモーションキャプチャとよばれる。さらに以下に紹介する研究のように，同じ三次元構造をもつ頭部モデルに違う運動情報をマッピングすることで，structure-from-motion によって動きから復元されるような三次元構造はほぼ利用できない状況をつくり出すことが可能である。

Hill & Johnston（2001）は，rigid motion と non-rigid motion の2つの運動情報を区別し，刺激の呈示を行なった。図3-1のように顔に17か所のマーカを付け，顔から約1m離れた2台のカメラで撮影を行なったあと，各マーカと眼球の位置をトラッキングソフトウェア（Famous vTracker：Famous Technologies 社製）でトラッキングを行ない，2台のカメラ画像から得られた点の座標を用いて三次元的な動きを復元した。彼らの実験では，静止画からでも得られるような個々人の顔構造の違いを排除するため，200名の男女の顔から作成した平均的な顔の頭部モデル（図3-1，2段目と3段目）に，得られた運動情報をマッピングすることで，動きの呈示を行なった。

自然な顔のジェスチャ，表情，発話を引き出すため，録画されたのは質問-回答（question-answer）形式のジョーク，日本語では「なぞなぞ」のような形式をもつ文章を話している際の顔である。例として，"Why do cows have bells? Because their horns don't work!"「なぜウシは鈴（bell：「自転車のベル」）をつけてるの？　自分の角（horn：「自転車のホーン」ラッパ型のベル）が役に立たないからだよ」…典型的な英語のジョークらしい。この文章など，あわせて4種類の質問-回答文章を話している間の顔を録画し，モーションキャプチャおよび頭部モデルへのマッピングを行

## 第3章 顔と知覚：運動情報

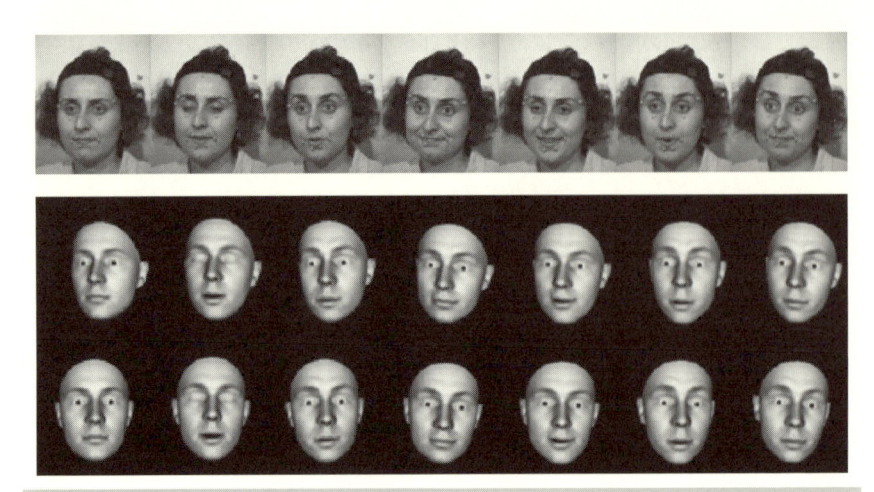

**↑図3-1 モーションキャプチャと頭部モデルへのマッピング** (Hill & Johnston, 2001)
顔にマーカを付けて文章を話している人物を録画（上段）し，モーションキャプチャを行なう。中段は，キャプチャされた動きを平均頭部モデルにマッピングしたものを，上段のカメラと同じ角度から見た様子（実験中には使用されていない）。下段は，剛体運動（rigid motion）と非剛体運動（non-rigid）を平均頭部モデルにマッピングしたもので，実際に被験者に呈示された画像。

なった。

マーカとして使用された箇所は，剛体的（rigid）な動きを抽出するため顔の動きが最も大きいと考えられる点が主であったが，さらに非剛体的（non-rigid）な頭部の動きのみを抽出するため，筋肉の柔軟な運動があまり見られない額，こめかみ，鼻の点が使用された。

知覚実験の刺激呈示の際は，以下の3つの条件が設定された。

①頭部の動きだけを表現する rigid 条件
②頭部を固定し，顔の内部の動きだけを表現する non-rigid 条件
③上の2つ両方をあわせもつ動きを表現する combined（組み合わせ型）条件

被験者に16名分（4名×4種類）の画像を見せ，4つの顔を同じ人物となるように4つのグループ分けを行なわせた人物同定による群分け課題では，①の頭部の動きのみの場合と，③の組み合わせ型の呈示において，チャンスレベル以上に人物同定が可能であることを示したが，②の non-rigid 条件においては有意な傾向がみられるにとどまった。表情などの non-rigid な動きの有効性がやや低い理由として，録画された文章の性質があげられる。つまり，同じような表情をして同じジョークをいう他人ど

うしと，違う表情をしながら違うジョークをいう同一人物は，他人どうしのほうがカテゴリ分けで同じグループに入る可能性が高いかもしれないため，「人物同定」という意味では知覚の邪魔をしている可能性もある。しかしこの可能性は，後の分析で否定されている。

また，この研究では別の課題（odd-one-out）を用いて正立顔と倒立顔との比較，通常のビデオ再生と逆再生での比較を行なっている。この課題では，被験者に3つのアニメーションを見せ，そのうち違う人物1人を選択するよう指示した。この追加実験の際には，rigid運動，non-rigid運動の両方の組み合わせ型条件での呈示がなされた。

顔を上下反対，倒立な向きにして呈示すると，動画の場合には正立顔と同じ低次の運動手がかりが残されるものの，静止画による多くの研究から通常の顔の処理が妨害されることが知られている（Valentine, 1988）。さらに，ビデオ画像を逆再生にすることで，通常再生時と同じアニメーションのフレームが呈示されるが，全体としての時間的運動パターンに変化が現われる。両者の比較とも，運動情報からの顔人物同定時に，低次の知覚的マッチングを行なっているのか，もしくは貯蔵された知識が必要かどうかを確かめるのに有効とされている。なぜならば，倒立顔にせよ逆再生にせよ，マッチングに利用できるような知覚的類似性を示す物理特徴は残存し，かつ通常の顔はどういうものかという貯蔵された知識へのアクセスは阻害されると考えられるからである。

結果として，どの条件でもチャンスレベル以上に課題は遂行できたものの，正立顔と倒立顔の間に差がみられ，倒立顔のように低次の動きによるマッチングは正立顔の処理ほど人物同定処理が促進されないことを示唆した。また，逆再生の場合は通常再生との差はみられなかったため，逆再生でも人物の特徴は運動情報から有効に獲得できることになる。

ただし運動の時間変化方向を逆転させる場合，全体の時空間情報に加えて部分的な時空間パターンにも変化がみられるためコントロール刺激としての使用は注意を要する。この課題のようにある種の特徴間マッチングを必要とする場合，静止情報，時間方向の依存性，時間的な対称性などのうち，どの手がかりが必要とされるかは明らかではない。これまでの研究結果では，正立して学習された顔を逆再生で再認する場合は，再認成績を低下させることがわかっている（Lander & Bruce, 2000）。

## 3．課題に適した情報の抽出

Hill & Johnston（2001）の研究では，同じ3つの刺激条件（rigid, non-rigid, 組み

合わせ型）を使った性別判断課題も行なっている。性別判断課題では，すべての条件で性別判断がうまくいっているが，最も性別を識別しやすい条件は組み合わせ型，次いで non-rigid 運動，最も識別しにくいものが rigid 運動となった。この結果は，rigid 運動が最も成績がよいとする前述の人物同定時とは異なるものである。さらに人物同定マッチングと同様に倒立顔，逆再生を用いた比較実験では，正立顔，倒立顔の順でチャンスレベルより高く性別識別が行なわれ，逆再生の場合は最も低く，チャンスレベルよりやや高い傾向があるにとどまった。

上記のように，同じ運動刺激，呈示条件を設けても，課題により有効に利用される視覚的運動情報が異なることは明らかであり，人間は同じ顔パターンの中から遂行する知覚処理にしたがって有効な動的情報を抽出していることがわかる。

運動情報以外では，同じように課題によって利用される空間周波数の帯域情報が異なるという研究が，ハイブリッド顔（hybrid face）とよばれる刺激を用いた実験でも明らかになっている。静止画のみの実験だが，巧みな実験手法を用いた例としてここで少し具体的に紹介したい。

Schyns & Oliva（1999）は，視角で 2 cycle/deg 以下の低い周波数成分をもつ LSF（Low Spatial Frequencies）と，6 cycle/deg 以上の高い周波数成分のみをもつ HSF（High Spatial Frequencies）となるような 2 つの顔画像を重ね合わせてハイブリッド顔を作成した（顔のサイズは正規化を行なった）。できあがった画像は異なる空間周波数をもつ 2 枚の画像が混ざっている状態であるため，視距離によってその見え方は当然変化する。人間の周波数感度を超えて近づく，あるいは遠ざかると，一方の顔のみが見えやすい状況になるが，ここで選択された周波数フィルタは，顔が顔として知覚できる範囲内にどちらも納まっている（本章のコラム③「空間周波数と顔知覚」も参照）。

彼らの実験では，重ね合わせられる 2 つの顔は，それぞれ別の性別，表情をもつように作成された（重ね合わせる前の画像はそれぞれ，逆の周波数をもつノイズとともに呈示する条件で，性別と表情の正答率を確認するコントロールを行なっている）。したがって，画像としては性別，表情についてそれぞれ 2 種類の解が得られるが，遂行される課題によって，依存する周波数域に変化がおこるかどうかを調べるため，以下のような 3 つの課題を被験者に課した。

・EXNEX 課題：表情の有無を判断（EXpressive vs. Non-EXpressive）
・CATEX 課題：表情の種類を判断（CATegorization of EXpressions）
・GENDER 課題：性別を判断

各課題を被験者間要因として行なった実験1では，EXNEX課題では高空間周波数画像の表情を好んで選択するHSFバイアス，CATEX課題では低空間周波数画像の表情を好んで選択するLSFバイアスがみられ，GENDER課題にはどちらのバイアスもみられなかった。

　次に行なわれた実験2では，課題遂行の周波数バイアスが，前に行なった課題でのバイアスに影響を受けるかどうか（ある種の学習効果）を調べるため，実験1で周波数バイアスのなかったGENDER課題の前に，他の2つの課題――EXNEX課題とCATEX課題――のうちどちらか1課題を被験者に行なわせた。第1課題として行なわれたEXNEX課題，CATEX課題は，それぞれHSFバイアス，LSFバイアスがかかり，実験1と同様であった。さらに，第2課題として行なわれたGENDER課題では，学習による周波数バイアスの変化がみられた。つまり，第1課題でEXNEX課題を行なった被験者はGENDER課題でもHSFバイアスがかかり，CATEX課題を行なった被験者はGENDER課題でもLSFバイアスがかかった。また，さらなる実験では顔のネーミングにより人物の十分な記憶を行なったあと，ハイブリッドを使った人物同定課題を行なったところ，強いLSFバイアスがみられた。人物同定課題に続いて上記3つの課題を行なったところ，学習した顔に対してCATEX課題，GENDER課題ではさらなるLSFバイアスがみられ，単独の課題ではHSFバイアスとなるEXNEX課題ではLSFバイアスへの変化はみられなかった。

　以上の一連の実験からわかるように，顔から得られるさまざまな情報のうち，課題に適した情報を抽出しながら人間はさまざまな知覚活動を行なっていることがわかる。ただし，その情報抽出過程および内容は必ずしもロバストなものではなく，直前に行なった処理にひきずられるような傾向（学習効果，あるいは文脈効果）もしくは対比的な処理を行なう傾向が見られる。

# 第2節　表情知覚と動き情報

　これまで述べてきた人物同定，性別判断などの研究と同様に，顔の表情知覚に関する研究分野でも動きの情報の役割を調べるものが着実に増えつつある。

　ここで，日常場面でのコミュニケーション時に，われわれが相手の顔から「判断しようとする」知覚内容をいま一度整理したい。筆者自身は便宜上以下の2分類を想定している。

①一時的知覚判断：ある人に出会った瞬間に処理が進み，一度処理が終わるとある程度そこでの判断が以後のコミュニケーションの基底（背景あるいは前提）となるような判断。判断は後の会話などから変化する可能性もあるが，つねに処理しつづけるものではないと仮定する。具体的には，すでに知っている人（既知性）か，知っているなら名前（人物同定，あるいは属性）は？　初対面なら，性別・年齢，顔（あるいは声，身体全体）からのみわかる第一印象。
②継続的知覚判断：相手に出会った瞬間から処理が進み，会話中，観察中，つねに処理が行なわれつづける判断。顔の表情（相手の感情の読み取り），発話内容の処理（読唇を含む），視線による注意方向のシフトなど。①により処理の基底は変化する可能性もあるが，未知の顔に対しても滞りなく処理が進む。

　前節では特に①にあたる人物同定に有効な動的情報を調べた研究を紹介した。しかし，写真のように1枚の静止画像からのみならず，つねに動いている顔の処理で特に動的情報が重要となるのは，表情や視線の処理など，時々刻々と変化する状況で行なわれる②の判断なのではないだろうか。
　しかしながら，おそらくはさまざまな制約——たとえば，フルカラー写真である程度のサイズを保持した顔のような刺激を統制・制御して呈示するには，コンピュータの処理速度が十分ではなく，メモリ負荷量も大きいなどの理由，もしくは静止画での実験データを集めるのが先決という理由からか，表情知覚に関して動きの情報に着目した研究は，いまだ十分に検討されているとはいえない。表情知覚が，ある一定の基本カテゴリを表わすようなテンプレート（鋳型）マッチングを行なっていると仮定すれば，どのようなテンプレートをもっているかを中心に研究が進むのは理にかなっている。実際，少なくともある一定の表示規則で意図して表出された顔の表情（静止画）に関して，人間の知覚精度は非常に高い（たとえば，Ekman & Friesen, 1982）。工学のパターン認識の分野でも，このある種の基本表情を示すテンプレートへのマッチングを行なうことで，顔からの表情分類を行なう手法はある程度確立されていると聞く。
　しかし，これら表情のテンプレートに当てはめる際に動きの情報が寄与している可能性もある。有名なEkman & Friesen（1978）のFacial Action Coding Systemは，顔に見られる筋肉の動きの組み合わせにより基本的な表情を表出し，その表情はある程度どの国の人が見ても共通して認識されるものである。そもそも，筋肉それ自体は動くことを前提としているのだから，人間が表情を知覚する際に，動きの時空間情報を無視しているとは考えにくい。ここで，顔の表情知覚に運動情報が寄与している証拠となる過去の研究をいくつか紹介する。

Johansson（1973）はバイオロジカルモーションを表示するためにポイントライト呈示（point light display）の手法を用いたが，その手法を顔に応用しながらBassili（1978）は表情知覚に動きが寄与している証拠を示した。バイオロジカルモーションの作成方法としては，Bassiliが行なったように顔に実際の光点を付加し，暗室で撮影を行なうことで光点のみを録画することができるほか，前述のモーションキャプチャのようにマーカを付加したのちに，マーカ位置のみを呈示するように画像を作成することによっても可能である。Bassiliは，この光点のみの顔の動画像を被験者に見せ，顔とそれ以外のパターンの区別，表情の区別が可能であることを示した。またHumphreysら（1993）は，ある失認症患者で静止画での表情カテゴリ判断が困難である場合に，動きをもつバイオロジカルモーションの刺激を見せたところ，カテゴリ判断が可能となった症例を示した。

## 1．表情の変化速度が知覚に及ぼす影響

　筆者らは，表情知覚に及ぼす動的な顔の表出速度情報の影響を調べた実験を行なった（Kamachi et al., 2001）。この研究では，表出者が表出した表情に対する知覚強度を静止画状態で予備実験を行なったうえで，動画の作成にモーフィング（FUTON System：向田ら，2002参照）を使用した。これにより，表出者の表情表出速度の個人差を排除し，心理的に（物理的には移動量に個人差があるものの）ほぼ純粋に表情表出速度を統制することが可能となった。
　具体的には，あらかじめ選定された6名の人物を表出者とし，各個人内で真顔（表情変化率0％）と4つの各オリジナル表情（幸福，怒り，悲しみ，驚き：表情変化率100％）との間で線形モーフィングを用いて表情の動画を作成した（図3-2）。表情が真顔から変化する時間を3段階（fast-200ms, medium-867ms, slow-3367ms）とし，動画作成に際しては以下の3つの制約を設け，表情の表出時間の統制を行なった。①すべての動画クリップは真顔のオリジナル画像（加工を施されていないもの）から開始し，4表情のうち1表情のオリジナル画像で終了する。②各画像は30フレーム毎秒で呈示され（2枚連続で同じ画像が呈示されることはない），③それぞれの動画クリップ内では，内挿されるモーフィング画像の連続変化率は一定（fast条件-20％，medium条件-4％，slow条件-1％）とする。制約①は，速度情報のみを変化要因とするため，3段階の速度変化をもちながらも終了する表情顔パターンは一定とするために設けられた。また制約②および③は，各フレーム呈示の時空間周波数を一定にするために設けられた。したがって，時空間的には線形モーフィングの状態をつくり出したことになる。ここでは上記の統制方法を選択したが，動画呈示の速度統

## 第 3 章 顔と知覚：運動情報

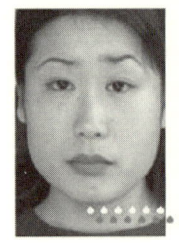

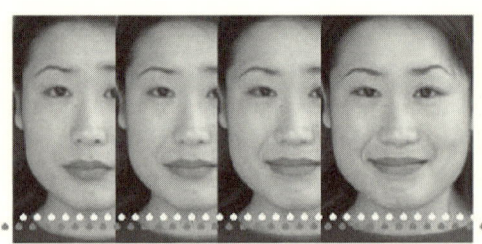

| 真顔<br>（原画像： 0 ％） | モーフィングにより作成された画像 | 表情（幸福）<br>（原画像：100％） |

**◆図 3 - 2　画像間のモーフィングによる動画呈示**（Kamachi et al., 2001を一部修正）
実験で呈示された動画像は，モーフィング率 0 ％となる真顔から，モーフィング率100％となる表情の原画像までの表情表出を 1 クリップとした。中間画像はモーフィング率が等間隔となるように作成され，30フレーム毎秒で連続呈示された。図の例では，モーフィング率の間隔は20％である。

制法はほかにも可能である。たとえば，同じ静止画としての顔枚数を使用しながら速度を変化させる（ 1 秒間に呈示する画像枚数を増減させる）方法も考えられる。その場合，観察される静止画パターンの数は統一できるが，映像のスローモーションや早送りのような効果がみられることになる。

実験 1 では被験者に動画を 1 クリップずつ呈示し，観察された表情を自由に簡潔に答える自由記述課題（free description task）を行なった。回答は感情カテゴリに含まれる必要はなく，あくまでも自由に記述するように教示した。計72試行（ 3 要因： 6 名× 4 表情× 3 速度条件）すべて被験者内要因とした。被験者の応答は，元になる表情カテゴリを示す内容，速度条件ごとに分類され，正答率として算出された（表 3 － 1 および図 3 － 3 ）。被験者の回答内容は，必ずしもすべての回答を 4 カテゴリ内にあてはめたわけではないため，表に示す以外の表現もあった。図 3 － 3 に示す正答率は，全回答数のうち表 3 － 1 にあるような回答が得られた割合を示している。

図からわかるように，同じ表情カテゴリ内でも速度変化に伴い正答率に違いがみられ，その変化にはカテゴリによる差がみられた。真顔から驚きや幸福の表情へと変化する条件では，fast 条件から slow 条件へとしだいに正答率が低下し，逆に悲しみへと変化する際は fast 条件でいちばん正答率が低く，50％を超えないことがわかる。興味深いことに，悲しみ以外の表情を slow 条件で呈示した場合には，たとえば「悲しみをがまんした笑顔」など悲しみとの混同が見受けられ（fast 条件ではそのような回答はない），逆に驚き以外の表情を fast 条件で呈示した場合には，驚きの混同が見受けられた。したがって表情の知覚には，その表情をカテゴリ化する際に最も適した表出速度，運動情報があることが示唆される。

## 第2節　表情知覚と動き情報

**◆表3-1　自由記述で回答された内容**
それぞれの表情カテゴリに入ると分類された言葉および文章。曖昧な表現（たとえば「むかつく」「なんじゃこりゃー！」などの場合）は、全試行終了後に確認を行なった。

| 幸　福 | 怒　り | 驚　き | 悲しみ |
|---|---|---|---|
| うれしい | 怒り | おどろき | かなしみ |
| よろこび | 怒る | びっくり | ショックを受けて |
| 笑っている | キレる | うわっ！ | つらそう |
| 楽しい | むかつく | あ！ | 泣き出しそう |
| 面白い | ふくれている | おばけをみた | かわいそう |
| ほほ笑む | 今にも殴りそう | ぎょっ | さびしい |
| いいことがあった | 憤怒 | これはすごい！ | 残念 |
| よかったよかった | はらだたしい | 信じられないことがおこった | ふえーん |
| やったー | f**k! | なんじゃこりゃー！ | とほほ |
| ラッキー | このヤロー | | |
| | こらー | | |

　実験2では、速度情報と呈示時間効果を調べるため、実験1と同様の時間条件を設けたうえで静止画と動画呈示の比較を行なった。被験者への課題は、表情カテゴリの7段階強度評定とし、評定値への分布の重み付けにより正答率を算出した。結果から、静止画の呈示時間を変化させても、どの表情の正答率にも変化はみられず、動画条件の場合のみに有意な差がみられることがわかった（幸福、驚きは評定実験では天井効果となり、解析から除外）。各表情の評定値そのものについては、単純主効果・単純交互作用効果などで動画条件のみの時間変化に有意差が認められ、実験1の結果を裏づける結果となった。

**◆図3-3　表情表出速度による自由記述正答率の推移**
(Kamachi et al., 2001を一部改訂)

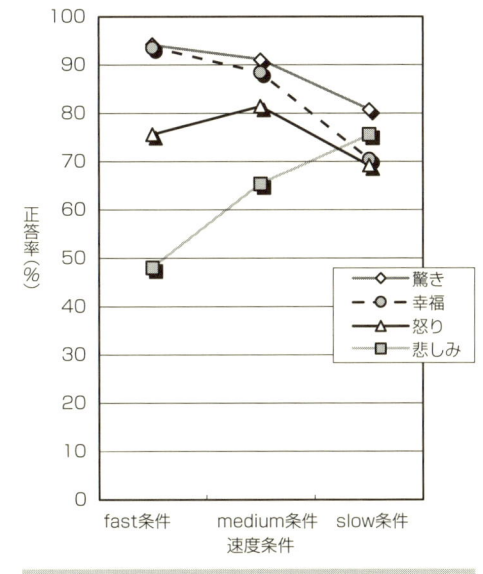

3段階の速度条件で、真顔から各表情の動画を呈示した際の自由記述により算出したもの。表3-1の例に示すように元の静止画で示す表情カテゴリーに入ると思われる記述を正答とした。

Etcoff & Magee (1992) は線画, Calder ら (1996) は写真画質のモーフィングを用いて, いずれも静止画を呈示した実験によって, 人間の表情認識はカテゴリ判断に基づくことを示唆した。筆者ら (Kamachi et al., 2001) の実験結果から, 少なくともいくつかの表情に関しては, カテゴリ化は表情表出の速度情報を利用している可能性を示唆した。

本実験で用いた動画刺激は, すべて線形モーフィングという手法を採用した。このため, 顔から取得した特徴点が動く速度や, 目や口など特徴間の時間のズレなどはすべて一定のものとして扱われた。知覚としての速度に対する感度が, 実際に表出される表情表出速度にどの程度即しているか, また, 表情表出時の非線形な筋肉運動 (時空間特性) にどの程度敏感か, などについては今後に課題を残している。現在, 本研究と同様に動画のモーフィングにより速度変化を伴う表情の観察時に, 脳活動に変容がみられるかに関して脳イメージングの研究も進められている (Sato et al., 2004)。

## 2. 表情の時空間強調が知覚に与える影響

Kamachi ら以降, Pollick ら (2003) は前述のポイントライトの手法を用い, 三次元的時空間特徴の変化が表情の認知に及ぼす影響を調べた。静止画の実験で用いられる, いわゆる「似顔絵効果 (caricature effect)」(Benson & Perrett, 1991ほか) によって, 空間情報の差分強調が認知を促進することが知られている。Pollick らは, 初期値となる真顔のフレームとターゲットとなる表情の動きの特徴となる座標位置, 時間セグメントなどについて時空間的な差分をとり, 強調 (exaggeration) を加えることで呈示するという新たな手法を用いている。空間的な強調 (顔を元の動きからセグメントごとに空間的に $n$ 倍動かす) を行なった場合, 知覚される感情強度はどの表情も一様に増加することがわかった。また, 時間的な強調 (顔を元の動きからセグメントごとに $n$ 倍速く動かす) を行なった場合, 表情によっては影響を受けないことが示唆された。この研究は Kamachi ら (2001) と同様に一定の表情にいたるまでの速度変化をもたらしているにもかかわらず, 結果に違いがみられる。理由として, 実験条件上のいくつかの違いも考えられる。写真画質 (モーフィングを含む) とポイントライト呈示の点での違い, さらに速度変化の定義として, ある表情にいたるまでの絶対時間とするか (Kamachi ら), 比較対照との相対速度変化とするか (Pollick ら) の点でも違いがみられる。Pollick らとの私的な議論によれば, Pollick らの結果を絶対速度としてデータ解析を行なうことは実験デザインから不可能であるため, 今後の検討が必要である。

## 第3節　顔と声のマルチモーダルな動的情報

　本章の最後の研究紹介として，筆者らが近年行なっている顔と声のマルチモーダルな人物同定過程の研究について述べる。

　顔の多くの機能のうち，ここで注目するのは視覚パターンとしての顔と，聴覚情報をもたらす顔から発信される「声」である。人間の顔は，いわば声道のいちばん外側表面であるため，聴覚情報がなくとも顔からの発話読み取り（speech read）が可能なのである。また，発話読み取りはこの場合「読唇（lip reading）」とよぶのが一般的だが，発話に関して有効な情報を伝達しているのは口の部分のみではないことがわかっている（Dodd & Campbell, 1987；Vatikiotis-Bateson et al., 1998）。

　視・聴覚情報は，両者とも発声された発話内容の知覚に有効である。例として，マガーク効果（the McGurk effect: McGurk, 1976）としてよく知られるように，聴覚的には/ba/，視覚的には/ga/という矛盾した内容を同時に呈示すると，知覚的にはどちらでもない/da/もしくは/tha/のような音声が知覚される。マガーク効果は，何らかの形で脳内での視聴覚統合が行なわれていることを明確に示す例として広く引用されている。また腹話術錯視（the ventriloquist illusion）では，顔の動きにより声の場所定位が起こる（離れた場所にある顔から声が聞こえてくるように感じる）。さらに，顔を観察することでノイズの入った音声の聞き取りが向上する（Munhall & Vatikiotis-Bateson, 1998）など，知覚処理パターンとしての顔と声の情報に密接なリンクがあることは確かなようである。

　かたや，われわれ人間は顔だけから，あるいは声だけから，単一モダリティの知覚処理として人物を同定することができる。ここで，「顔と声から得られる人物を特定するような情報は，発話内容の聞き取りと同様，知覚的にマルチモーダルに利用できるのか？」という新たな疑問が生まれてくる。本章の第2節で述べたような，顔の動的情報を用いた人物同定が示すものの多くは発話時の顔の動きを取得したものであり，重要な手がかりとなるものはモダリティ間で共有できる可能性がある。

　Kamachi ら（2003）では，見知らぬ人の顔と声の人物同定マッチング処理は可能かどうかを調べるため，被験者はXAB課題を行なった（図3-4）。実験に先がけて，40名の人物について以下の3文章を発話中の顔と声を録画し，刺激として用いた。

文章1）おじいさんは山へ芝刈りに行きました。（平均2.85秒）
文章2）おばあさんは川へ洗濯に行きました。（平均2.85秒）

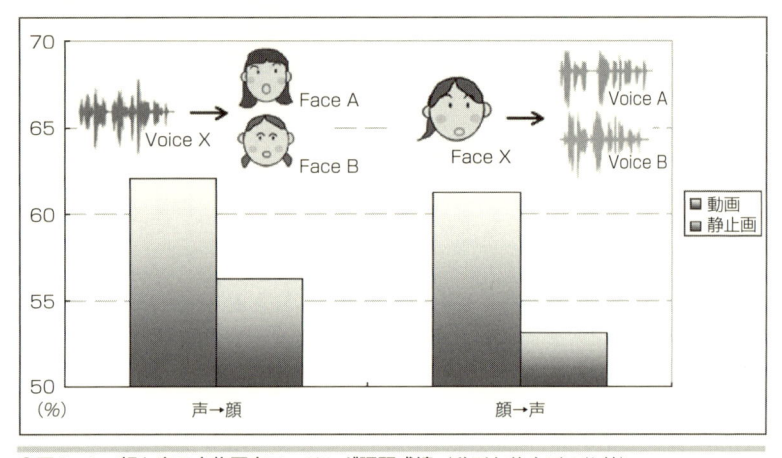

↑図3-4　顔と声の人物同定マッチング課題成績（動画と静止画の比較）
声→顔条件（左）では，Xとしてある人物の声のみが呈示され，続いて顔A，顔Bが時間的に連続して呈示された。顔→声条件（右）では，Xが顔，AおよびBが声であった。文章はX≠A=B、話者はX=A or X=B。

文章3）ホテルってネット予約のほうが安く泊まれるんでしょ？（平均3.92秒）

　基本的な実験条件は図中に示すように，声（X：文章1）→顔（A：文章2）→顔（B：文章2）の順に刺激が呈示される場合と，顔（X：文章1）→声（A：文章2）→声（B：文章2）の順に呈示される場合があり，被験者はAもしくはBのうちXと同一人物のものを選択するよう求められた。また，性別や年齢により判断がなされるのを防ぐため，一試行中はすべて同じ性別，年代の人物が呈示された。この課題は，その人物を知っているかどうかの既知性により成績が大きく異なることが考えられる。このため被験者は，使用された顔や声のもち主をまったく知らない人々に限定した。
　結果は，正答率がチャンスレベル（50%）を越えるかどうか，顔と声の呈示順序に違いがみられるかどうかについて解析され，さまざまな実験条件——標準動画呈示，逆再生呈示，顔静止画呈示，正弦波音声使用（sinewave synthesis：Remez et al., 1981参照）——での実験を行なった。さらに文章類似度（たとえば，X・A・Bすべて文章3の場合は類似度高，Xが文章1で，A・Bが文章3の場合は類似度低となる）に関する検討を行なった。
　実験の結果，顔と声の人物同定マッチングには顔が動画として呈示される必要があり（図3-4：静止画＜動画），動画・声の時間方向に依存する（標準再生＞逆再生）ことが明らかになった。また，顔と声のモダリティ間で文章が異なっていても人物同

定は可能であり，正弦波音声条件以外では顔と声の呈示順序に差はみられなかった。

したがって，自然な発話から得られる視覚と聴覚の動的な情報には密接なつながりがあり，話者に特有な情報はモダリティが異なっていても利用可能であるといえるだろう。発話される文章は一致すればするほど人物同定に関する情報のロバスト性は向上するが，必ずしも一致する必要はない。非常に短い文章からでも，知覚に有効な人物固有の情報はコード化可能である。さらに驚くべきことに，現在同じ日本語話者による刺激を呈示し，英語の話者を被験者として同様の課題を行なったところ，言語を理解できなくとも人物の同定ができるという結果を得ている。利用されている情報の内容を特定するためには，顔や声に含まれる物理的特徴の解析が今後必要であるが，人間の文章の内容理解とは独立に，人物同定に関する視聴覚での知覚処理がなされていることは興味深い。

# 第4節　終わりに

本章では，顔の「動き」情報が人間のさまざまな知覚処理に寄与していることを中心に議論を進めた。これまで静止画パターンとして扱われることの多かった顔が，動きを伴うことでさらに人間にとって自然なパターンとして認知される一方，研究上はより複雑度を増している感もある。ただし，人間にとって顔が重要なパターンであり，複雑な情報の複合体であるにもかかわらず処理機能も卓越していることは確かである以上，今後もその知覚処理過程の解明に挑む研究は増えつづけるであろう。

本章で紹介できなかったもののうち，さらに今後の発展が望まれるのは，たとえば「視線」の知覚である。コミュニケーション上での視線の役割は，認知心理学はもとより社会心理学や発達心理学，脳科学などからも注目されている。視線の変化が伴うことで，特に「表情」の知覚などは大きく影響を受けることが予測される。また逆に，相手の視線方向そのものは目の部分のみから得る情報のみを元に検出されているように考えがちだが，顔（頭部）や身体の向きによってその知覚方向はドラマティックに変化する。相手の視線方向をどの程度正確に知覚しているのか，また，人間にとってはどの程度正確に知る必要があるのかなど，動きの関与を念頭に検討をすすめる必要がある。

## コラム② 顔の動きの知覚と脳活動

　顔研究に限らず，心理学における知覚や認知などの問題に取り組む研究アプローチとして現在最も広く用いられているのは，判断の正答率や反応時間といった行動データからのアプローチであろう。この行動データからの研究法とは，われわれ人間を，外界から与えられた刺激を感覚として取り入れ情報処理を行ないその判断の結果を行動に返す，というような1つの処理体系として考える立場に基づいたものである。

　一方で，行動データからの研究アプローチとは異なる流れとして，近年非常に注目を浴びているのが，高次脳機能の測定を中心とした心理生理学的な反応からの研究アプローチである。知覚・認知といった機能が実際にわれわれのどこで行なわれているのかといわれれば，それはほかでもない，脳においてである。言い換えるなら，われわれの脳は，上述したような処理体系を実際に機能させている処理装置と考えることができる。したがって，行動データからのアプローチを突きつめていくうちに，最終的にこの心理生理学的なアプローチにたどり着くのは必定ともいえるだろう。顔研究においても，われわれが顔を知覚・認知した際に実際にどのような脳活動が行なわれているのだろうか，という疑問に対して，こうしたアプローチは直接的な解答をもたらしてくれる。これまでの顔の知覚・認知に対する心理生理学的な研究アプローチについての概要は，第6章「顔と生理学」でさらに詳しく示されているのでそちらを参照されたい。

　さて，本章でもふれられてきた通り，近年の顔知覚に関する研究では，特に動的な変化を含んだ顔の知覚に対する関心が高まってきている。たとえば，周囲の人たちとの間でふだん日常的に行なっているコミュニケーション場面を考えてみれば，その中で知覚される顔や表情というのは絶え間なく変化していることがわかるだろう。当然，そこに含まれる意味も刻一刻と異なってくる。したがって，静止画で呈示された顔よりも，動画などにより動的に呈示された顔を知覚したほうが，より日常生活に近い状態での顔知覚が行なわれることになり，動的変化を伴う顔のほうがより生き生きとした豊かな顔や表情であるという印象を受けることになるのである。

　こうした顔とその動的な変化に対して，はたしてわれわれの脳はどのような知覚を行なっているのだろうか。

　初期知覚においてわれわれの目から取り入れられた視覚情報は，脳内においてまず後頭葉に位置する「一次視覚野（V1野）」，続いて「二次視覚野（V2野）」，そして

V3野～V5野の「高次視覚野」へと進みながらさまざまな視覚的処理過程を経ていく。この高次視覚野における視覚処理はこまかく機能分化していることが知られており（Zeki, 1993），それらは大きく分けて2つの経路に分かれる。1つは，「V3野」や「V5野」などの頭頂葉方向へと進む経路である。「V5野」は「MT野」ともよばれ，ここやその近傍に位置する「MST野」などの領野は，特に運動や奥行きの知覚に対する視覚処理を行なうことがわかってきている。つまり，この経路は「運動視」を行なっている経路であると考えられる。もう1つの経路は，「V4野」などの側頭葉方向に向かうものである。こちらの経路は，対象の形や色に関する視覚処理を行なう「TEO野」「TE野」などの領野を含んでおり「形態視」を行なっている経路と考えられる。2つの経路で行なわれた視覚処理は最終的により高次の前頭前野において統合される（Parasuraman, 1998）。じつはわれわれの脳はこのように，解剖学的にも，形態的な情報と動的な情報のそれぞれに対する視覚処理を行なう2つの機構を備えているのである。

　さまざまな高次脳機能の測定を用いた研究から，これらの脳領野が顔の形態的な視覚処理と，顔の動的な変化に対する視覚処理をそれぞれに請け負っている可能性が示唆されている。特に顔の動的な変化に対する視覚処理については，たとえば，目や口などの顔の部分的な動きを含めた顔刺激を呈示した際に，fMRI（機能的磁気共鳴画像）記録において上述のMT野やその近傍の上側頭溝の活性が観察されるとの報告（Puce et al., 1998）や，同様に仮現運動による目の動きを含めた顔刺激の呈示に対してMEG（脳磁図）記録においてMT・MST野の活性に関する報告がなされている（Watanabe et al., 2001）。また，従来の静止画による顔知覚と同様に，ERP（事象関連電位）を指標として，顔の動的な変化に対する視覚処理についての報告や（Puce et al., 2000），顔の形態とは独立した光点運動による顔の動きのみに対する顔関連ERP成分に関する報告などもなされている（鈴木ら，2003）。これらの知見から全般的にいえることは，顔の知覚は，顔の形態だけではなく，顔の動きからも可能であるということである。

　このように，顔の「形」と「動き」はそれぞれ異なる脳活動を伴って知覚されることがわかってきているが，では，それらを組み合わせたものを表情と考えることはできるだろうか。この問題に対する解答はむずかしいところであるが，表情や感情などの知覚や認知にかかわる脳領野として扁桃体の重要性がつねに指摘される（柿木ら，2002）。顔の動きの知覚がこのキーポイントの脳活動を伴うかどうかを考えると，そう単純にはいかないと考えておいたほうがよいだろう。

## コラム③　空間周波数と顔知覚

　低域通過フィルターを使い，低空間周波数成分のみをもつように加工した顔写真は，全体にぼやけたものとなるが，顔がもつ全体的情報は依然として保持されている（図1参照）。逆に，高空間周波数成分のみをもつように加工した顔写真は，顔立ちの細部まではっきりと判別でき，まるで線画のように感じられる。このように，顔画像を構成する空間周波数成分に注目し，それぞれの周波数帯域に含まれる情報が，顔の知覚にどのような影響を与えているかを明らかにしようとする一連の研究がある。

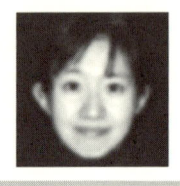

**○図1　原画像と低域通過フィルター画像，および高域通過フィルター画像の例**

図1中央は，原画像（図1左）に低域通過フィルター（遮断周波数12.4cycles/face width：c/fw 以上の成分をカット）をかけた出力結果である。また，図1右に，高域通過フィルターの出力結果を示す（12.4c/fw 以下の成分をカット）。

　顔の知覚に重要な空間周波数は，視角1度あたり何サイクルという表現（cycles/degree）ではなく，顔の幅あたり何サイクルという表現（cycles/face width, c/fw）が適当であると考えられている（たとえば，Hayes et al., 1986）。多くの研究で，顔を同定する際には，6～16c/fw の帯域の周波数情報が最も重要であるといわれている（たとえば，永山ら，1995；Costen et al., 1996；Näsänen, 1999）。

　永山ら（1995）は，帯域通過フィルターを通した顔画像を正立または倒立させて呈示し，被験者に表情判断および既知性判断（知っている顔か否かの判断）を課した。帯域通過フィルターの通過中心空間周波数は，6.2～49.7c/fw の範囲に設定された（図2参照）。どの帯域の刺激も，倒立呈示によって成績が低下したが，倒立呈示の影響を最も強く受けたのは，低周波数画像（6.2c/fw）であった。倒立呈示は，顔の全体的布置情報の抽出を阻害すると考えられていることから（Tanaka & Farah, 1993），顔の全体的布置情報を抽出するには低周波数情報が重要であることが示唆された。一方，Boutet ら（2003）は，原画像および低（1.25 – 5 c/fw），中（5 – 20c/fw），高

コラム③　空間周波数と顔知覚

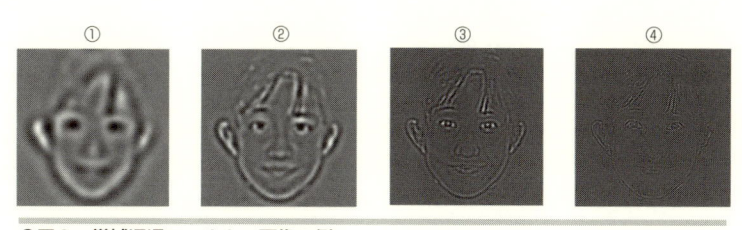

❶図2　帯域通過フィルター画像の例
この図は，4種類の通過中心空間周波数（それぞれ6.2［①］，12.4［②］，24.8［③］，49.7c/fw［④］）
をもつ帯域幅1オクターブ以外の成分をカットするような帯域通過フィルターを通した出力画像である。

周波数画像（20–80c/fw）を，正立または倒立で呈示し，人物弁別課題を課した。その結果，全体的布置情報を利用できるといわれていた周波数帯域（5–20c/fw）の画像呈示では，顔の全体的布置よりも部分特徴が異なった際の人物弁別成績がよかったことから，顔認知にとって重要であるといわれている周波数帯域が，必ずしも全体的布置情報を抽出するのに有効であるとは限らないと述べている。

　永山ら（1995）とBoutetら（2003）の研究で得られた結果は，必ずしも一貫しておらず，同様の食い違いが，他の先行研究の間でもしばしばみられる（永山，2000）。このような食い違いは，各研究で用いられた課題要求の違いを反映しているのかもしれない。Schyns & Oliva（1999）は，異なる表情と性別，周波数を組み合わせた合成画像を呈示し，表情判断と性別判断を行なわせた（具体的な実験内容については，第3章第1節3の「課題に適した情報の抽出」を参照）。その結果，表情判断には低周波数成分が関与したが，性別判断には特定の帯域のみが関与するわけではないことがわかった。たとえば，真顔の女性の高周波数画像と笑顔の男性の低周波数画像を足しあわせた合成画像は，低周波数の情報に従って笑顔をもつと判断されたが，性別については男女どちらにも判断された。

　課題の影響以外に，刺激に関しても留意すべき点がある。高周波数画像は低周波数画像よりもコントラストが低くなることが多いため，低周波数画像よりも暗く見えにくい。短時間呈示した場合などは，特にその影響が顕著となる。このため，課題成績の差異が，周波数特性ではなく，単にコントラストの違いを反映している可能性がある。Ojanpää & Näsänen（2003）は，ある特定の周波数を中心とする帯域幅1オクターブの成分の位相をランダマイズした顔画像を用いて，視覚探索実験を行なった。ランダマイズされた帯域の中心空間周波数は，2～32c/fwの範囲で9種類設定された。このような画像では，位相をランダマイズした帯域の情報が失われるが，画像全体のコントラストは原画像と同じに保持されている。この実験では，中間域の周波数成分

の位相をランダマイズしたときに最も顕著に探索時間の閾値が長くなるという結果が得られた。このことから Ojanpää & Näsänen（2003）は，探索課題で最も重要な帯域は，中間域だと結論づけている。

そのほかに，脳機能イメージングの手法を用いて，顔情報処理の空間周波数特性を調べた研究もある。Vuilleumier ら（2003）は，恐怖表情の判断に関与する周波数帯域を調べるために，fMRI を用いて，顔画像を観察した際の脳の活性部位を計測した。男女の真顔と恐怖顔の低（2 - 8 c/fw），高周波数画像（8 - 16c/fw），および原画像を被験者に呈示し，性別判断を行なわせると，低周波数画像を呈示した際に，扁桃体において顕著な活性化が認められた。扁桃体は恐怖顔の処理に関与していると考えられており（Morris et al., 1998），このことから，恐怖表情の知覚には 2 ～ 8 c/fw の低周波数情報が重要であることが示唆された。

このように，空間周波数特性を利用した実験では，脳機能イメージング研究への導入，課題や刺激呈示の方法などを考慮することで，今後，さまざまな研究の幅が広がる可能性がある。

# 第4章

## ● 顔の表情と認知

☆

● 竹原卓真

# 第1節 はじめに

われわれは日常生活において，多くの他者と顔を通してコミュニケーションをはかり，相手の内的感情を類推・認知している。身振り・接触・姿勢・歩行などの人間の非言語行動（ノンバーバル行動）の中でも，顔に表われる表情は特に情報量が多いとされており，対人コミュニケーションの中心的役割を担っているといえる。このように，顔は重要な情報リソースであり，古くから科学的な研究の対象にされてきたわけであるが，その期限をさかのぼってみると最も初期に表情をシステマティックに研究した最初の研究者が，進化論学者のDarwinであることについては，多くの研究者間で一致している（Ekman, 1973；Hochberg, 1978；池田，1987；瀬谷，1977）。

Darwin以降，まさに現在行なわれている最前線の表情認知研究にいたるまでには膨大な数の研究がなされてきたわけだが，本章では表情認知研究の中でも特に重要なカテゴリ説と次元説のモデルと，それらのモデルに則した現在の研究を紹介する。

# 第2節 近年の表情認知研究と2大モデル

本節では1970年代～1990年代のはじめにかけて行なわれた重要な研究について概観し，カテゴリ説と次元説という表情認知研究の2大モデルをレビューする（Scherer, 2000参照）。人間の表情認知基盤を理解する際，カテゴリ説と次元説の考え方は重要であり，近年の表情認知研究の多くがどちらかの説の見解に立っている。つまり，これら2つのモデルは現在行なわれている研究の骨格になっているといっても過言ではない。

## 1．表情認知のカテゴリ説（カテゴリ知覚モデル）

カテゴリ説に基盤を置く多くの研究者は，喜びや悲しみ，あるいは怒りなど，離散的な有限個の基本感情（basic emotion）とよばれる感情カテゴリを設定し，それらの基本感情は他の感情とははっきりと識別できるように経験され，生物学的に生存に必要不可欠な感情のみが残留し，付加価値をもつことによって進化したとする進化論の立場を取る。同時に，基本的な感情カテゴリは世界中で共通して認知されるという「普遍性」をも主張する場合がある。

基本感情とは，生理反応・評価メカニズム・先行事象などによって特徴づけられる，

はっきりと識別可能な感情状態であり，各基本感情は生体を刺激に対して適切に反応させるための生理学的な変化と連合している。たとえば，怒り感情を引き起こすような闘争場面においては，腕部分への血流が増加するなどの特有な生理学的変化がみられる。このような生理学的変化のほかに，各基本感情は刺激や先行事象の評価メカニズムとも連合している。たとえば，人体にとって有害な事象が起これば，それを回避するような恐怖感情が喚起される。つまり，各基本感情は生理反応や表情を含んだ，1つのはっきりとした生体への信号と連合するのである（Ekman, 1999）。

　Ekmanらは多くの感情研究の結果をレビューして，6つの離散的な基本感情（喜び・悲しみ・怒り・恐怖・嫌悪・驚き）が存在することを提言し，さらにそれらに対応する表情も6つ存在することを主張した（基本6表情）。さらに彼らは異文化間においても，表情は必ず基本6表情のいずれか1つにカテゴリ的に分類されるというカテゴリ知覚説を主張し，その普遍性を論じた（Ekman, 1972, 1973, 1992；Ekman & Friesen, 1971；Ekman et al., 1969, 1982, 1987；図4-1）。この主張は当時，西洋文化圏から孤立していると思われたパプア・ニューギニアでの2度の強制選択法による表情認知研究で立証され（Ekman et al., 1969；Ekman & Friesen, 1971），普遍性の問題に関してもその後多くの研究者の実験研究によって支持されている（Brown, 1991；Buss, 1992；Carlson & Hatfield, 1992；DePaulo, 1992；Haidt & Keltner, 1999；Hejmadi et al., 2000；Mesquita & Frijda, 1992；Oatley, 1992；Oatley & Jenkins, 1992）。

　しかしながら，Fridlund（1994）は同じ表情を表出することに対しても文化によってさまざまな社会的な規則が存在すると述べ，Wierzbicka（1999）は表情とそれに対応する基本感情名とのつながりが文化によって異なる可能性があると論じ，文化とカテゴリの概念の差異における批判も散見される。この議論は継続して行なわれており（Adolphs, 2002），21世紀になった現在でも研究者間で完全には一致していない。

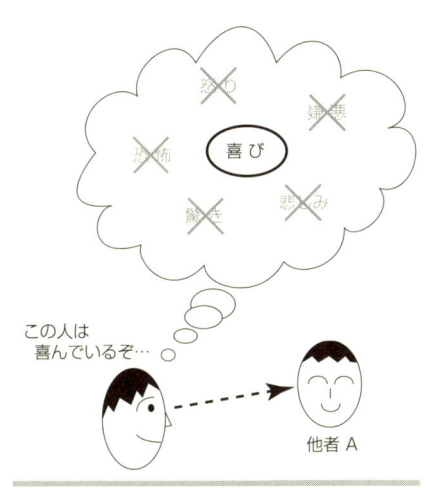

**◯図4-1　カテゴリ説の模式図**
人間は喜び・悲しみ・怒り・嫌悪・恐怖・驚きの基本6感情カテゴリを持ち合わせており，どのような表情でも必ず基本6感情のいずれかに分類される。この場合では人が他者Aの表情を見たとき，他者Aの感情は基本6感情の中の「喜び」カテゴリにのみ分類される。

表情には基本6表情なるものが存在し，それらはカテゴリ的に認知されることについて述べたが，複数の感情が入り混じった表情やどちらともつかない曖昧な表情など，基本的でない表情はどのようにカテゴリ化されるのだろうか。われわれが日常生活を送る際，基本表情ばかりでコミュニケーションを行なうわけではなく，むしろさまざまな表情が入り混じった複合表情を発信したり受信したりする機会が多い。カテゴリ説ではこの問題に対して，色や音声などのカテゴリ知覚効果の概念を引用している。
　Harnad（1987）は人間のカテゴリ知覚そのものについて言及し，カテゴリ知覚効果の基本要素として，①物理的連続体に属する一連の刺激に対し，カテゴリの境界線を区分点として片方のカテゴリラベル，あるいはもう一方のカテゴリラベルが付与される場合，②被験者が同一カテゴリ内の刺激ペア間の物理的な差よりも，カテゴリの境界線をはさむ刺激ペア間の物理的に微小な差を判別できる場合，といった定義を行なった。色の知覚を例にあげて考えてみると，緑色から黄色に変化する連続体に属する色刺激が2つあり，それぞれの色の波長の差が小さい場合は同一カテゴリと認識されて識別がむずかしいが，緑色と黄色の境界線をまたいだ2色は別カテゴリと認識されるので識別が容易である。Harnadの主張を表情認知に当てはめてみると，①表情Aから表情Bへ変化する物理的連続体に属する一連の表情刺激に対して，カテゴリの境界線を区分点として表情Aあるいは表情Bのどちらかにカテゴリ化される場合，②表情Aのカテゴリ内に属する刺激ペア間の物理的な差は判別しがたく，表情Aと表情B間に存在する境界線をはさむ刺激ペア間の差は判別できる場合，表情認知はカテゴリ的に処理されているということになる（図4-2）。後節でカテゴリ知覚効果を表情認知に応用した研究について詳しく論ずるが，中でも通称「ロンドン・グループ」とよばれるCalderやYoungらを中心としたイギリスの表情認知研究者は，1990年代半ば以降，特にカテゴリ説を強く主張している。

## 2．表情認知の次元説

　表情認知の次元説の立場では，感情には基本感情カテゴリとよばれるものは最初から存在せず，刺激の類似性や相対的な差異などが知覚されて，少数の整数次元上に連続量として概念化されると主張する。各感情は「快-不快」「覚醒度」を軸とする心理空間上における原点を基点としたベクトルで評価することができ，後に感情カテゴリ名が付与されるのである（Russell & Bullock, 1986；図4-3）。また，カテゴリ説とは異なり，感情カテゴリ間の境界線は曖昧で明確な区分はできず，表情のカテゴリ化は他の表情との文脈関係に依存する。分析方法については，次元説ではデータ解析に多次元尺度構成法（MDS）や因子分析などの幾何学的布置を可能にする手法がお

## 第2節　近年の表情認知研究と2大モデル

(1)

喜び　喜び　喜び｜驚き　驚き　驚き

カテゴリの境界線

(2)

喜び　ア　イ　驚き

カテゴリの境界線

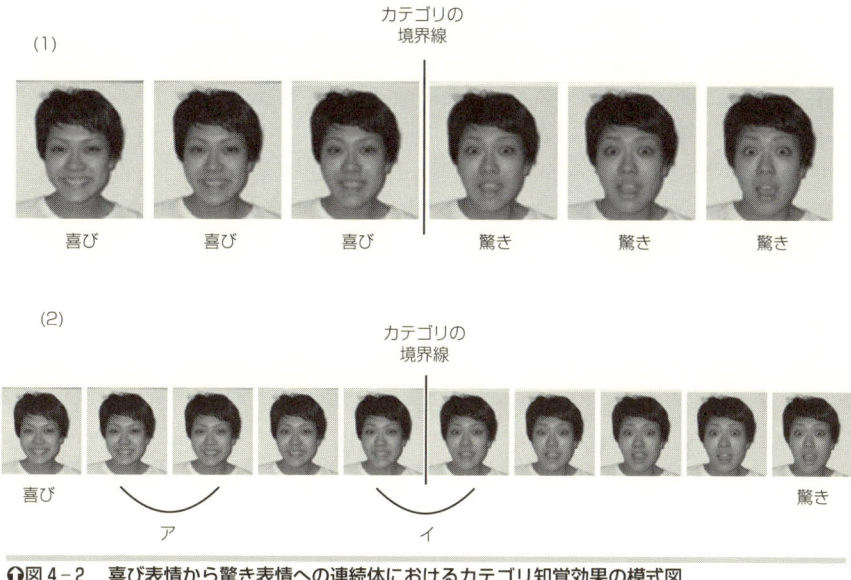

**⬆図4-2　喜び表情から驚き表情への連続体におけるカテゴリ知覚効果の模式図**
(1) カテゴリの境界線を区分点として，表情は必ず一方のカテゴリに属する。
(2) 喜びのカテゴリ内に属する表情ペア（ア）は判別しにくく，カテゴリの境界線をはさむ表情ペア（イ）は判別が可能である。

もに用いられる。これらの手法によって幾何学空間上に布置される刺激表情は似ている刺激どうしは近くに，逆に似ていない刺激ほど遠くに配置できるため，表情認知構造の心理表象が図示できるのである。次元説はSchlosberg（1941, 1952）に端を発するが，近年の最も著名な研究は，Russellら（Russell, 1980；Russell & Bullock, 1985）の円環モデル（circumplex model）であろう。

Russell & Bullock（1985）は被験者に4歳児，5歳児，大人から構成される3群を用い，表情刺激を呈示して分類させた。その分類結果をMDSで分

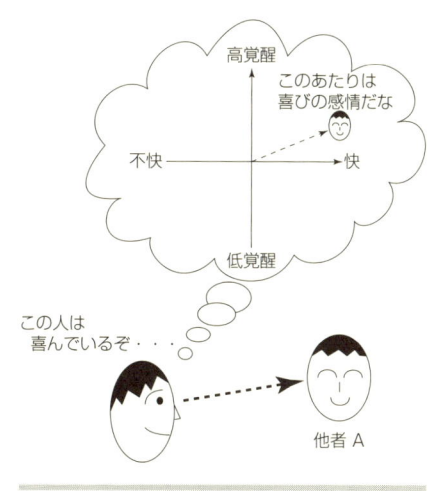

高覚醒／不快／快／低覚醒
このあたりは喜びの感情だな
この人は喜んでいるぞ・・・
他者A

**⬆図4-3　次元説の模式図**
次元説では明確な感情カテゴリは仮定せず，「快-不快」「覚醒度」から構成される2次元の心理空間を想定する。この場合，人は他者Aの表情を見て，まず顔を心理空間上にマッピングする。その後，空間的な位置関係から最終的に感情ラベルを付与する。

析したところ,「快－不快」と「覚醒度」と解される二次元から構成される心理空間が出現し,そのまわりに円環状に刺激表情が配列された。具体的には3群すべてにおいて,二次元空間の第1象限には喜び（happiness），興奮（excitement），満足（contentment）が,第2象限には眠気（sleepiness），中性（neutral），退屈（boredom）が,第3象限には悲しみ（sadness），嫌悪（disgust）が,第4象限には怒り（anger），恐怖（fear），驚き（surprise）が一貫して配置された（図4-4）。同時に彼らは各群の空間を定量的に比較し,子どもから大人まで心理空間が等しいことも発見した。

その後,Russellら（1989）は心理空間の交差文化的側面において,文化を通して定量的に類似しているとの見解を示した。しかし,彼らの研究に対しては被験者の所属する文化圏がカナダ・香港・ギリシャの3文化に過ぎず,汎文化的に共通であるとは言いがたいという批判もある。事実,Russellは第二次元である「覚醒度」次元についての文化的差異について言及しており,第一次元である「快－不快」次元は確定するものの,「覚醒度」次元は文化によって揺らぐことを示唆している。この問題について,1990年代後半にオーストラリアの研究者であるKatsikitisはオーストラリア人では第一次元は「快－不快」と確定されたものの,第二次元は顔の上半分－下半分優位性（upper-face－lower-face dominance）であると論じており（Katsikitis, 1997），現在でも第二次元はどういった軸であるのかは完全に固定されているわけではないと述べている。つまり,心理空間を二次元で考えるとき,完全な二次元にはならずに不

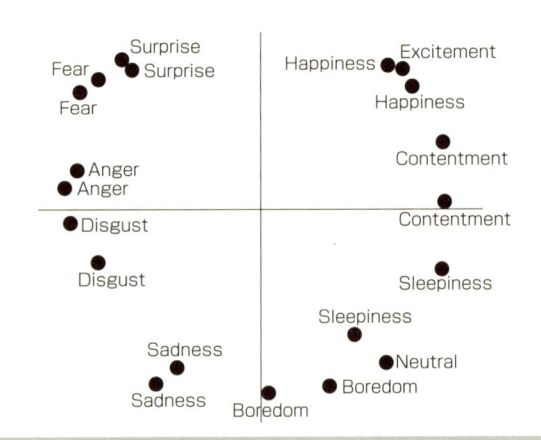

**❶図4-4　Russell & Bullock（1985）によって見いだされた,大人の心理空間の例**（Russell & Bullock, 1985をモデルに改変）

4歳児,5歳児もほぼ同様の配列となった。なお,水平方向の軸は快－不快,垂直方向の軸は覚醒度を表わす。

均質な空間を形成している可能性があるかもしれない。にもかかわらず，表情認知は次元的な見解から効果的に解釈できると論じる研究がいくつか報告されている（たとえば，Carroll & Russell, 1996；Schiano et al., 2000, 2001, in press）。

## 3．カテゴリ説と次元説の対立

前項および前々項では表情認知のカテゴリ説と次元説について概観したが，両者は離散的な認知基盤と連続的な認知基盤という相対する概念を主張しているため，対立することは明白である。しかしながら，それぞれが自身の理論に優位性を求めようとしても，実験で使用される表情写真はほとんどが単一の感情を最大限に表出しているものが採用され，複数の感情が混合されたような表情写真はほとんど用いられないというパラダイムの限界があり，一時的に議論は停滞気味となる。そこでこの事態を打破すべく，1990年代のなかばにコンピュータ技術を利用した新しい研究パラダイムが構築され始め，表情認知研究に応用されていくことになる。次節では表情認知研究に関して，コンピュータ技術を用いた研究を紹介しよう。

# 第3節　モーフィングを使用した研究例とカテゴリ説の主張

本節では，表情認知研究にモーフィングとよばれるコンピュータグラフィックスを適用してカテゴリ説を主張した研究例を紹介する。前述したロンドン・グループが精力的に研究を押し進め，表情認知のカテゴリ説の立場から多くの知見を報告している。

## 1．モーフィングの導入

1990年代に入り，コンピュータが安価で発売されるようになると急速に一般普及し，表情認知研究にもあたらしい研究パラダイムを芽ばえさせるまでにいたり，その研究の進歩を担うことになった技術がモーフィングである。第3章でもふれられているが，モーフィングは画像合成技術の一種で，複数枚の元画像を合成して現実には存在し得ない画像を正確に作成することができる。

モーフィングを使用した研究は顔認知（face recognition）研究と，表情認知（facial expression recognition）研究で特に多く報告されている。たとえば，顔認知研究ではアメリカの元大統領であるケネディ・クリントンの両氏の顔をモーフィング処理し，どの段階からどちらの顔認知が優位になるかなど，親近性の問題を取り入れてカテゴリ知覚を検証した研究などがある（たとえば，Beale & Keil, 1995；Blanz et al., 2000；

Busey, 1998；Stevenage, 1998)。では，続いて表情認知研究における重要な研究を紹介しよう。

## 2．Etcoff & Magee（1992）の研究

　Etcoff & Magee（1992）は Ekman & Friesen（1976）の写真の中から特定の男性と女性の顔写真を選択し，それを線画レベルに変換した。続いて，怒り－悲しみ，怒り－恐怖，怒り－嫌悪，喜び－悲しみ，喜び－無表情，悲しみ－無表情，喜び－驚き，驚き－恐怖の7つの表情で作成した8つの表情ペア間で線画をそれぞれモーフィング処理し，被験者に同定課題，ABX 課題，自由回答課題を行なわせた。なお，同定課題とは呈示された線画が選択肢の中のどの感情に当てはまるかを判断させる課題のことであり，ABX 課題とは A,B,X という3つの線画表情刺激を連続的に呈示し，先に呈示された A と B のどちらと X が同じであるかを判断させる課題，自由回答課題とは呈示された表情刺激に対して「単にテレビを見ている」などの自由な言葉で回答させる課題のことである。彼女らは以上の課題の分析結果を Harnad（1987）のカテゴリ知覚効果に当てはめて，驚きの表情を含む表情ペアを除いてより明確なカテゴリ間の境界線を見いだし，境界線を跨いで異なる感情カテゴリ間の2つの表情認知が（たとえば，喜びカテゴリからの表情と悲しみカテゴリからの表情），感情カテゴリ内の2つの表情認知より（たとえば，喜びカテゴリ内の2つの類似した表情）同定率が高いことなどを見いだした。つまり，表情認知におけるカテゴリ知覚効果の優位性を主張したわけである。加えて，無表情を含んだ表情ペアについてもカテゴリ知覚効果が示され，彼女らは無表情とは感情価が低い表情なのではなく，無表情自体が1つの感情カテゴリを形成していると論じている。彼女らの研究は実際の表情画像を使用せずに線画を用いてモーフィングを行なっているが，中間表情を使用してカテゴリ知覚効果を初めて報告した点において，その後のカテゴリ説の立場をとる研究者に非常に大きな影響を及ぼしている。

## 3．Calder ら（1996）の研究

　Calder ら（1996）は，Etcoff & Magee（1992）の線画レベルの実験を改良・発展させ，写真画質の刺激を用いてモーフィングによる同様の4つの実験を行なった。第1，第2，第3実験では数名の表情表出者を使用し，特定の感情の連続体（たとえば，喜びと悲しみ）に属するモーフィング表情刺激を作成して，被験者に同定課題とABX 課題によって評定させた。第4実験では同時的同定課題を行なわせた。それらの結果，第2実験において刺激のアーチファクトがみられたものの，やはりカテゴリ間に明確

な境界線が見いだされ，カテゴリをまたいだ2表情の評定のほうが同カテゴリ内の2表情の評定よりも容易であることが確認され，やはり純粋にカテゴリ知覚効果が関与しているとの見解を示した。実験の内容からいえば Etcoff & Magee（1992）のほぼ追試であるが，線画画像ではなく実画像を使用してもカテゴリ知覚効果が見いだされたところに意義があるだろう。

## 4．Young ら（1997）の研究

　Young ら（1997）は，Etcoff & Magee（1992）と Calder ら（1996）の表情認知に関するカテゴリ知覚効果の結果を重要視し，Ekman & Friesen（1976）の表情画像を使用して表情は二次元の感情空間上で認知されるという従来から提唱されてきた Russell の円環モデルを4つの実験結果を示すことで反駁した。彼らは第1実験では Russell の円環構造について，すべてのプロトタイプ間をモーフィング処理して（図4-5）表情刺激を作成した。各表情に対して基本6感情を選択肢とした強制選択課題で評定させた結果，ほとんどすべての連続体において特定のモーフィング比率での急激な片方のカテゴリへの反応シフトが観察された（図4-6）。第2実験では第1実験で用いた表情刺激に，無表情を加えて評定を求めたところ，やはり第1実験の結果を踏襲する結果となった。第3実験では評定方法を ABX 課題に変更して行なったが同様の結果が得られ，第4実験では2つのプロトタイプ表情のモーフィング画像，たとえば，喜びと怒りの表情のモーフィングに関して，喜び90％：怒り10％の表情や，喜び70％：怒り30％のような表情では喜びが有意に評定されるのは明白であるが，その中でも怒りの感情成分を認識できるかどうかについて調査した。その結果，より少ない怒りの感情成分をある程度認識できるものの，ある程度のカテゴリ知覚効果が見いだされた（Dailey ら［2002］によると，第4実験の結果は次元説を支持するようである）。

　これら4つの実験の結果から総合して，表情はカテゴリ的に知覚・認知されるという，カテゴリ知覚効果の優位性を改めて主張し，Schlosberg から続いた次元的な表情認知理論は誤りであり，Russell

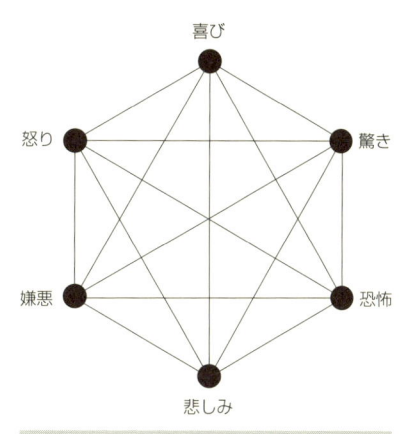

**❶図4-5　Young et al.（1997）がデザインした円環**
モーフィングに使用されたプロトタイプ表情どうしを線でつないである。

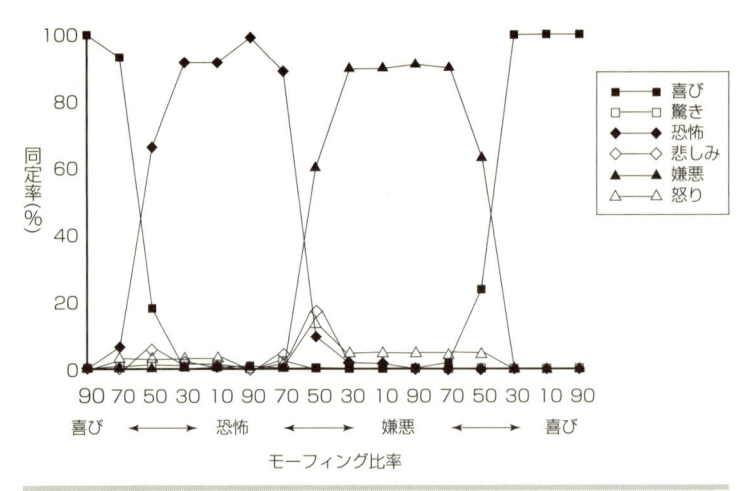

●図4-6 喜び-恐怖-嫌悪-喜びの連続体における，Youngら（1997）の第1実験の結果（Young et al., 1997を参考に改変）
喜び・恐怖・嫌悪の反応は，モーフィング比率50％付近で急激に片方のカテゴリへのシフトがみられる。なお，他の連続体についても同様の結果が得られている。

が提唱する次元的な結果は何1つ得られなかったと報告した。また，その後Campbellら（1999）がカテゴリ知覚効果は基本6感情に限定されるものではなく，さらに多くの感情にも影響を及ぼしていることを報告していることからも予測できるように，カテゴリ説はより強固な支持を受けていくこととなる。

## 第4節 モーフィングを利用した次元説の研究

前節ではカテゴリ説の立場から表情認知をとらえたが，本節では同じモーフィングを使用した次元説の立場からの研究知見を紹介する。

### 1．カテゴリ説が唯一なのか？

前節で紹介した研究を代表とするモーフィングを用いた表情認知研究は，そのほとんどがカテゴリ説を強く主張し，次元説は減退していったかのように見受けられた。しかしながら，カテゴリ説やその普遍性の問題に関して論理的な批判が数多く存在し，最近では多次元空間説を否定できない興味深い実験結果も報告されている（渋井ら，1999）。モーフィングを用いて表情刺激を作成し，その評価の結果において表情認知

の次元的要素が見いだされれば次元説の可能性も示唆でき，表情認知研究の新しい展開がみられるであろう。では，次項から次元的な立場をとる最近の研究を紹介しよう。

## 2．Takehara & Suzuki (1997) の研究

Takehara & Suzuki (1997) は，表情認知構造が次元的な見解から解釈可能であることを示している。奇しくも彼らの研究はカテゴリ説の立場をとる前出のYoungら (1997) の研究と同年に発表されている。

彼らはまず，Russell & Bullock (1985) が提唱した円環上にEkmanらが提唱する基本6表情（日本人）を配列し，隣り合う基本表情どうしをいくつかの比率でモーフィング処理にかけ，中間画像を作成した。次に被験者に各合成画像を評定させ，MDSを用いて感情空間への布置を試みた。もし，表情認知が次元的な見地で解釈可能であり，かつ，正確で安定していれば，MDSによる心理空間への布置は物理的布置である図4-1を復元したような形状になるか，あるいはそれに近似する布置になることが予想される。

分析の結果，表情画像の配置からRussell & Bullock (1985, 1986) が見いだした快－不快」「覚醒度」の次元から構成される心理空間と同じ二次元構造が導き出され，表情画像の配置はおおよそ円環になった（図4-7）。さらに特筆すべきことは，ごく少数の例外を含むがほとんどのモーフィング表情画像は，それ自身がもつ感情価の継承元であるプロトタイプ表情間にモーフィング比率に従って配置されたのである。この事実は，表情認知は単にカテゴリ的に処理されているというYoungら (1997) の主張を支持するものではなく，連続的な次元的認知の可能性を示唆するものである。中間表情画像から次元的な結論を導き出した研究はTakehara & Suzuki (1997) が初めてであり，Etcoff & Magee (1992) に始まったカテゴリ説の主張に一石を投じている点において興味深いと思われる。

## 3．Takehara & Suzuki (2001) の研究

Takehara & Suzuki (2001) はプロトタイプ間のみをモーフィング処理して表情の次元的認知の証拠を示したとしても，すべての感情強度における次元的認知を調べたことにはならないと考え，さまざまな感情強度において仮定される円環構造が次元的であるという証拠を示すためにTakehara & Suzuki (1997) の研究を発展させた。具体的には，まず特定の4つの感情強度（100％, 75％, 50％, 25％）をもつ基本6表情のプロトタイプ表情を作成し，それぞれの感情強度に対応する4条件の円環を仮定した。続いて4つの各円環における全表情画像の組み合わせ間をモーフィング処理し

## 第4章　顔の表情と認知

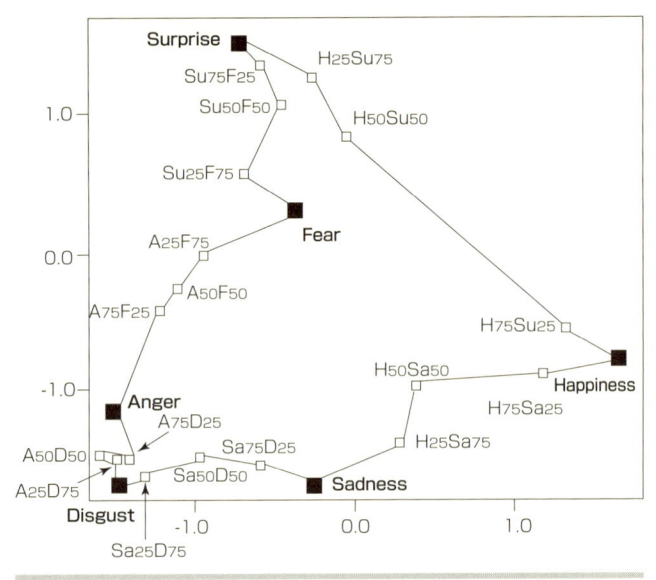

**◐図4-7　Takehara & Suzuki (1997) で見いだされた心理空間**
プロトタイプ表情は黒四角（■），モーフィング表情は白四角（□）で表わしてあり，Hは喜び，Saは悲しみ，Dは嫌悪，Aは怒り，Fは恐怖，Suは驚きをそれぞれ表わしている。また，モーフィング表情の添え字は合成比率を表わしている。例えば，$H_{50}Sa_{50}$は喜び50％，悲しみ50％である。なお，水平軸は「快－不快」，垂直軸は「覚醒度」である。

て刺激を被験者に評定させた。

　得られたデータを MDS で分析した結果，25％強度条件のいくらかの表情の配置と微妙な軸の回転を除き，4条件の全体的構造は視覚的および定量的に類似した布置となった（図4-8）。各条件における軸の解釈は，先行研究（Russell & Bullock, 1985, 1986；Takehara & Suzuki, 1997）と同様に，「快－不快」・「覚醒度」であると解釈され，25％強度条件を除く3条件では，基本6表情（各プロトタイプ表情）は"おおよそ"円環状に配列された。さらに，各モーフィング表情はその感情成分の継承元である2つのプロトタイプ表情間にほぼモーフィング比率どおりに配置された。この結果は Takehara & Suzuki (1997) の次元的な結果を支持しており，条件を通した心理空間が同じ性質をもつことが示されたのである。

　しかしながら，ある疑問点が浮かびあがった。彼らは実験結果こそ表情認知の次元的解釈とその頑健性を支持するが，各表情の布置に注目すると一貫した配置になっていないのである。具体的にいえば，もし心理空間が完全に均質であるとすれば，モーフィング表情の心理評価はその物理的なシフトと同様でなければならない。しかしな

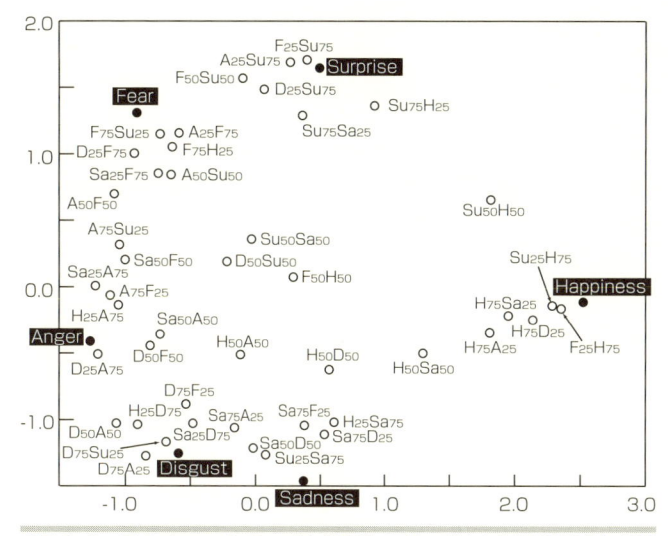

### ❶図4-8 Takehara & Suzuki (2001) で見いだされた100%条件における心理空間

プロトタイプ表情は黒丸（●），モーフィング表情は白丸（○）で表わされている。記号については図4-7を参照。やはり，水平軸は「快－不快」，垂直軸は「覚醒度」である。

がら，心理評価のシフトは厳密には物理的なシフトと対応していない。たとえば，$A_{50}F_{50}$の表情は，物理的には怒りと恐怖のプロトタイプ表情の中央に布置されなければならないのに，100%強度条件では恐怖の近くに，それ以外の強度条件では怒りの近くに布置されていた。このような不一致あるいは揺らぎにはいったい何が影響しているのであろうか？　従来の研究であればこのような揺らぎは実験誤差や個人差として切り捨てられてきたであろう。しかし，彼らはこの揺らぎに着目し，物理学の複雑系の概念であるフラクタル性を流用しようと試みた。フラクタルの基本概念と，それに基づいた実験は次節で詳しく論じる。

### 4．山田（2000）のモデル

　これまで述べてきた諸研究は，被験者に表情刺激の類似度評定や感情評定を行なわせ，そこから得られる心理次元の内的構造のみを検証したものであった。山田(2000)は表情の知覚的判断を記述できうる物理変数を見いだし，既存の心理次元からの処理が行なわれる前に物理次元における処理がなされることを検証した。山田（2000）はこれらの物理次元と心理次元との対応関係を重要視し，一連のモデルを提案した。彼によると，人間が表情を知覚・認知する際には，①表情に関係する視覚的情報（物理

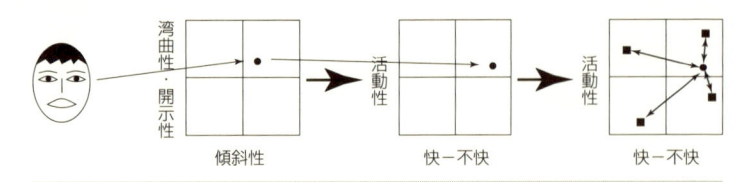

● 図4-9　山田（2000）のモデル（山田，2000を参考に作成）
視覚的情報次元が抽出され，続いて感情的意味評価が行なわれる。そして最終的に感情的意味評価に基づいたカテゴリ分類が行なわれる。

変数）の抽出，②表情情報の感情的意味評価（心理次元に基づく評価），③感情的意味評価に基づく表情のカテゴリ分類，の3段階のプロセスが存在する（図4-9）。

第1段階である視覚的情報抽出段階の検証について，Yamada（1993）は実際の表情画像を使用する代わりに，より簡素化した線画の顔（図4-10）を用いた。そして被験者に眉・目・口の上に設定した8つの特徴点を操作することで基本6表情を表わす線画を作成させ，その線画に対する表情の判断実験を実施した。続いて，各特徴点の表情判断にかかわる相関的変位構造を正準判別分析を用いて分析したところ，「傾斜性（slantedness）」と「湾曲性・開示性（curvedness/openness）」という2つの物理次元が根底に存在することを突き止めた。ここでいう「傾斜性」とは眉や目が釣りあがったり垂れ下がったり，あるいは口の形がへの字になったり逆の形になったりすることを指し，「湾曲性・開示性」とは眉が曲線的に湾曲したり，目や口が開かれる程度を指す。上記の2つの物理次元はその後，追試や類似の研究でくり返し見つかっている（高橋，1994；小川・鈴木，1999，山田ら，1995）。

第2段階である感情的意味評価段階の検証においては，Yamada（1993）で得られた基本6表情の線画を用いて中間表情を作成し，SD法による評定結果を因子分析で分析した結果，多くの研究（たとえば，Russell，1991，1994，1997）で見いだされてきた「快-不快」と「活動性（Russellらは覚醒度とよんでいるがほぼ同義であると思われる）」という二次元の心理次元が導き出されている（Yamada & Shibui，1998）。山田は，感情的な意味の評価は，「傾斜性」・「湾曲性・開示性」という物理次元上に位置づけた表情を「快-不快」・「活動性」から構成される心理次元に表情をマッピングし直すことに等しいと述べてそれらの対応関係について言及しており，それらの相関関係が存在することが確かめられているが（Yamada & Shibui，1998），厳密な関数関係が特定されていないとも論じている。

そして最終段階である感情的意味評価に基づく表情のカテゴリ分類段階では，前段階である感情的意味評価段階の評価に基づいて表情のカテゴリ分類が行なわれる。す

なわち,「快－不快」・「活動性」の心理空間上に点として表現されている表情刺激を,ある感情カテゴリのメンバとして分類する。カテゴリ分類については,心理空間には感情カテゴリの最も典型的な表情が位置する点が存在し,それらをレファレンス・ポイントにして知覚された表情の定位点との距離が計算され,最も近くに存在するレファ

❶図4-10　Yamada（1993）で使用された線画表情の標準図形の模式図（Yamada, 1993をもとに作成）

レンス・ポイントのカテゴリのメンバとして分類されると論じている。この概念は線画表情を用いた研究や実際の表情画像を使用した研究（渋井ら，1998）でも支持されている。

　その後,山田のモデルは追試され,新たな示唆が加えられている。Yamadaら（1993）は実際の表情画像を使用してYamada（1993）と同様の検討を行ない,渡邊ら（2003a）は線画表情を用いて同様の三次元から構成される物理次元が存在するのかどうか検討したところ,予測どおり「湾曲性・開示性」・「口の傾斜性」・「眉・目の傾斜性」の三次元を見いだした。続いて彼らは導出された三次元の物理次元と,「快－不快」・「活動性」の二次元の心理次元との対応関係について,線画表情を用いて検証したところ,「口の傾斜性」と「快－不快」,「眉・目の傾斜性」と「活動性」の間の相関が高く,「湾曲性・開示性」と「快－不快」・「活動性」との間にも中程度の相関関係がみられることを示した（渡邊ら，2003b）。また,渡邊ら（2003c）は渡邊ら（2003b）の線画での研究を実際の表情画像に応用して対応関係を吟味したところ,口角の釣りあがりや引き下がりが「快－不快」の判断と関係し,目・口の開き具合やそれに伴う眉の湾曲程度が「活動性」の判断と関係していることを示し,最終的に第3心理次元の存在を示唆している。

# 第5節　フラクタルの概念を用いた表情認知研究

　本節では,前節のTakehara & Suzuki（2001）の研究の最後で触れた,フラクタルの概念を簡単に解説し,表情認知研究への応用例を紹介する。

## 1. 自己相似性とフラクタル

　われわれは日常，多くの複雑な物体に出くわす。一般にどんなに複雑なものでも，それをこまかく分解していけば単純な形態をもつものへとなるはずであると思いがちである。たとえば，非常に入り組んだ複雑な曲線でも拡大していけば，その一部分はほとんど直線であると「近似」することができうるし，凸凹のある複雑な曲面でも非常に小さな領域では平面で「近似」できると考えている。しかしながら，実際の自然界は必ずしもそうであるとは限らない。複雑な海岸線をどんどん拡大していってもけっして直線にはなりえないし，またわれわれが日ごろ何気なく観察している樹木の葉でさえ，拡大していってもいつまでも凸凹が残り，単純な形態は見えてこない。つまり，元の形の観測スケールを変化させても，そこにまた元の形が縮小あるいは拡大された相似形が現われる。これを自己相似性とよび，この性質をもつ物体は数多く存在する。

　自己相似性の視点から，たとえば海岸線の長さを測定することを考えてみよう。短い物差しで測定すると海岸線の長さはどんどん長くなっていき，長い物差しで測定すると長さはどんどん短くなっていくことは容易に想像できるだろう。この現象は観測スケール（物差しの長さ）を変えても全体と同じような構造が延々と再帰的に現われ，スケールを小さくすればするほど長さはベキ関数に従って長くなり，特徴的な長さが定義できない。言い換えれば，海岸線は自己相似性を有するために特徴的な長さが定義できないというわけである。

　Mandelbrot (1967) はこの特徴的な長さ（スケール）をもたない自己相似性に目をつけ，「ブリテン島の海岸線の長さはどれだけか？」という論文でまとめ，現代のフラクタル理論のさきがけとなった。後に彼は自己相似性をもつ図形や物体をラテン語の Fractus（分解してバラバラになった状態）にちなんで，フラクタル（Fractal）という用語で総称した（Mandelbrot, 1982）。

## 2. フラクタル性をもつ図形の例──コッホ曲線

　前項の，物体の観測スケールを変えても相似構造が再帰的に現われるという現象は，じつは20世紀初頭あたりから数学界で発見されていた。たとえば，コッホ曲線（図4-11）がその一例である。この曲線は一見，入り組んでいて複雑な図形に見えるが，どの部分を拡大しても全体と同じ図形が現われるという自己相似性をもっている（図4-12）。また，その線の長さを測定しようとしても自己相似性のために特徴的な長さがなく，理論的には無限大の長さを有する。つまり，有限の幅の中に無限の長さをもつ物体がいく重にも折りたたまれて詰まっているのである。フラクタル性をもつ図形

○図4-11　コッホ曲線

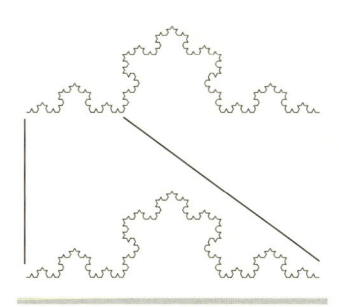

○図4-12　コッホ曲線の自己相似性
もとの図形の一部分を拡大しても同じ構造が現われる。

は他にいくつも発見されたが，当時は病気関数とよばれていたことからも推測できるように，われわれの日常感覚からかけ離れたものと思われ，まったく実用性はないと考えられていた。

## 3．フラクタル次元

　これまで述べてきた自己相似性，つまりフラクタル性を有する物体は，そのほとんどが複雑な形状をしている。われわれは十把一絡げに「複雑」といっても，さまざまな複雑さを思い浮かべる。たとえば，全体的な形が非常に複雑であるとか，入り組み具合が複雑であるとか，あるいは物体の表面が凸凹していて複雑であるとか。この複雑さ具合を定量的に表現できないだろうか。Mandelbrot（1982）は，この問題に対してフラクタル次元という概念を用いて定量化することに成功した。フラクタル次元とは，「全体を $1/a$ に縮小した相似図形 $b$ 個によってその図形全体が構成されているとき，その図形の次元 $D$ は $D = \log_a b$ という式で導かれる」として定義されている。

　興味深いことに，フラクタル次元は一般的に1.26次元であるとか，1.58次元といったように小数次元となり，フラクタル次元が高い物体ほどより複雑で次元が低い物体はより単純である。この点が整数次元で生活しているわれわれにとって少々なじみがなく，想像しにくいと思われるが，前項で紹介したコッホ曲線を例にあげて説明してみよう。この曲線は全体を $1/3$ に縮小した相似図形4個によって構成されているため，次元 $D$ は $D = \log_3 4 \fallingdotseq 1.26$ となり，約1.26次元のフラクタル次元をもっていることがわかる。一般的な線分は1次元，平面は2次元であることから考えると，1.26という次元数は1次元である線分よりはいく分複雑であるが2次元平面を埋め尽くすほど複雑ではないことから，コッホ曲線の複雑さが推測できるのではないだろうか。

## 4．表情認知研究とフラクタル

　Takeharaら（2002）は円環構造の揺らぎにフラクタル性が存在し，その性質が複雑かつ曖昧な表情認知に重要な役割を果たしていると考えた。揺らぎにフラクタル性が内在しているとすれば，モーフィング比率をこまかくして分割数を増やすと円環の距離も増加するはずであり，フラクタル次元は線分よりも複雑であるが2次元の感情空間を被覆するほどでもないため，1.0次元から2.0次元の間の数値を取ると予測できる。

　彼らは8つの表情（喜び，悲しみ，怒り，恐怖，驚き，穏やかさ，眠気，興奮）をプロトタイプ表情と設定し，円環をデザインした。円環の異なるスケール（分割条件）を実現するために，円環を32，40，48，64分割する4条件を設定し，条件ごとに円環上の隣り合うプロトタイプ表情間をモーフィング処理して，中間表情画像を作成した。そして各条件に被験者を割り当てて表情の評定を行なわせ，MDSで分析を行なった。

　その結果，くり返し見いだされてきた円環構造が導出され，4条件すべてにおいてプロトタイプ表情は設定した通りの順序で配列され，モーフィング表情はその感情成分の継承元であるプロトタイプ表情間にモーフィングの比率どおりに配置された。続いて各条件において円環の距離を求め，その距離と分割数からフラクタル次元を算出したところ，説明率99.8％で1.18次元であることが見いだされた（図4-13）。彼らはこの結果から，円環は誤差やランダムさが原因で揺らいでいるのではなく，フラクタル性を有しているために揺らいでいると論じ，人間は表情認知構造にフラクタル性をもたせることによって複雑かつ曖昧な表情に対する反応効率を高めている可能性があると考察している。動物の行動パタンや人間の生理指標にはフラクタル性が関与していることは報告されているが（Shimada et al., 1995；West, 1990；Babloyantz, 1989；Shinagawa et al., 1991；Yamamoto & Hughson, 1993），人間の高次認知過程の一部である表情認知構造においてもフラクタル性が発見されたことは認知工学など心理学以外の研究領域に有益な示唆を与えるだろう。

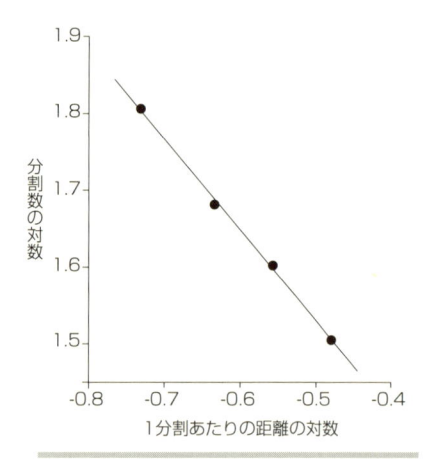

**↥図4-13　Takeharaら（2002）で得られたフラクタル次元**
回帰直線の傾きの絶対値がフラクタル次元となる。この場合，フラクタル次元はおおよそ1.18次元。

# 第 6 節　表情認知研究の現状と将来

　本章では，カテゴリ説と次元説という表情認知研究の２大アプローチと，それぞれの見解から行なわれた代表的な最近の実験研究を紹介した。第２節でカテゴリ説と次元説は理論基盤が異なるので対立するのは当然であると述べたが，2000年あたりから両説が歩み寄り，最近では双方がお互いのモデルを認め合っているかもしれない。事実，1998年にドイツで開催された国際感情学会（ISRE；international society for research on emotions）ではカテゴリ説と次元説を折衷しようとする提案もなされており（Smith, 1998），また同じく2000年にカナダで開催された同学会においても，カテゴリ説と次元説の違いは表情知覚と表情認知という処理水準の差でしかなく，同じレベルで比較すること自体が無意味という意見（Daniel Messinger, personal communication）や，表情認知を別の角度から考察しているだけであるという意見（Mary Katsikitis, personal communication）があがっていた。その一方で，表情を認知的に扱うとなれば何らかのモデルを提唱しなければならないため，カテゴリ説と次元説を折衷したモデルを提案したとしても，いずれはまた別のモデルによって論争が再燃するのかもしれない。

　本章で扱った研究では強制選択法や類似性判断といった評定結果から得られる認知表象に焦点を当てていたが，最近ではそういった研究パラダイムがシフトしつつある。詳しくは次章を参照していただきたいが，PET（positron emission tomography：陽電子放出型断層撮影）やfMRI（functional magnetic resonance imaging：磁気共鳴機能画像法）などの，いわゆるイメージング研究が発達し，被験者の脳内処理をダイレクトにのぞくことが可能になったのである。イメージング研究が表情認知に応用され始めると，多くの研究結果が神経科学系の論文誌で報告されるようになった。その勢いは伝統的な表情画像の主観評定という研究パラダイムを飲み込んでしまうといえば言い過ぎになるが，きわめて重要かつ有用なパラダイムであることにまちがいはないであろう。

　また，紙面の都合で扱えなかったが，表情認知研究のパラダイムには他に主成分分析PCA（principal component analysis；）などを利用した形態からの情報抽出といった画像処理レベルでのアプローチ（Calder et al., 2001）や，ニューラルネット（Dailey et al., 2002）などの手法等，計算モデルとよばれるものがある。計算モデルはPadgettらを中心とした研究者たち（Cottrell et al., 2000；Padgett et al., 1996；Padgett & Cottrell, 1998）が多くの興味深い知見を報告しており，これからますます注目を浴び

ることになるであろう。
　今後は本章で述べた伝統的なアプローチ，あるいはイメージング研究や計算モデルなどの研究が精力的に行なわれ，表情認知メカニズムのさらなる解明がなされることに期待がかかる。

## コラム④　無表情とその認知

　日常的な対人場面において，相手の顔やそこに現われる表情から相手の反応や情動状態を読み取ることで，われわれは円滑なコミュニケーションを行なうことができる。しかし時として，相手の顔に表情が現われない状態，すなわち無表情を認めることがある。これまでに表情認知に関する研究が数多く行なわれてきたが，無表情に焦点をあてた検討は意外にも少ない。本コラムでは無表情の認知に関する研究を紹介し，無表情とはどのような顔か，考えてみたい。

　無表情の一般的な意味については，広辞苑第5版によると「表情のないこと。表情の乏しいこと。」とある。英語では"expressionless face, blank face"に相当する。外面的には，表情が顔面筋の動作によるものであることを考慮すると，逆に顔面筋動作が見られない状態が無表情であると考えられる。

　従来の表情認知研究においては，無表情は"neutral face, neutral facial expression"などと記され，日本語ではおもに中性表情という訳語が当てられている。この場合，無表情は中性刺激（neutral）または表情刺激に対する標準刺激（baseline）としての役割を担っている。

　表情認知にかかわる心理次元に関する研究では，次元の直交する中心が中性点（neutral）とされており（たとえば，Russell, 1997；Schlosberg, 1952），無表情はこの中心に位置づけられると考えられてきた。では，無表情は本当に中性的なのだろうか。このことを問題視した Shah & Lewis（2003）は，25枚の演技表情（うち2枚は無表情）を用いたマッチング課題を実施し，無表情の心理次元における布置について検討した。快次元と表情の強度次元で構成される心理次元において，表情は円環状に並んだが，無表情は強度次元上で負の方向に布置を示した。また Carrera & Fernández-Dols（1994）は標準化された顔画像セット（Matsumoto & Ekman, 1988）の表情と無表情に対する評価実験を実施し，快次元と覚醒次元の二次元における布置を検討した。その結果，無表情は快次元上では中心から正負いずれかの方向に揺らぎ，覚醒次元上では負の方向に示された。同様に渡邊ら（2003）の Affect Grid 法（Russell et al., 1989）を用いた評価実験においても，図1に示すように無表情は活動性（覚醒）次元上で負の方向に布置を示した。以上の研究から，無表情は心理次元の中心に布置されないこと，すなわち無表情は中性的と判断されず，むしろ何らかの情動価が付与されることが示された。

# 第4章　顔の表情と認知

日常的な対人場面を考えてみても，会話中に相手が無表情だと戸惑うことが多く，中性的だと判断することはあまりないのではないだろうか。それは，無表情が無反応や無感情といったネガティヴな印象と結び付けられるからであると考えられる。また無表情はその場の状況や場面によって，「怒っている」など何らかの情動判断がなされる可能性がある。

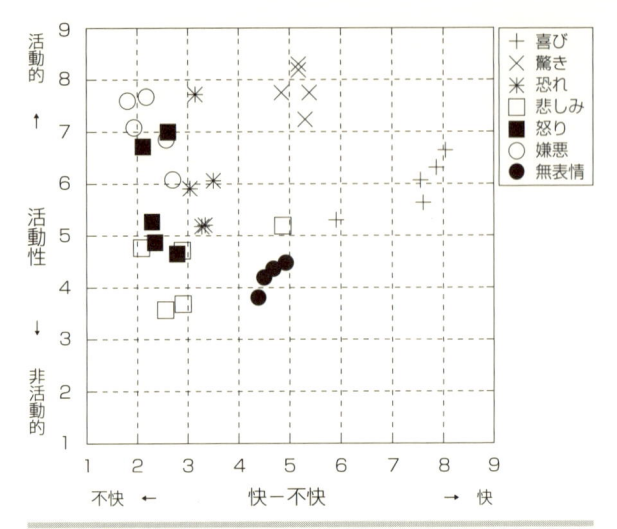

**図1　基本6表情と無表情の心理次元における布置**（渡邊ら，2003）
35枚の顔画像（5名のモデル×7枚）に対する，Affect Grid法を用いた評価実験を実施し，得られた評定値の平均値を，横軸を「快−不快」，縦軸を「活動性」とする2次元空間にプロットした。

これは本来表出するはずの表情を陰蔽（mask）または中立化（neutralize）するといった，表情の表示規則（Ekman & Friesen, 1975；Matsumoto, 1996）によるものなのかもしれない。

日常的な文脈（context）と無表情の関係については，Carrera & Fernández-Dols（1994）の第2実験で検討されている。彼らは喜び，恐れ，悲しみ，怒りのいずれかの情動カテゴリーについて高い一致率をもつ日常的なできごとを表わす文章と，表情または無表情を対呈示して評価実験を実施した。その結果から，無表情の判断に文脈が影響を与える可能性が示唆された。

他にも文脈の問題に関連した研究をあげると，Surakkaら（1999）は表情画像に続けて無表情を呈示したところ，悲しみの表情呈示後は悲しみとして，喜びの呈示後には喜びとして判断されることが示唆された。渡邊・山田（2002）による線画図形を用いた検討でも，同様に時系列的な文脈効果が無表情の判断に影響することが示唆されている。一方 Mignault & Chaudhuri（2003）は，CGで作成した無表情顔の縦方向の傾きを操作して呈示したところ，下を向いた場合は悲しみや服従（submission）を示す顔，上を向いた場合は喜びや支配（dominance）を示す顔として判断される傾向が見いだされた。

以上をまとめると，無表情は実験の使用目的上，中性表情とされてきたが，厳密に

は中性的ではなく，現実的な場面で何らかの意味をもち，また文脈の影響などにより何らかの情動判断がなされることが示唆されている。

なお，表情認知や表出に関する研究においても無表情に関する手がかりは散見されるが（Carrera & Fernández-Dols, 1994；渡邊・山田，2002を参照），無表情そのものの研究はまだ少なく，無表情はまさに表情研究のフロンティアといえよう。今後，さまざまな研究から得られた知見を加味しつつ，新たな検討を積みあげることで，無表情のもつ機能や役割をより浮き彫りにすることが期待できる。また無表情の研究を進めることが，顔や表情の認知メカニズムの一側面を明らかにすることにつながるのではないだろうか。

第 **5** 章

● 顔と認知神経科学

☆

● 野村理朗

# 第5章　顔と認知神経科学

## 第1節　はじめに

　あらゆる外界の情報がそうであるように、顔もまた脳において認知される。言い換えれば、顔は、網膜を経由して脳に入力される感覚刺激の1つにすぎない。それにもかかわらず、顔を対象とした認知研究の数は、ほかの多くの視覚的刺激についてのそれを圧倒し、またその認知の特異性を示す知見も報告されている。顔は、コミュニケーションにおける、感情や意図などを内包した非言語的情報のソースであり、また自らを証明するいわば名刺として重要であるからかもしれない。高度で複雑な心理過程の基礎をなす脳を知ることは、この顔認知の実体について知ることにほかならない。顔から得られるさまざまな情報を認知する際、脳のどの領野がどのように協調して、情報を分析・統合しているのだろうか。こうした問いに答えるのが「認知神経科学（cognitive neuroscience）」である。

　認知神経科学は、中枢神経系の構造と機能とを解明することをめざす、心理学、神経科学、哲学、精神医学などから構成される学際的領域である。近年は、神経脳画像（neuro-imaging）技術の飛躍的な向上、そして情報処理パラダイムに基づく方法論の援用により、認知心理学はもとより、発達心理学、社会心理学、臨床心理学などの各領域に対して多くの知見が提供されつつある。すなわち、従来の心理学的なモデルや理論の神経基盤の検討のみならず、その妥当性の検証・拡張のための手がかりについて、脳という実体に基づく、新たな視点からの議論が可能となってきたのである。

　脳活動の画像化の方法は、おもに機能的核磁気共鳴装置（fMRI；functional magnetic resonance imaging）や陽電子断層撮像法（PET；positron emission tomography）、脳磁図（MEG；magnetoencephalograph）の計測といった3つの手法、ならびに近年利用が増加しつつある近赤外分光光度計（NIRS）などに大別される。こうした装置には異なる特徴があるため研究目的に応じて使い分けるものであり、また、利用できる装置に応じた実験計画を立てることになる（各装置の特色については、宮内、1997を参照）。

　本章では、はじめに、顔認知の心理学的モデルとして提唱されたBruce & Young（1986）のモデルを取り上げ、それと対応させつつ顔認知にかかわる神経基盤について押さえておくべき基礎知見と最新の研究動向を概説する。続いて、今後の方向性を示す研究として、日常場面でみられる曖昧で複雑な表情をはじめ、顔を通した自己認知（self recognition）についての最新の研究知見を紹介する。これにあわせて、特に本章の前半部では、後頭領野、側頭領野におけるおもな領域とその機能を紹介し、後

半部では前頭領野の主要な領域とその機能について概観したい。

## 第2節　顔の認知過程に関与する脳領域

　相手の性別や年齢そして心的状態を知るのに，顔を観察することが役に立つ。顔から得られる多様な情報の処理過程を示した Bruce & Young（1986）のモデルは，その詳細の妥当性についての議論が続いているものの，今なお，顔認知の基本的なプロセスについての説明力の高いモデルとして広く引用されている（第8章；遠藤，1993を参照）。

　Bruce & Young（1986）のモデルを神経科学的に検証した Haxby ら（2000）のモデルのコアシステム（core system）は，おもに2つの処理システムから構成される。1つは顔の輪郭や目鼻立ちなど，人物の同定に必要な顔の「静的な情報」をとらえるシステムであり，もう1つが，表情，視線，口の動きなどの顔の「動的な情報」をとらえるシステムである（後者は顔の可動的な情報により活性化するものとして，刺激が静止画であっても起動されるシステムであることに留意されたい）。

　両システムを担う脳領域は，次のようなものである（図5-1，図5-2）。はじめに下後頭回（inferior occipital gyri）などの初期視覚野において，顔の輪郭やエッジが符号化され，その個々の情報が統合されつつ「静的な情報」については両側の紡錘状回（lateral fusiform gyrus）へ，「動的な情報」については上側頭溝（superior temporal

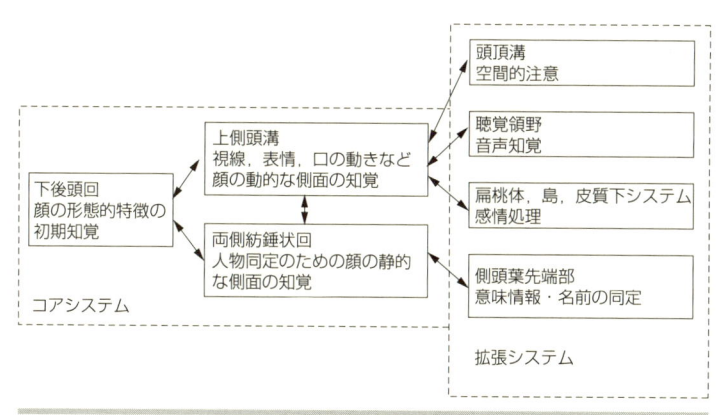

❶図5-1　Haxby ら（2000）による顔の認知神経科学的モデル

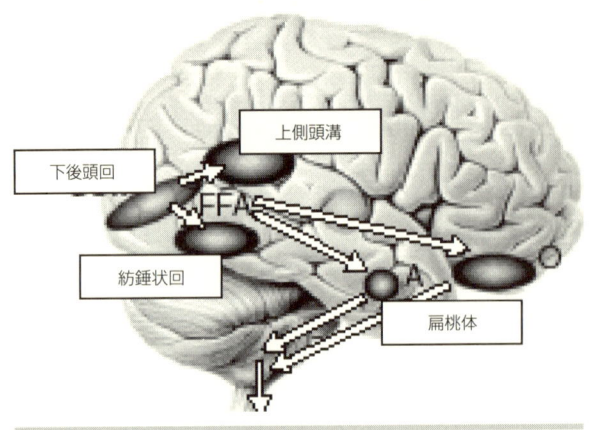

❶図5-2　顔認知にかかわる脳領域（Adolphs, 2002から改変）

sulcus）へと入力され処理される。これらの領域の機能は，Bruce & Young（1986）の顔認識モデルにおける構造的符号化過程の処理に相当し，同機能により顔や表情の形態的な特徴が符号化され，以降の拡張システム（extended system）での処理が可能となるように適切な表象が生成される。

## 1．静的側面の処理
### （1）紡錘状回
　人物を同定するうえで必要な顔から得られる「静的な情報」は，側頭葉後方下面に位置する紡錘状回において処理される（Kanwisher, 2000）。この紡錘状回を含む側頭葉後方下面の損傷により，相貌失認（prosopagnosia）とよばれる顔の認知に選択的な障害が生じる（Barton et al., 2002）。これは，「相手の顔を見てもその人物が誰であるかを判断できず，声や髪型といった顔以外の文脈情報の利用によりはじめて人物を同定できる」といった症状である。なお，顔や顔模式図に特異的に反応を示す事象関連電位（ERP；event related potential）として知られる潜時170msの陰性成分（N170）（たとえば，Bentin et al., 1996；詳しくは第6章を参照）は，その電源が紡錘状回に位置することが確認されており，こうした「顔電位」や相貌失認についての知見は，「顔の認知に特化したシステムが脳内に存在し，その一部を紡錘状回が担っている」という顔認知の特殊説の論拠となってきた。
　そして近年，この紡錘状回の外側部と内側部とで機能が異なることがわかってきた。

## 第2節　顔の認知過程に関与する脳領域

すなわち，顔に対して選択的に反応するのが外側部であり，家や物といった顔以外のカテゴリに対して賦活するのが内側部である（Haxby et al., 2000 ; Tarr & Gauthier, 2000）。興味深いことに，顔を180度反転させて倒立呈示すると，外側部の活動はコントロール時からの変化はなく，成立させた家や物と同ようにむしろ内側部を賦活させるのに対して，家や物の倒立呈示をしても内側部が賦活するという正立時の活性化パターンとほとんど変わらない（Haxby et al., 1999）。すなわち，紡錘状回の外側部は顔の正立像への感受性が高く，倒立像については，顔以外の視覚刺激と同様に内側部における処理が優位となるのである。このことは，反応時間・正答率を指標として示された，倒立呈示による知覚の阻害効果が顔に対して顕著であること（Yin, 1969）や，顔の倒立像は物体と同様の方略により知覚処理されているという脳損傷研究の知見（Farah et al., 1995）と符合する結果として，顔認知の特殊性を支持する傍証とされた。

ところが，こうした研究知見に対して「顔認知は知覚処理における熟達化（expertise）に伴って形成されるプロセスの1つにすぎない」という可能性が示された。こうした主張は，古くからは，再認記憶における倒立呈示効果が犬の専門家（ブリーダー）では顔と同様に犬に対しても生じるという，Diamond & Carey（1986）の研究結果をもとに展開されてきたものである。この点について脳機能の観点から検証したChaoら（1999）は，顔（ヒト条件）と，顔部分のみを消去したラクダ（動物条件）ならびに家（物体条件）の3条件いずれかの刺激を被験者に呈示し，それらに対する紡錘状回の活性化領域をfMRIにより観察した。すると，物体条件ではほとんど賦活しない

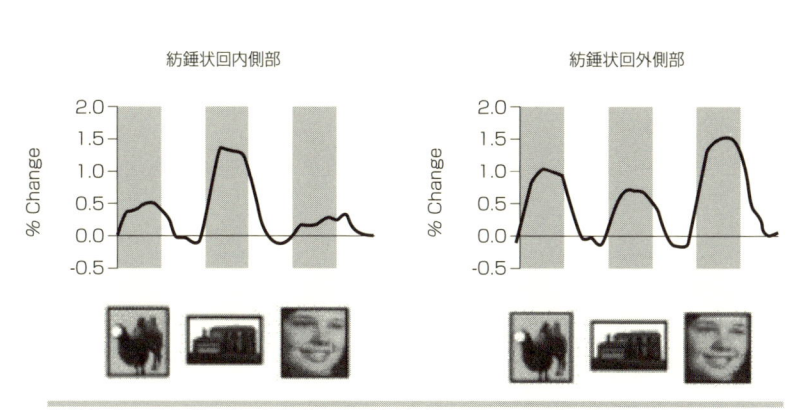

◑図5-3　ラクダ，家，ならびに顔に対する紡錘状回内側部と外側部の反応性
　　　　　（Chao et al., 1999から改変）

外側部が，ヒト条件と動物条件のおのおのにおいて活性化したのである（図5-3）。すなわち，紡錘状回外側部が内側部の活性値と比較して有意に上昇するという活性化パターンは，顔に限定されていないようである。さらに，Gauthier ら（2000）による巧みな実験においては，顔，車，あるいは鳥をみせる際の被験者の脳を fMRI 計測し，被験者にとって熟達化した対象（バードウォッチャーにとっての鳥など）を呈示する場合において，顔呈示時と同様の活性化領域が観察されることが確認されている。こうした事実は，紡錘状回外側部の機能は必ずしも顔に特化したものではなく，熟達化したカテゴリの知覚処理を担うものとして上記の熟達化説を支持するものである。

以上の研究知見と，乳児において観察される顔や顔模式図への視覚的偏好（Johnson & Morton, 1991）や，生後7か月にして生じる顔の倒立呈示効果（Nelson & Haan, 1998）などの多数の発達的知見を考えると，こうした生得的な要因をベースに学習に伴う顔カテゴリ認知の熟達化が生じる中で，顔認知を促進するシステムが形成されているように考えられる。

興味深いことに，この紡錘状回は顔に感情価が含まれると強い活性化を示す（Geday et al., 2003 ; Vuilleumier et al., 2001）。これは，神経解剖学的には，紡錘状回と扁桃体との間には相互的な神経連絡が存在し，そうした経路を通じて，扁桃体（amygdala）において処理される感情的情報（後述）が紡錘状回にフィードバックされることで，紡錘状回の活性化が調整されつつ知覚の鋭敏化が生じていること（Davis & Whalen, 2001）と関連しているものと思われる。なお，Bruce & Young（1986）のモデルでは，人物同定と表情処理との独立性が仮定されているが，紡錘状回と扁桃体との関連性は，両過程が相互関係にあるとする主張（Baudouin et al., 2000 ; Endo et al., 1992）を裏づけるものであるといえる。

近年，紡錘状回は感覚的表象の符号化にかかわるのみならず，認知的処理に伴うトップダウン的な影響のもとで感覚的表象を保持しているという可能性も示されつつある。たとえば，逐次的に呈示される感覚情報の $n$ 番目前の情報を回答する視覚的ワーキングメモリー課題（$n$-back 課題）では，その保持量の増加に伴って活性化が高まり（Druzgal & D'Eposito, 2001, 2003），あるいは実験の直前に記銘した顔について視覚入力のない状態でイメージ形成させても，上側頭溝，扁桃体とともに両側の紡錘状回が活性化する（Ishai et al., 2002）。また，カテゴリの弁別が困難な曖昧な表情に対する感情カテゴリ判断をさせると，反応時間は遅延し，その際の前頭領野の活動と協調した紡錘状回の活性化が観察される（野村，2002）。

以上のことから，紡錘状回はボトムアップ的な形態的処理にかかわるのみならず，

扁桃体や前頭領野からのトップ・ダウン的な調整というダイナミックな相互関係により，以降の処理に向けて適切な表象を形成する領域であることがわかる。

**(2) 側頭領野**

Bruce & Young（1986）のモデルでは，形態的処理を経た情報は，顔認識ユニットに貯蔵された記憶表象と照合された後に，人物の意味情報へのアクセスに続いて，名前の生成に利用されるといった逐次的な情報処理が仮定されている。これと対応させたHaxbyら（2000）のモデルによると，人物の意味情報，名前へのアクセスは側頭領野先端部（anterior temporal）の活動により実現されることになる（図5-1）。

名前へのアクセスは，側頭領野の損傷あるいは除去により阻害されることが報告されており（Harris & Kay, 1995; Semenza & Zettin, 1988），損傷後に新しく出会った人物の名前の想起が選択的に障害されるケースも存在する（たとえば，Lucchelli & De Renzi, 1992）。後者の知見は，顔と名前の対連合学習で形成された表象の親近性（familiarity）に応じた，その想起過程での異なる脳領域の関与を示すものである。実際に，顔を手がかりとして名前を想起する際の健常者の脳活動をfMRI計測すると，左側の側頭葉先端部は親近性の高低にかかわらず必ず活性化し，それが新規の顔とともに対連合学習されたものである場合において，この左側に加えて，右側の側頭葉先端部ならびに両側の前頭領野の活性化が強くなる（Tsukiura et al., 2002）。側頭領野先端部を中心に形成される親近性に応じた柔軟な処理システムにより，名前へのアクセスが効率化されているのであろう。なお，その親近性は顔に基づくもの（cue familiarity）なのか，あるいは名前のそれによる（target familiarity）のかは不明であり，今後直接的な比較・検討の必要があるだろう。

## 2．動的側面の処理
**(1) 上側頭溝**

生まれて間もない乳児は他者の視線に敏感に反応し（Batki et al., 2000），また大人の表情を模倣する（Meltzoff & Moore, 1977）。やがてこうした他者との相互作用のなか，自己，他者，ならびに第三者との間で成立する関係が形成され，この三項関係の表象がいわゆる共同注意（joint attention）として，他者の視線のモニタリングなど同一の対象に対する注意を可能とする。このようにして，われわれは顔の表情から他者の考えや心情を読み取るだけでなく，その視線方向から，意図あるいは怒りの対象が誰であるかなど，注意の方向性についての情報を得ることができるようになる（Baron-Cohen, 1995）。こうした注意方向の検出をするのが側頭領野に位置する上側頭溝（図5-1）であり，おおまかにいえば，以下のような顔の「動的な情報」の検

出時に活動する。

①視線方向（Calder et al., 2002；Hooker et al., 2003）
②表情（Narumoto et al., 2001）
③口の動き（Puce et al., 1998）

　なお，上側頭溝には扁桃体との双方向の繊維連絡が存在し，怒り表情の表出者の視線が知覚者に向くと，視線が外れている場合と比べて活性値が上昇する（Hooker et al., 2003；Kawashima et al., 1999）など，扁桃体と協調しつつ，自己へ向けられた脅威を効率的に検出しているもの思われる。
　上側頭溝は，こうした顔から得られる情報に限らず目標志向的な動きの検出にかかわることも知られており，予測可能な動き全般を検出する機能をもつと思われる。しかしながら，Hookerら（2003）の実験で示されたように，上側頭溝は矢印のような非生物的な方向の手がかりよりも視線方向への強い活性化を示すなど，社会認知的な処理にあたって特に活動が高まるようだ（詳細は同章のコラムを参照）。実際に，顔の信頼性（信用できそう／怪しそう）について意識的に判断する場合にも活性化する（Winston et al., 2002）など，刺激の知覚的特徴のみならずその意味の評価にもかかわってくる。なお，興味深いことに，このWinstonら（2002）の実験では，同じ顔に対して無意図的な判断（年齢判断）を求めた場合，上側頭溝よりもむしろ扁桃体が賦活するというその処理過程に応じた機能分化が示されている。

**（2）扁桃体**
　扁桃体は側頭領野深部の左右に位置し，前頭前野腹内側部や視床下部（hypothalamus），中脳水道灰白質（periaqueductal gray）などとの神経連絡のもと，入力・知覚された刺激が自己にとって安全で報酬的なのか，あるいは脅威なのかについてすばやく評価する。その評価結果に基づき，運動反応指令を大脳基底核へ出力する一方，自律神経系や内分泌系の機能を修飾する（Aggleton, 2000；LeDoux, 1996）。
　表情は，取り巻く環境や特定の対象に関する価値判断，また対人コミュニケーションにおける他者の感情判断のソースとなっている。たとえば恐怖表情は，差し迫った何らかの脅威を示すシグナルであり，迅速な検出・処理が必要とされる刺激である。扁桃体の恐怖表情の処理への関与が，動物実験（LeDoux, 1996）や，損傷脳研究（Adolphs et al., 1994；Calder et al., 1996），神経脳画像研究（Morris et al., 1998a）の結果から指摘されてきた。続いて，悲しみ（Blair et al., 1999），嫌悪（Gorno-Tempini et al., 2001）といった，主としてネガティブな表情に対する賦活が報告されてきたが，

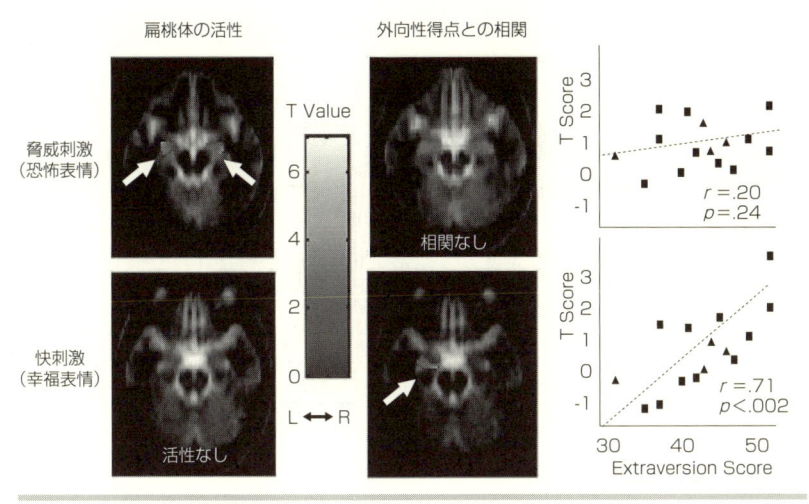

○図5-4　外向性に影響を与える扁桃体の活動（Canli et al., 2002を改変）
左図：脳の横断図・各刺激に対する扁桃体の有意な活性（$p<.005$, uncorrected），中図：質問紙により得られた外向性得点と正の相関を示す扁桃体の活動，右図：各被験者の外向性得点および扁桃体の活性値のプロット図・快刺激に関して正の相関が得られていることがわかる．

　近年は，ネガティブな表情と比較してその活性値は低いものの，幸福表情に対する活動も報告されている（Sheline et al., 2001）。また幸福表情に対する扁桃体の感受性が，外向性といったヒトの人格特性を修飾するという（Canli et al., 2002）次のような報告もある。幸福表情，あるいは恐怖表情に対する無意図的な判断（性別判断）課題中の扁桃体をfMRI計測した活性値と，外向性といったヒトの人格特性との相関分析を行なうと，幸福表情の呈示条件においてのみ正相関するのである（図5-4）。同様にこうした脳と行動との相関研究として，Nomuraら（2004）は，閾下刺激に対する扁桃体の感受性の高い人ほど，表情を言語的にラベリングする際，粗い感情を手がかりとしたヒューリスティック（heulistic）に依拠することを示している。多くの神経脳画像研究では，質問紙などの主観的指標や行動指標は，被験者のグループ分け，あるいは実験操作の妥当性の目安にとどまっているが，上記したような脳と行動との相関研究は，行動の個人差を生み出す生理的基盤を検討するうえでのスタンダードな手法として確立されていくものと思われる。

　なお，以上の扁桃体機能の特性を踏まえたうえで，そのラテラリティ（laterality）にも留意する必要がある。左扁桃体は意識的・顕在的な表情認識に関与し，たとえば恐怖表情の動画に対して賦活し（Sato et al., 2004），また刺激に対する快−不快とい

う連続的な評価基準でスケーリングを行なう機能等が指摘されている（大平，2004）。その一方で右扁桃体はおもに無意識的・自動的な処理に関与し，表情模倣の際などに活性化する（Carr et al., 2003）。次に詳しく述べるが，扁桃体は知覚された環境（閾上・閾下での知覚）や課題の要求特性などにより，前頭領野との相互関係に基づき異なる反応を示す構造体である．

### （3）顔の自動的処理

網膜に入力された刺激は，大きくは2つのルートを経て扁桃体に入力される。1つは，後頭葉の視覚領野を経る意識的な知覚を伴うルートであり，もう1つは，上丘（superior colliculus）・視床枕（pulvinar）を経て，視覚領野を介さず直接扁桃体に入力される無意識的な処理ルートである（LeDoux, 1996）。視覚領野の損傷により対象の意識的な知覚が困難となった場合，視覚情報の処理は無意識的・自動的なルートに限定される．そうした場合でも刺激の脅威の有無について，チャンスレベルを超える同定が可能となる現象は，いわゆるブラインドサイト（blind sight）として知られ（Sahraie et al., 2002），感情的刺激が無意識的に検出・処理されうることの傍証となっている。こうした証拠が神経脳画像研究からも得られており，健常者に対して，30msから40msといった意識的な知覚が困難な，ごく短時間の恐怖表情や怒り表情の呈示によっても右扁桃体が活性化することが報告されている（Morris et al., 1998b；Nomura et al., 2004；Sheline et al., 2001）。

扁桃体による自動的かつ速やかな情報処理については，顔画像の空間周波数成分を操作した研究からも示唆を得ることができる。低空間周波数成分は，刺激の概略的な知覚に基づく，すばやい情報処理に利用される空間周波数帯域として知られているが，特にこの低空間周波数成分により構成される顔画像は，扁桃体の活動を喚起するようだ。Vuilleumier ら（2003）は，顔画像を構成する空間周波数の帯域情報を操作し，低空間周波数成分（2-8 cycles/face-width），あるいは高空間周波数成分（8-16cycles/face-width）から構成される恐怖表情に対する性別判断課題中の脳の活性化領域を調べた。その結果，低空間周波数成分から構成される刺激に対しては，上丘，視床枕，扁桃体などの活性化が観察されたのに対して，高空間周波数画像に対しては，上側頭溝，紡錘状回の活性化が得られた。すなわち，粗い情報処理は扁桃体によって担われ，高空間周波数成分に基づく顔への精緻な情報処理の基礎を紡錘状回がなしているのである。

なお，こうしたすばやく粗い情報処理をする扁桃体の活動は馴化が早く，特に右扁桃体においてその傾向が顕著となる。たとえば，脅威刺激であってもくり返し接触すれば，扁桃体の活性化はしだいに低下する（Breiter et al., 1996；Wright et al., 2001）。

それは，1つの刺激を検出した後は，新たな脅威の出現を逃さないためにデフォルトの状態に戻るといった適応的なシステムとして機能しているからだろう。以上のことをまとめると，扁桃体は刺激を自動的に速やかに検出し，それに対処するための認知や行動を導く機能を担っていることになる。

## 3．カプグラ症候群

　視覚情報の処理は，紡錘状回を経由する意識的なルートと，扁桃体などの大脳深部を直接介する無意識的・自動的なルートのおのおのにより担われていることがわかった。こうした2つの処理システムの存在は，相貌失認と，カプグラ症候群（capgras delusion）といった顔の認知障害に関する知見からもうかがえる。すでに述べた通り，相貌失認とは，紡錘状回などの側頭葉後方下面を損傷した結果，相手の顔を見てもそれが誰であるかを判断できなくなる症状である。彼らに脳を損傷する以前の既知顔を見せると，人物を意識的に同定できないにもかかわらず皮膚伝導率（skin conductance）に変化が生じる（Tranel & Damasio, 1988）。これは，人物の意識的な同定は困難であっても，皮膚伝導率などの自律神経系の活動を起動する扁桃体により，顔の親近性に伴う暗示的な顔認識が成立していることを意味する。

　これと対照的な症状を示すのが，カプグラ症候群である。彼らは，その顔が誰を示しているかという明示的な顔認識は可能であるものの，親しい人物の顔を見ても，それを「精巧なアンドロイド」や「地球人に化けたエイリアン」とみなすような誤った信念を抱いてしまう（Ellis, 1997）。この症候群は，対象の認知に伴う既知感や，親愛の情ともいえる感覚などが欠如していることを意味しており，実際に，彼らに既知人物の顔を見せても皮膚伝導率に変化は生じない（Ellis et al., 1997）。カプグラ症候群とこうした自律神経系の反応パターンとの対応を考えると，扁桃体などにより構成される自動的な情報処理システムは，慣れ親しんでいる人や所有物への愛着を生み出す1つの次元である可能性がうかがえる。そうした症候群は人物のみならず，自己の所有する時計，犬などの動物に対しても及ぶ。

　異なる機能により特徴づけられるこうした2つのルートにより，直感的な情報を顔から得たり，対象を精緻に分析するなど，状況に即した柔軟な認知が可能となるのである。

## 第3節　Haxbyモデルを越えて

　第2節までみてきたように，認知神経科学的研究により，Bruce & Youngモデルをはじめとする理論やモデルの妥当性が確証され，あるときはその問題点などが明らかとされてきた。ことにBruce & Youngモデルにおける顔の構造的符号化過程，既知性判断を経て，その意味情報，名前へのアクセスにいたる一連の神経基盤については，Haxbyら (2000) のモデルをもとにしてその大枠が明らかになってきたといえよう。しかしながら，表情分析過程，ならびに高次の処理過程に相当する認知システムはブラックボックスとして，「どのような心理過程が存在し，それはいかなる脳領域により実現されているのか」といった，その内実に焦点をあてた認知神経科学的な研究はほとんど見当たらない。

　本節の前半部分では，そうしたプロセスの一端を明らかにすべく，複雑で曖昧な表情の認知過程について，明瞭な表情と直接比較したfMRI実験(Nomura et al., 2003)について紹介し，同システムを構成する主要な領域の機能ついて概観する。また，後半部分では，近年神経科学のテーマとして検討の視野に入ってきた自己認知というテーマに着目し，多くの顔画像の中から自分の顔を認識するのは，他者のそれと比較して早い (Tong & Nakayama, 1999) といった顔認知の促進について，今後の研究方向として示しつつ概観したい。

### 1．曖昧な表情認知

　恐怖や怒り，または幸福といった，感情カテゴリがほぼ一義的に定まる基本感情 (basic emotion) を刺激として，脳損傷研究をはじめ，多くの神経脳画像研究によりその神経基盤が確認されてきた。行動実験においては，表情認知の心理学的モデルとして主要なカテゴリ説や次元説から派生した一連の議論を受けて，カテゴリの明瞭な表情はもとより，カテゴリの曖昧な表情の処理過程についての検討も行なわれている（その詳細は第4章を参照）。それでは，その後者のような多義的で曖昧な表情の認知は，脳のいかなる機構により実現されており，また，その際にどのような心的活動が生じているのだろうか。現時点では，こうした問いに神経科学的観点から答える研究例（Nomura et al., 2003）はごく少数にとどまる。複数の感情や意図を内包するような複雑で曖昧な表情は，社会的文脈におけるコミュニケーションの中心的役割を担う表情であり，われわれは，そうした複雑な表情をも速やかに認知することができる。そうした認知に関与する脳システムは，いわゆる接近・回避行動を起動するような明

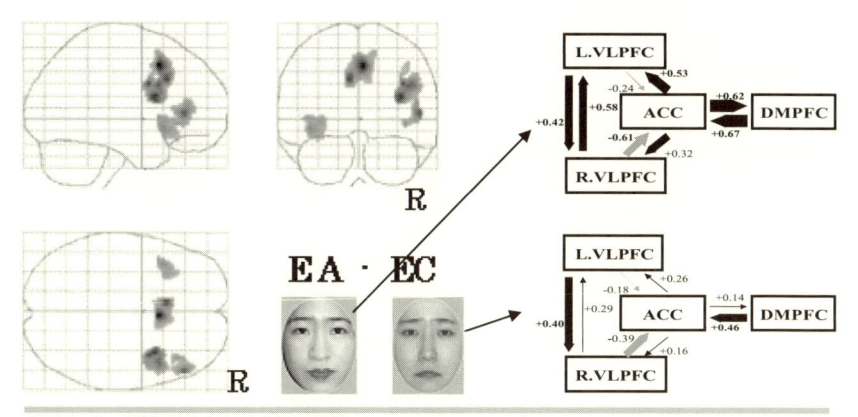

**図5-5 曖昧表情の認知の神経基盤** (Nomura et al., 2003)
左図：曖昧表情と明瞭表情との差分解析の結果（$p<.0001$；uncorrected），右図：共分散構造モデリングの結果．

瞭な表情の認知の担う，扁桃体などの側頭領野深部とは異なる領域により構成されている可能性が高い。

筆者ら（Nomura et al., 2003）は，感情カテゴリの曖昧な表情と明瞭な表情に対する言語的ラベリング課題中の脳活動を fMRI により撮像し，曖昧な表情の処理に特異的に関与する領域について検討した。刺激は，画像合成技術であるモーフィング（morphing）により作成された多数の表情から選定された，快感情または不快感情が明確に表出された明瞭な表情（EC）と，感情が曖昧な表情（快・不快の両感情が混在して表出された表情：EA）であった（図5-5）。

実験の結果，いずれの表情に対しても，下後頭回，紡錘状回などをはじめ Haxby ら（2000）のモデル等で示されてきた顔認知を担う領域の活性化が確認された。また，曖昧な表情と明瞭な表情に対する脳活性値の差分（EA－EC）の解析により，表情が曖昧になると，前部帯状回（ACC），前頭前野背内側部（DMPFC），前頭前野背外側部（DLPFC），両側の前頭前野腹外側部（VLPFC）などの，おもに前頭領野を中心とした領域の賦活が高まることがわかった（図5-5）。

ところで，こうした領域間には機能的な関連性はあるのだろうか。脳の領域間には促進的あるいは抑制的な連絡があり，その直接・間接的な影響が相互的に各領域の活動に及んでいる。したがって，特定の心理プロセスが一部位によって担われているとは考えづらい。あるいは，機能的関連性のない脳領域が，差分解析において活性化領域として算出されたという可能性もある。

そこで，こうした可能性について，前部帯状回を中心とした上記領域間の神経繊維

連絡の結合という解剖学的知見（Devinsky et al., 1995）をもとに，おのおのの部位の活性値について，領域間の機能的関連性を共分散構造モデリングによる検証を行なった。その結果，曖昧な表情の処理過程において，前部帯状回を中心とした前頭前野背内側部，前頭前野背外側部，両側の前頭前野腹外側部における強固なネットワークが形成されていることが確認された（図5-5）。差分解析は神経脳画像研究のデフォルトともいえる解析プロセスの1つであるが，それに上記したような解析手法を加えて，特定の心理プロセスを実現する領域間の機能的ネットワークを検証する研究（Kondo et al., 2004；Nomura et al., 2003, 2004）が増加している。研究結果から導かれる推論の妥当性を検証するという点でも，こうした解析技法の進展について追跡することの重要性はいうまでもない。

### （1）右腹側前頭前野

恐れや怒りなどの不快表情は，たとえそれが閾下に呈示されたとしても扁桃体を活性化させる。ところが，一定の実験条件のもとでは扁桃体の賦活が観察されなくなる。たとえば，表情に対する「恐れ」や「怒り」などの感情カテゴリ判断，あるいは感情価について言語的なラベリングをさせると扁桃体の活動は観察されない。こうした課題では，右前頭前野腹外側部の活性化を伴うこと（たとえば，Nakamura et al., 1999）が多く，同領域の活性化が，扁桃体活動の抑制にかかわっている可能性が指摘されている（Hariri et al., 2000；Nomura et al., 2003, 2004）。なお，感情の直接的な評価をさせずとも，たとえば性別のカテゴリ判断中の扁桃体の活性値は有意とならないようだ。Langeら（2003）は，恐怖表情に対する感情カテゴリ判断，表出者の性別判断，または受動的注視の課題遂行中の脳活動を比較した。その結果，右前頭前野腹外側部は，言語的ラベリングを要するいずれの課題においても活性化し，受動的注視をさせた場合においてのみ扁桃体の活動が観測された。こうした研究知見と，右前頭前野腹外側部は，go/no-go課題のno-go試行などの反応抑制時に賦活すること（たとえば，Konishi et al., 1999）など一般的な行動抑制機能への関与が多数報告されていることを考えると，右前頭前野腹外側部は主体的な情報処理，あるいはそれに伴う行動の抑制プロセスに関与していることがわかる。

曖昧な表情を認知する際の右前頭前野腹外側部の活性化（Nomura et al., 2003）は，大雑把な情報を出力する扁桃体活動が抑制されることで，ヒューリスティックによらない分析的かつ精緻な処理が可能となっていることを示唆するものである。

### （2）前部帯状回・前頭前野背外側部

前部帯状回の背側部，ならびに前頭前野背外側部は，ストループ課題の不一致条件や二重課題，あるいは逐次的に呈示される感覚情報の$n$番目前の情報を回答する$n-$

back 課題の高負荷条件などの, 比較的難易度の高い課題中にその活動が確認されている (たとえば, Bench et al., 1993)。この両部位は, 正誤判断 (数式に対する解が正答か否か) と単語の保持という二重課題の遂行成績の高い被験者群において, 課題中の協調性が高くなっていることが示されている (Kondo et al., 2004)。なお, こうしたワーキング・メモリ機能における両部位の関与は異なっており, 前頭前野背外側部は文脈情報を表象し保持する一方で, 前部帯状回背側部は, 競合のモニタリングをはじめ, 注意機能の上位システムの調整機能などにかかわる (MacDonald et al., 2000)。こうした知見から, 曖昧な表情に対するこれらの領域の活性化 (Nomura et al., 2003) は, 曖昧な表情の処理過程において特に表象間の競合が生起し, またその解消にあたって課題への持続的な注意が維持されているという心理プロセスの反映として解釈が可能である。

## 2. 自己の認知

われわれが日常で目にするのは他者の顔だけではなく, 自らの顔に接する機会も意外に多い。朝起きてから出かける前には鏡を見るだろうし, あるいは街中のショーウィンドウ越しに自分の顔を確認する。また, 仲間とともに写った写真やデジカメ画像においては, はじめに探すのは自分の顔であろう。

われわれは, 当然のように自分の顔をそれとして認知する。しかしながら, 鏡に映る自分を他者だと思いこむ「鏡像誤認」では, 鏡に映った自分の顔が自らのそれだとわからず「自分のそっくりさん」としてみなしてしまう。こうした鏡像誤認では, 右の頭頂領野や頭頂側頭領野の損傷を伴うようである (Feinberg & Shapiro, 1989)。鏡像誤認の例から,「自分の顔が自らのそれであるとわかる」という, このいわば自明とも思われる認知がほんの一部の脳領域の損傷により困難となることがわかる。このことを言い換えるならば, 自己認知を可能とするシステムが脳内に備わっていることになる。「自己に纏わる情報は効率的に処理される」(Markus & Wurf, 1987) といわれるように, 自分の顔は他者顔と比較してすばやく認知される (Tong & Nakayama, 1999) が, こうした自己に関連した情報処理は脳のいかなる領域により実現されているのだろうか。

(1) 自己顔・自己意識的感情の認知

自己顔の認識過程はおもに大脳の右側が担っている, という神経心理学的知見が複数報告されている。たとえば, 上述した自己顔認知の促進効果は左手で反応した場合においてのみみられ, 右手で反応をさせると反応時間の短縮はみられない (Keenan et al., 1999)。また, 左右分離脳患者に対して左視野・右視野に自己顔・他者顔のお

のおのを呈示し，皮膚伝導率を計測すると，他者顔については呈示視野の影響はなく，自己顔については左視野呈示で皮膚伝導率が増大する（Preilowski, 1977）。左視野に呈示された刺激の知覚，あるいは左手による反応出力は右側脳の処理に依存するという神経心理学の理論から，自己顔認知に伴う出力は右側脳優位であると推測されるのである。

ところで，こうした自己顔の認識に伴う現象は，対象を見かける頻度に基づく親近性の観点から説明可能であるかもしれない。すなわち「自分の顔は頻繁に見かけるから，すぐにそれとわかるのだ」という可能性である。Caharel ら（2002）は，自己顔，有名人顔（大統領），未知人物の顔を呈示した際の事象関連電位を計測した。その結果，既知の顔（自己顔・有名人顔）である場合，未知顔と比較してN170の振幅が高くなっており，さらに潜時200msの陽性成分の振幅は，未知＞有名人＞自己の順に減衰した。こうした振幅の変化についてCaharelらは，段階的に異なる親近性が影響したものとして解釈している。このように，同じ自分の顔であってもそれを見慣れない角度から見ると反応時間は遅延するなど（Troje & Kersten, 1999），自己顔の処理は，親近性の高さに基づき精緻化された表象にすぎないことを示唆する知見も散見される。この点について，fMRIを用いた検討を実施したKircherら（2000）の研究は1つの可能性を示してくれる。彼らは，自己顔と親近性の統制された配偶者の顔に対する脳活性値の差分を検討した結果，左下頭頂葉，左紡錘状回，右前頭前野背外側部などの活性化を得ている。すなわち，自己顔の認知の特徴は親近性に還元されるものではなく，その処理に特異的にかかわる脳領域が存在するようである。

なお，自己鏡像認知の成立は，自己意識的感情（self-conscious emotion）の発生と関連することが報告されている（Lewis et al., 1989）。自己意識的感情とは，恥感情，道徳的感情，あるいは罪悪感などの自らの内省過程と密接に絡んだ感情であり，喜びや悲しみなどの生得的とされる基本感情とは区別される（Lewis, 1992）。そうした自己意識的感情である恥感情を他者の顔から読み取る場合には，前頭眼窩野，前野前野腹内側部をはじめ下頭頂葉，楔前部といった領域が活性化する（野村，2004）。恥感情の生起機序について提唱されている行動モデルの多くは，自己の内省過程や他者との関係性など，自己表象が関与するプロセスに着目をしており（Babcock & Sabini, 1990; Miller, 1996），こうした領域の活性化（同領域の機能については後述）は，恥感情を他者に見いだす際の自己表象の関与を示するものである。

これまでのところ，こうした顔を刺激として自己の神経基盤を検討した神経脳画像研究は，Kircherら（2000）のグループと野村（2004）による検討に限られており，まさに萌芽的な研究段階にあるといえよう。しかしながら，「脳のどの領域が，自己

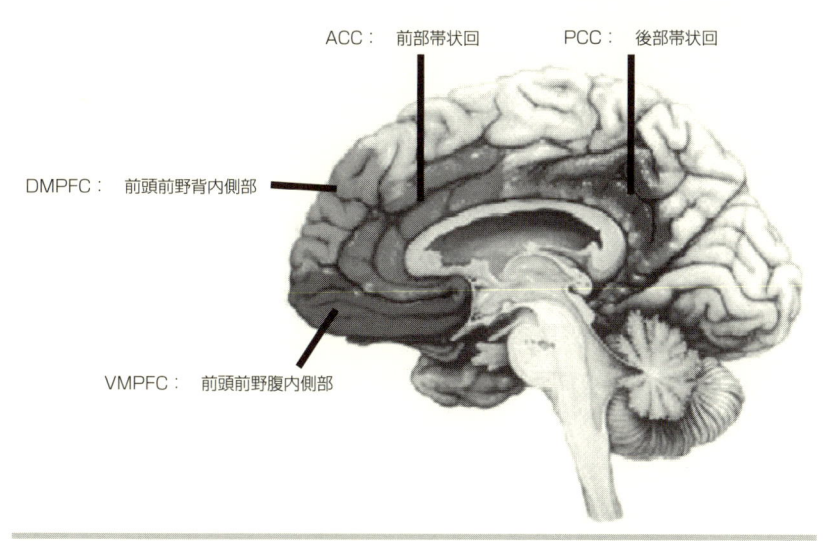

○図5-6　自己認知にかかわる4つの領域（Northoff & Bermpohl, 2004から改変）

ACC： 前部帯状回
PCC： 後部帯状回
DMPFC： 前頭前野背内側部
VMPFC： 前頭前野腹内側部

処理のどの側面にかかわっているのか」というおおまかな機能分化については，自己一般の処理についての研究知見が蓄積される中で，一定の理解は得られつつあるように思われる。

### （2）自己の神経基盤

　自己の神経基盤は，おおまかには「自己関連の処理」「自己非関連の処理」との対比において検討されてきたといえる。たとえば，呈示される音声が自分の声の場合，他者の声である時と比較して，前部帯状回，前頭前野背内側部などの領域の活動が高まる（McGuire et al., 1996）。また，聴覚呈示された特性形容詞に対する自己関連づけ判断（自分にあてはまるか否か）と意味判断との対比で，前部帯状回，後部帯状回・楔前部，前頭前野背内側部などの活性化が確認されている（Johnson et al., 2002）。さらに，視覚呈示された特性形容詞に対する自己関連づけ判断時には，前頭前野腹内側部，前頭前野背内側部などの賦活が観察される（Kelley et al., 2002）など，自己が関連する処理では，刺激呈示のモダリティや課題内容によらず，似たような領域の活性化がくり返し確認されているのである。こうした研究知見に基づき Northoff & Bermpohl（2004）は，自己関連の処理においては大脳の中心線上の領域が重要であるとし，そのおのおのの機能の神経基盤を4つの領域に大別している（図5-6）。

①自己の表象化：前頭前野腹内側部（VMPFC）
②自己の行動モニタリング：前部帯状回（ACC）
③長期記憶に貯蔵された表象との照合・統合：後部帯状回（PCC）
④1～3の情報の統合的評価：前頭前野背内側部（DMPFC）

　なお，上記の4領域に加えて，筆者は下頭頂葉にも留意する必要があると考えている。下頭頂葉は，他個体の目標志向的な動作の観察，あるいはその模倣時に活性化し（Iacoboni et al., 1999），また自己・他者の動作を想像する際に活性化する（Ruby & Decety, 2001）など，ミラー・ニューロン（mirror neuron）様の機能（Rizzolatti et al., 1996）が備わっている部位として知られる。また，下頭頂葉はこうした行為の表象機能のみならず，自己の心的状態を参照する過程でも活性化が観察される（Vogeley et al., 2001）など，身体性を巻き込んだ自己認知を成立させている領域として重要である。
　なお，こうした個々の研究を詳しくしてみていくと，Northoff & Bermpohl（2004）により提唱された4つの各々の機能には複数の領域がかかわっており，一連の心理プロセスを分離しおのおのの領域に割り当てるような，いわば部位還元的な機能マッピングはいささか不自然であることがわかる。むしろ上記した領域は，緩やかな機能分化のもと，密接に関連しつつ処理が進行していると考えるのが妥当であろう。
　自分の顔を直接見ずとも，他者の顔や表情から自らの存在が認知され，ふたたび他者のそれが意味づけられる。こうしたある種のループの中で，自己と他者との表象は密接にかかわりあっており，自己表象の関与により，他者の自己意識的感情などは効率的に処理されているのだろう。そして同様の表情であっても，その表出者が重要な他者であるか否かによって意味が異なってくるように，今後は，自己―他者の関係性の表象を1つの視点として位置づけ，その神経基盤を検討する必要もあるだろう。

## 第4節　表情の認知と遺伝子

　第3節までは，顔認知に関与する脳領域について概観した。次の問題は，顔認知がどのような機能とメカニズムによって担われているかということである。すなわち，各種の神経伝達物質を介したニューロン間のネットワークが，脳の各領域の活動をいかに修飾しているのかについての課題が重要となる。こうした神経伝達物質の機能について知るには，その厳密な検証が可能である動物研究の動向を追跡しておくことも

重要であり，その神経伝達物質の働きをたどっていくと，外生的・内生的刺激とともに遺伝子の影響を受けていることがわかる。近年，この遺伝子と脳活動との連関についての神経脳画像研究（Hariri et al., 2002）が増加しつつあり，将来の研究方向を踏まえて，本節では遺伝子と表情認知との関係についても少しふれておきたい。

　神経系における情報伝達は，神経伝達物質によるシナプス伝達と神経細胞の興奮という電気的な活動により担われている。セロトニン神経系は，縫線核より前頭領野，扁桃体，視床下部，小脳（cerebellum）などを中心に多領域に投射されている。神経終末において遊離されたセロトニン（5-HT）は，セロトニン・トランスポーター（5-HT transporter：5-HTT）によりシナプス間隙から神経終末に取り込み・除去されることで神経伝達が終了する。このセロトニン・トランスポーター遺伝子におけるプロモーター領域の機能性多型（5-HTT linked polymorphic region）が知られている。すなわち塩基配列の長さが異なる s 型と l 型とが存在し，s 型のプロモーター活性は l 型のそれと比較して低いこと，また l 型は s 型に比べてセロトニンの再取り込み活性が高いことが知られている。こうしたセロトニン・トランスポーター遺伝子の s 型優位の被験者群は，恐怖表情を知覚する際に観察される扁桃体の血流量変化が，l 型優位の被験者群よりも大きいのである（Hariri et al., 2002）。

　このように表情認知の個人差の背景の1つには，扁桃体の反応性の差異が存在し，それはセロトニン・トランスポーター遺伝子多型性などの遺伝的影響を受けているのである。こうした脳機能と遺伝子との連関についての検討を実施することで，顔認知の個人差を生みだす背景について，1つの視点を得ることができよう。

# 第5節　認知神経科学的アプローチの現在と将来

　認知神経科学的研究は，Bruce & Young（1986）のモデルをはじめとする顔認知の心理学的理論・モデルについて脳組織という実体から検証の手立てを提供した。

　1998年，筆者の参加した日本神経科学会では，機能的神経脳画像研究の演題はほんの数件であり，同時期に開催された fMRI・PET などの神経脳画像研究に特化した国際学会 Human Brain Mapping 大会においても演題は200件程度であった。ところがその6年後，ブタペストで開催された同大会では1,000件を越す演題のエントリーがあるなど，研究数の飛躍的な増加とともに目立った傾向にあるのが，同領域における心理学者の参入である。

　こうした傾向を受けて，領域を越えた新しい試みも始まっている。1つの方向性は，

fMRI・PETなどの利用により得られる脳活動の空間的データと，時間分解能の高いERPデータとを統合していく生理心理学的アプローチ，これに加えて，はじめにもふれたNIRSを用いた発達的観点からの研究である。また，計算論的モデルによる予測を神経脳画像研究によって検証するという情報工学的アプローチも，心理指標との連関を探るうえで目を離せないものがある。なお，表情認知のカテゴリ説と次元説とに代表されるような，心理学的なモデルや理論などを追跡する必要はいうまでもなく，心理学という土台のもと，認知神経科学について興味をもつ研究者が1人でも増えていくことが期待される。

## コラム⑤　目は口ほどにものを言う？

　顔の認知は，日常のコミュニケーション場面において非常に重要な能力の1つである。われわれは相手の話す内容だけではなく，表情や視線に注目することで，その相手が何を考えているのかを推測している。その中でも視線は，相手が何に注意を向けているのか，という相手の精神状態を知る手がかりになるし，またその方向に対して自らの注意をも向けるという，自己の防衛にとっても重要な情報を与えてくれるのである。では，われわれが他者の視線を知覚し，それを処理する時，脳内ではどのような処理がなされているのであろうか？

　Hookerら（2003）は視線に関係する神経基盤を検討するため，怒り，あるいは笑いを表出した写真を用い，さまざまな方向を向いている視線条件（gaze direction）と，比較条件として矢印条件（arrow），表情の中に矢印を配置した条件（face arrow），そして目は動くが方向に関する情報はもたない，寄り目のような条件（eye movement）を設定し（図1），fMRIによる賦活部位の比較を行なった。

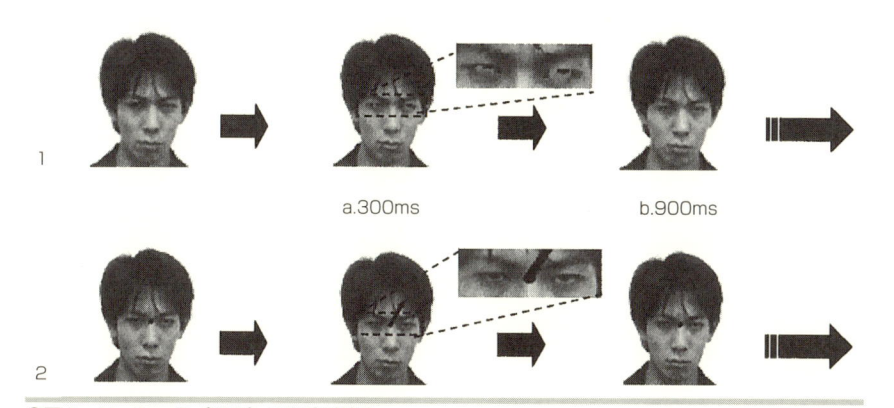

❶図1　Hookerら（2003）の実験手続き
※1はgaze direction，2はface arrow条件であり，eye movement条件ではgaze directionのa時点の画像が寄り目の画像。arrow条件では表情は呈示されず，ドットと矢印のみ。

　その結果，gaze direction条件では各比較条件と比べ，両側の上側頭溝（superior temporal sulcus：STS），および下前頭回の活動が有意に高いことが示された。上側頭溝は視覚野であるMT野とともに，物体の動きを検出する部位として知られているが，gaze directionとarrow条件，およびeye movement条件との比較の結果，上側頭溝

の活動が有意に高かったことから，Hookerら（2003）は，上側頭溝は単に物体の動きというだけでなく，生体の，しかも特に意味的に重要な動きに対してより鋭敏に応答すると論じている。また，彼らの実験では怒り表情と笑い表情を用いているが，gaze direction条件下での表情による比較の結果，笑い表情に比べ，怒り表情において上側頭溝の活動が有意に高いことが示された。怒り表情に伴う視線は，笑いのそれに比べ対象の存在がより顕著に推測されるだけでなく，その対象が観察者としての自分自身にとってもネガティブな影響を及ぼす可能性を含んでいる。したがって，怒り表情に伴う視線はより重要なシグナルをもつために，上側頭溝の活動を高めたと解釈することができる。

　表情認知に関する脳部位としては，上側頭溝の他に紡錘状回，扁桃体などが多くの研究によって報告されている。Hookerら（2003）の実験においても，gaze directionとarrow条件の比較において紡錘状回の有意な活動が認められており，紡錘状回は表情の細部というよりも，顔の形態認知，あるいは個人の同定などに強く関連する，というHaxbyら（2002）の見解に一致している。また，扁桃体は多くの感情研究，表情認知研究においてその重要性が見いだされている。扁桃体の損傷例研究などの知見から，扁桃体は刺激のもつ感情成分に対して反応し，その評価にかかわっていると考えられる。しかし，これまでの表情認知研究では，そのほとんどで静止表情が用いられており，日常われわれが遭遇するような表情認知場面を再現して検討したものはほとんどない。Hookerら（2003）の実験は，感情表出した表情に視線の動きを付加するという，日常のコミュニケーション場面により近い条件を設定したものであり，表情認知の神経基盤を検討する上で，非常に重要な結果を示唆している。表情認知研究は，他者の精神状態を推測する能力を検討する上で非常に重要な意義をもっている。実際，自閉症やアスペルガー症候群などではこの能力が欠如しており，上側頭溝や扁桃体の機能不全が報告されている（Castelli et al., 2002）。現段階では，扁桃体や上側頭溝の働きがまだ単体でしか明らかにされておらず，これらの部位がどのように関連して表情認知や精神状態の推測を行なっているか，未解明のままである。今後は上側頭溝，扁桃体などを含めた，表情認知にかかわる神経ネットワークを構築していくことが望まれる。

第 **6** 章

● **顔と生理学**

☆ 顔刺激の処理の神経科学的研究
☆ 事象関連脳電位を用いた顔研究

● 菅生(宮本)康子
● 三好道子

## 第1節　顔刺激の処理の神経科学的研究

### 1．はじめに

　顔は，人間あるいは動物のコミュニケーションに重要な情報を現している。たとえば，特定の個人の認知や，性別や年齢の判断，そして相手の心的状態を知るのに，顔を観察することが役に立つ。その顔から豊富な情報源を収集し，分析しているのは脳である。脳のどの領野がどのように（あるいはどのように協調して）顔に含まれる情報を分析しているのであろうか。脳における顔の分析方法を知ることは，人間が行なっている顔認識の過程を明らかにするのに，重要であろう。
　本章では，顔刺激を処理している最中の脳の活動を調べた研究を紹介する。前半部分では個々の神経細胞の活動を調べた知見について，後半部分では頭皮上に置かれた電極で脳の活動を調べた知見について紹介する。以上をあわせて，脳で行なわれている顔刺激の処理について，これまで明らかになってきた点，そして今後の課題について，把握していただけたらさいわいである。

### 2．神経細胞（ニューロン）と細胞外電位記録について

　外界情報は脳で処理されるときにまず，それぞれの感覚情報に固有の受容器（視覚情報ならば眼の網膜）で，電気的な信号に変換される。脳を構成する細胞のうち神経細胞（ニューロン）は，外界情報の処理を行なう主要な細胞であり，たとえば人間の脳には$10^{11}$個以上ものニューロンが存在する。ニューロンどうしは結合して回路を形成し，その回路で外界情報を現す電気的信号は処理されている。その電気的信号は活動電位とよばれる，約100msの振幅，1msの持続期間をもつ，スパイク波である。ニューロンは，樹状突起で入力信号を受け取り，細胞体の軸索起始部でスパイク波を発する。これをスパイク発火とよぶ。スパイク波は軸索を伝わって，次のニューロンとの結合部（シナプス前部）へ到達する。脳のどの部位でも，電気的信号の伝達はこのように単純な方法で行なわれる。
　そこで，あるニューロンがどのような外界情報を処理するのかを知るためには，スパイク波を調べればよい。スパイク発火を引き起こす外界刺激を特定すれば，どのような種類の信号をやりとり（処理）するニューロンか，明らかにすることができる。
　ニューロンのスパイク発火の性質を調べるために，脳の中に微小な電極を挿入して，スパイク波を観察する方法が用いられる。この場合，細胞外の電位変化を記録する。本章でも，この細胞外の電位変化を記録する方法で得られたニューロン活動の特質に

ついてとりあげる。

## 3．顔刺激の処理にかかわる脳の部位

　顔刺激に対してスパイク発火を示すニューロンは，脳のどの領野で見つかってきたのであろうか。まずはじめに断らなければいけないが，脳のニューロン活動を調べた研究のほとんどは，顔の静止画像を刺激として用いている。また，微小電極を脳に挿入する都合上，人間に近い脳の構造をもつ霊長類（サル）の脳における知見が多い。サルが顔画像を見ている最中のニューロン活動を調べる，という方法をとる。

　顔から得られる個人の情報や表情などは，静止画としてとらえたとき，形としての特徴が重要であると考えられる。すなわち顔刺激の処理は，形の情報処理にかかわるであろう。このことから，脳の中でもおもに見たものの形の情報処理にかかわる領野で，顔刺激の処理にかかわるニューロンが探索されてきた。

　サルの脳で形の情報処理にかかわるとされる経路を図6-1Aに示す。視覚情報は，まず網膜（retina）の視細胞にとらえられる。視細胞は網膜に点のように敷きつめられているので，外界の視覚情報は点の情報として分解される。次に視覚情報は，網膜の神経節細胞を経て外側膝状体（LGN），それから大脳皮質の視覚1次野（V1），2次野（V2）へと伝えられる。それにしたがって，ニューロンがスパイク発火を示す（応答する）視覚刺激も，線あるいは輪郭やエッジなど，点を統合した形になってくる。そして側頭葉の下側頭皮質では，ニューロンがさらに複雑な図形に応答することが知られている。ここではまた，受容野（視野の中で，視覚刺激によってニューロンの応答が観察できる領域）も視野全体に広がるほど大きいことが知られている。下側頭皮質は形態知覚の最終段階の情報処理にかかわる領野とされてきた。

　顔画像に応答するニューロンは，図6-1Bに示すような領野で見つかってきた。下側頭皮質，上側頭溝皮質（灰色の部分）を含む領野である。上側頭溝皮質とは，上側頭溝の内側に入り込んだ皮質である。図6-1Bでは開かれている。下側頭皮質は，上側頭溝の腹側の皮質である。本章では側頭葉という名称も使うが，下側頭皮質と上側頭溝皮質の両方を含むと考えていただいてよい。

　ニューロン活動の例を図6-2に示す。このニューロンは，サルや人間の線画に応答を示す（顔画像下の垂直線がスパイク発火。密集している）。シンプルな顔や，目を除いた顔にも弱い応答を示す。しかし，顔の線画をモザイク状に並べかえた画像や，線をちりばめた画像，手の画像，には応答を示さない。

　顔画像に応答を示すニューロンの分布する部位は，核磁気共鳴画像を用いて，活動が上る脳の部位を可視化した実験でも報告がある。顔刺激をサルに呈示したときに，

## 第6章 顔と生理学

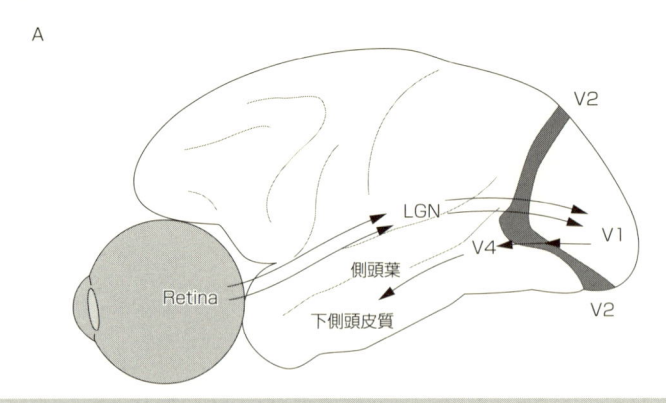

**◐図6-1A　サルの脳の視覚系情報処理の経路**（Kandel et al., 2000より改変）

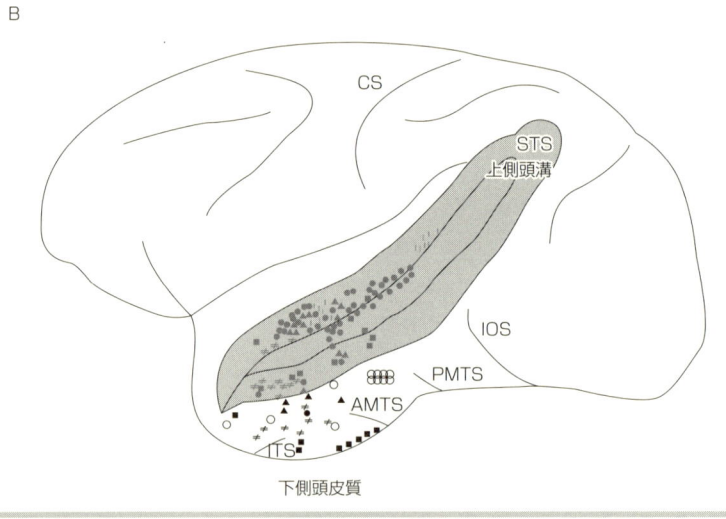

**◐図6-1B　顔に応答するニューロンの報告されてきた部位**（Perrett et al., 1992より改変）
　　いろいろな形のドットで示してある。上側頭溝（STS）は，内側の皮質を見せるために，開かれて描かれている（灰色の部分）。AMTS：前中側頭溝，CS：中心溝，PMTS：後中側頭溝，IOS：下後頭溝，ITS：下側頭溝。

側頭葉の一部（上側頭溝皮質）で活動の上昇が確認されている（Logothetis et al., 1999）。
　顔画像に応答を示すニューロンによる，情報処理はどのようになっているのであろうか。その前に実験方法，特にサルに顔刺激を呈示する方法について触れる。

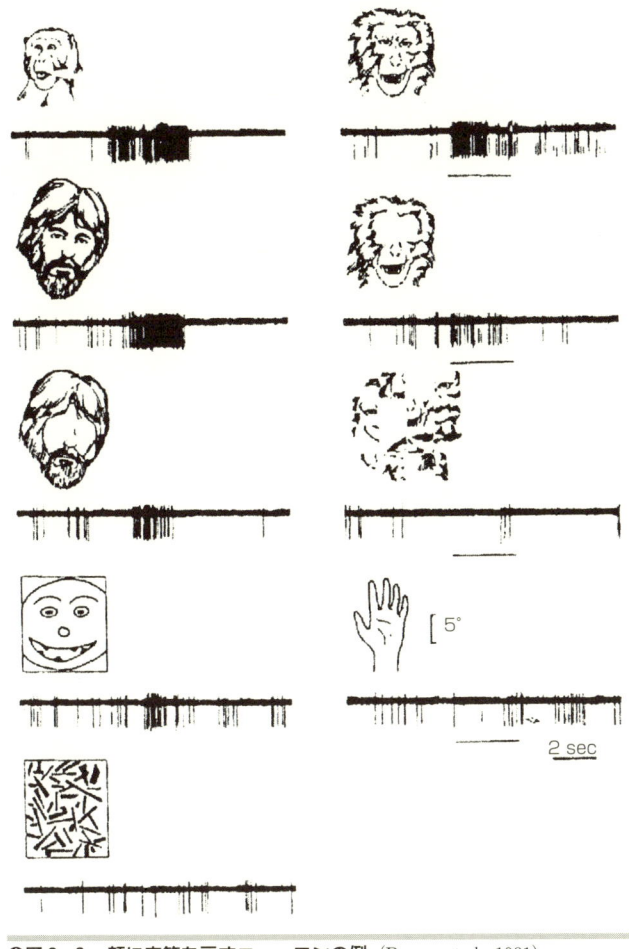

●図6-2　顔に応答を示すニューロンの例（Bruce et al., 1981）

## 4．実験方法

　サルの脳で，顔刺激に応答を示すニューロンを調べる方法にはまず，麻酔下のサルの脳で調べる方法と，覚醒したサルで調べる方法とある。覚醒したサルで調べる場合には（慢性記録実験），サルにどのようなタスクを行なわせるかが問題になる。なんといってもまず，サルに，モニター上に写し出される顔画像を見てもらわなければいけない。

第6章 顔と生理学

　既存の研究で使われてきたタスクをまとめると，大きく3つに分けられる。注視タスク，弁別タスク，遅延適合タスクである。いずれ場合でも，タスクを行なわせるのに，報酬（水やジュース）を与える。

　注視タスクはいちばん単純な方法である。サルが，眼前のモニターに呈示された点を注視している状態で，短時間（数百ミリ秒）のみ顔画像をモニターに呈示する（Sugase et al., 1999）。つまりサルは顔画像を強制的に見させられる。

　弁別タスクはよりアクティブにサルに顔画像を見せるタスクである。たとえば，呈示する顔刺激を2つのグループ（+と-）に分け，+グループの刺激が呈示された場合と，-グループの刺激が呈示された場合とで，サルに異なる反応をさせる（Yamane et al., 1988）。たとえば違うタイミングでボタン押しを行なわせる。よって，サルはよりアクティブに顔を見て，現在呈示されている顔が+あるいは-に属するか，弁別しないといけない。顔刺激を2つのグループに分ける場合と，質の異なる刺激（単純図形など）を用意して，それと顔刺激とを弁別させる場合がある（Hasselmo et al., 1989）。

　遅延適合タスクでは，刺激画像を時間的な間隔をあけて連続して呈示する。最初に呈示された画像を「標本」刺激とする。標本刺激の後に時間的な間隔をあけて，テスト刺激が呈示される。テスト刺激は，「非適合」刺激と「適合」刺激にわけられる。適合刺激は，標本刺激と同一である。非適合刺激は，標本刺激の呈示後，0あるいは1，2回ほど呈示され，最後に適合刺激が呈示される。サルは適合刺激が呈示されたらボタン押しなどの反応をしなくてはならない。非適合刺激の呈示回数がランダムであるので，同じタイミングで反応するわけにはいかない。つまり，サルは標本刺激を短期的に記憶し，次に同じ刺激がもう一度呈示されるまで（適合刺激の呈示まで）保持する必要がある。最近このタスクに類似のタスクを使用し，サルに人間の顔画像を弁別させる画期的な方法で，ニューロン活動を調べた研究が報告された（Eifuku et al., 2004）。彼等のタスクでは，標本刺激は必ず人間の正面顔だが，テスト刺激は横顔や斜めから見た顔の画像も含む。顔の向きが違っても同じ人間かどうかをサルに判断させる。つまり単なる画像の適合・非適合を判断するのではなく，自分の記憶に蓄えられた個体情報を参照して識別しなくてはいけない。実際にそのような個体識別をしていることを支持する現象として，研究室に所属する人の顔を使った方が，未知の人の顔を使うよりも，サルの正答率は高いという。このタスクを遂行中のサルにおけるニューロン活動については，後述する。

　実験の方法やタスクも異なるが，顔に応答を示すニューロンについての研究の目的も，いくつかの方向に分けることができる。1つには，顔刺激に応答するニューロンを見つけた場合，それが顔のどの要素（輪郭，目や口など）に応答するのか，最適要

素を調べた研究がある。顔に応答するニューロンが実際に，どのような視覚特徴の処理を担っているニューロンなのかを追求する。実際の顔の脳内での表現は，それらの部分的要素の処理を担うニューロンが集団で行なっていると考えられる。

　別の方向としては，顔に応答するニューロンが見つかった場合，さまざまな顔（個体や表情，あるいは視線や顔の向きの異なる顔）を呈示する。個体や表情，あるいは視線や顔の向きの違いが，ニューロン活動に反映されるかどうかを調べ，ニューロンの処理している情報について明らかにする。この方向の研究の場合，たいてい任意の物体の画像や図形パターンなどを用意し，それらに対しても応答するかどうかを調べる。それでも，ニューロンが顔以外の視覚刺激には応答しないと結論づけるのはむずかしい。しかし，顔に応答を示すことから，顔刺激の処理をするのに，何らかの役割を果たしていると考えられる。

　単一ニューロン活動の性質を調べるために，非常にたくさんの刺激を用いてあらゆる可能性をテストすることは困難である。まず，細胞外電位の記録実験では，調べることのできる刺激の数に限りがある。安定して単一ニューロンの電気的活動を記録できる時間は長くない。1時間続けて記録できることはまれである。40分記録できたとして，上記のタスクを使い，4秒に1回は顔刺激を呈示できるとする。そうすると600回呈示できる。しかし，ニューロンの応答の強さは1回の刺激呈示ごとに，変動している。10回から20回は同じ刺激を呈示して，その加算平均をとる必要があるので，30から60種類の刺激画像しかテストすることができないのである。

　特に後者の方向で，顔刺激に応答するニューロン活動を調べている場合，「顔ニューロン（face neuron）」という表現は避けたい。顔以外の刺激にも応答する可能性は十分あるからだ。研究者によっては「顔刺激選択性ニューロン（face selective neuron）」という表現を使う場合もある。たとえば，顔に対する応答が，物体の画像に対する応答の2倍以上の強さかどうか調べ，その基準をパスするニューロンをこう呼ぶ（Rolls 1984；Perrett et al., 1982；Hasselmo et al., 1989）。それらの顔刺激選択性ニューロンも，顔刺激に応答をするニューロンの1部であることに違いはない。そこで，本章では，「顔に応答するニューロン（face responsive neuron）」という表現を使用したいと思う。

## 5．顔に応答するニューロンは脳の中にどのぐらいあるのか？

　顔刺激に応答するニューロンは，いったいどのぐらいの割合で見いだせるのであろうか？筆者たちが側頭葉で行なった実験では，1874個の単一ニューロン活動について調べ，そのうちの158個が顔刺激に応答を示した（Sugase et al., 1999）。よって，顔

113

刺激に応答するニューロンは8％であった。既存の研究でも同様な傾向が示唆されており，11％の側頭葉のニューロンが顔刺激に選択的に応答したという報告がある（Hasselmo et al., 1989）。比較的割合の多い例としては，20％前後のニューロンが応答したという報告がある（Baylis et al., 1987）。実験者が意図的に顔に応答するニューロンを探す場合もあるので，これらの数字はいちおうの目安であるとしかいえない。しかし明らかなのは，顔に応答するニューロンをそれほど頻繁に見つけることはできないことである。

以下，顔に応答するニューロンと顔刺激の物理的特徴との関係（6），生物学的に意味のある情報に対する応答（7），情報処理の時間的な順序（8），そして個体識別タスクを遂行しているサルでのニューロン活動（9）についてまとめる。

## 6．顔に応答するニューロンと顔刺激の物理的特徴との関係

ニューロンの顔に対する応答は，どのような視覚特徴に影響されるのであろうか。まず顔の構成要素についてであるが，顔に応答するニューロンは，顔を構成する眼や口のみを抜き出した画像にも応答することが報告されている（Perrett et al., 1982；Fujita et al., 1992）。一方，単純な図形を，目や口のように布置した画像にも応答を示す（Bruce et al., 1981；Kobatake & Tanaka, 1994）。さらに，顔を構成する要素間の距離によって，応答の強さが変化するという報告もある（Yamane et al., 1988）。顔を構成する要素も，また構成要素の全体的布置も重要であることを支持する知見として，顔写真の空間周波数を操作すると応答が低下するという報告がある（Rolls et al., 1987）。一方，顔の認識に与える影響が少ないと思われる物理的特徴（顔刺激の大きさや顔までの距離，あるいは色の違い）に，ニューロンの応答はあまり影響を受けないようだ（Perrett et al., 1982, 1984）。

## 7．顔に含まれる生物学的に意味のある情報に対する応答

顔から人間は，個体の違いや，表情などを知ることができる。また，視線の方向などから，相手の関心のある物やその位置なども推測することができる。このように，顔はさまざまな種類の情報を提供する。これらのさまざまな情報の処理に，顔に応答するニューロンはかかわっているのであろうか？これまでの知見を統合したところ，顔のもつ異なる情報に応答するニューロンが，脳の異なる部位に存在するようだ。

まず，個体識別にかかわるニューロン活動だが，形態の知覚の最終段階の処理を行なっているといわれる下側頭皮質で複数の報告がある。ある任意の個体の顔画像に，表情は異なっても応答を示すニューロンが発見されている（Hasselmo et al., 1989）。

両眼の間の距離など，顔を構成する要素間の距離に相関をもって応答するニューロンもあり（Yamane et al., 1988），これらのニューロン集団の応答を使用すると，顔の容貌で顔刺激を分類することができる（Young & Yamane, 1992）。遅延適合タスクで個体識別を行なっているサルでも，個体識別にかかわるニューロン活動は，下側頭皮質から得られている（Eifuku et al., 2004）。

上側頭溝皮質は，形態についての情報と動きや空間についての情報が統合される場所であるということが知られている。顔刺激を用いた実験でも，視線の方向や顔の向き（Eifuku et al., 2004；Perrett et al., 1985），あるいは表情（Hasselmo et al., 1989）に応答するニューロンが報告されている。

情動に深いかかわりがあるとされる扁桃核（下側頭皮質の内側に位置）でも，特定の表情に選択的に応答するニューロンが報告されている（Nakamura et al., 1992）。

## 8．処理の時間的な順序

筆者らは，顔のもつ複数の異なる情報が，時間的にどのようなタイミングで処理されているのか，側頭葉のニューロン活動を調べた（Sugase et al., 1999）。具体的に，複数の種類の情報について調べるために，刺激セットとして，サルあるいはヒトの顔と単純図形を用意した。また，サルとヒトの顔画像では，それぞれの個体の顔について複数の表情を揃えた。階層的な分類構造をこの刺激セットはもつことになる。すなわち，まず顔（サルあるいはヒトの顔）か図形かの分類ができ，その分類されたグループの中でさらに個体や表情の分類ができる。この刺激セットを用いて，注視タスクを遂行中のサルの側頭葉からニューロン活動を記録した。

合計1874個の単一ニューロン活動について調べた。158個（8％）が顔刺激に応答を示し，うち86個のデータについて，定量的な解析が適用できた。そのうちの1例を示す（図6-3A）。このニューロンは，呈示したすべての顔画像に対して応答を示し，単純図形には応答を示さなかった。サルの顔画像に対する応答を見ると，呈示された画像の表情によって，応答の時間パターンが異なっていることがわかる。口を大きく開けた表情に対して特に，持続的な応答が続いている。

刺激セットの階層的な分類構造は，ニューロン活動にどのようなタイミングで表現されているのであろうか。時間的な経過を見るためには，ニューロン活動が表現できる情報の量を計算するのが便利である。情報の数量的な定式化は情報理論により確立されている。情報の量は，その情報を得たことで，ある事柄についての知識の不確実さがどのぐらい減ったか（相互情報量）を計算することで得られる。ニューロンの応答に表現される情報量も，その応答から刺激を推測するその確実さを相互情報量とし

第6章 顔と生理学

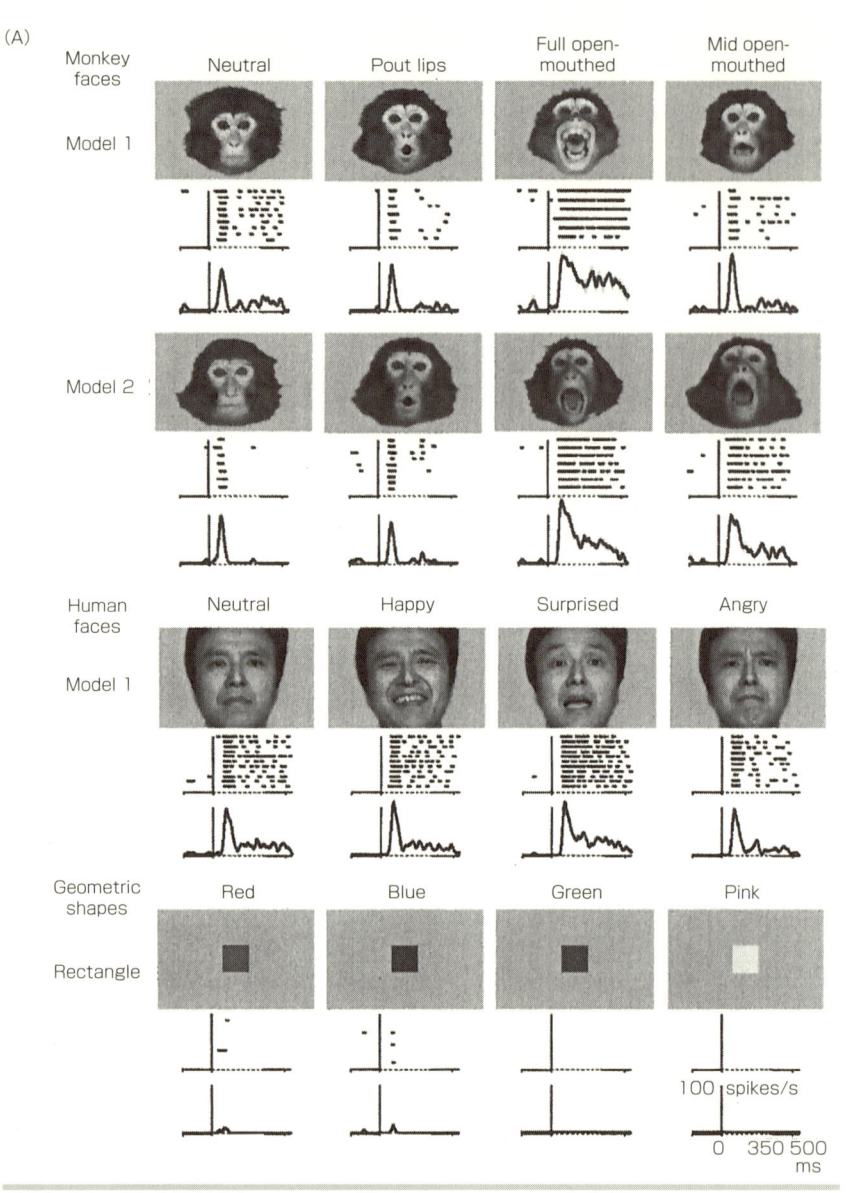

**◐図6-3A　顔に応答を示すニューロンの例**（Sugase et al., 1999より改変）
　刺激画像，ラスタープロット，スパイク発火密度関数，の順に示してある．横軸は，刺激呈示開始からの時間を示す．横軸が一部点線となっているのは，刺激画像を呈示していた時間（350ミリ秒）を示す．ラスタープロットでは，スパイク発火のタイミングを点で表わす．点の1列が，1回の刺激呈示に対するニューロン活動である．このニューロンは，すべての顔刺激に対して応答した．サルの顔刺激に対しては，表情によって，応答の時間パターンが異なっていた．口を大きく開けた顔に対しては，応答が持続的に続き，それ以外の表情では応答は一過性であった．

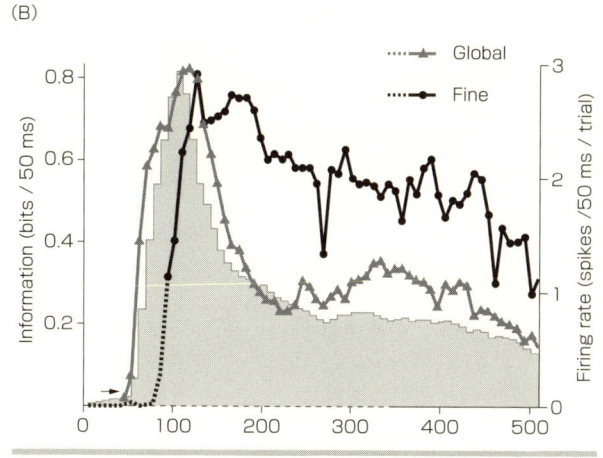

**❶図6-3B　3Aのニューロンに情報量解析を適用した結果**
（Sugase et al., 1999より改変）
⋯▲⋯線：おおまかな分類（サルかヒトか図形か）についての情報量
⋯●⋯線：詳細な分類（サルの表情）についての情報量
ヒストグラム：平均のニューロン活動の強さ
矢印：ニューロン応答の潜時

て計算する（Optican & Richmond, 1987）。筆者らの場合には，ニューロンの応答が，刺激の階層的な分類構造についてどのぐらいの情報量をもっているか計算した。具体的には，サルかヒトか図形かというおおまかな分類，あるいは，より詳細な個体や表情についての分類についての情報量を計算した。その際，時間的にこまかく分けて計算し，時間の経過とともにどのようタイミングでどの分類についての情報量が増えるのかを調べた。その結果，側頭葉のニューロンが顔についての複数の情報を時間を分けてコードしていることがわかってきた。

情報量解析の結果，図6-3Aのニューロンでは，異なる情報についての情報量が時間遅れをもって立ち上がることがわかる（図6-3B）。まずは，サルかヒトか図形かという分類についての情報量（赤線）が増え，それに遅れてサルの表情分類についての情報量が増える（黒線）。つまり，このニューロンは，まずサルかヒトか図形かを分類する情報を，それに続いてサルの表情についての情報を保持していることがわかった。

86個の全ニューロンのデータにこの解析を適用しても，同様の傾向を得た。ニューロン集団としてもまず，サルかヒトか図形か，というおおまかな分類情報を，それに時間的に約50ミリ秒ほど遅れて，個体や表情を分類する情報を表現していることが明らかになった。個体分類に関する情報と表情分類に関する情報の間には，有意な時間

差は認められなかった。この結果は，顔に含まれているさまざまな情報の間の階層性を，脳のニューロンでも表現することを示唆するのではないかと考えている。

この階層的な情報表現が，どのような神経機構により形成されるのかは興味深い問題である。側頭葉のニューロンどうしのネットワークにより形成されている可能性もある。連想記憶モデルを使い，皮質内のネットワークで，階層的な情報表現が達成できる可能性があることが示された（松本ら，2000）。

## 9．個体識別中のニューロン活動

最近，顔刺激を用いてサルに個体識別をさせ，ニューロン活動を調べた研究が報告された（Eifuku et al., 2004）。日常生活で行なう個体識別に近いタスクを開発し，サルの行動をもって検証し，ニューロン活動を記録した世界でも初めての報告である。

タスクの詳細は「実験方法」の節に書いた通り，遅延適合タスクである。正面顔が標本刺激として呈示され，その顔の個体と同じ個体の顔を，テスト刺激の中から見つける。テスト刺激は顔の横顔や斜め顔を含む。そのためサルは単なる画像の適合・非適合でなく，標本刺激から個体を連想する必要があるだろう。適合刺激が呈示されたときのサルの反応潜時（適合刺激呈示後からレバーを押すまでの時間）は，適合刺激が正面顔であるほど短い。また，サルにとって未知の（研究室に出入りのない）人間の顔を刺激として使うと，テスト刺激が正面顔かどうかによって成績が変わることがわかった。正面顔だと既知の人間の顔を使ったときの成績と同じだが（画像の適合・非適合の判断はできるが），正面顔でないと成績が有意に低くなる（個体識別はできない）。

ニューロン活動については，適合刺激に対する応答について解析している。その結果，2つの異なる領野が，刺激についての異なる情報を処理していることが明らかになった。上側頭溝皮質のニューロン活動は，顔の向きの違いを（個体の違いにかかわらず）表現していた。一方，下側頭皮質のニューロンは，異なる個体の顔に異なる強さの応答を示し，個体の違いを（顔の向きにかかわらず）表現していることがわかった。さらに下側頭皮質の一部のニューロンでは，適合刺激の顔の向きによって応答潜時が異なり，正面顔であるほど潜時が短かった。応答潜時がサルのレバー押しの反応潜時と相関を示すことがわかった。下側頭皮質のニューロンが個体識別に重要な役割をはたしている可能性を示唆する。これらの結果を総合して，上側頭溝皮質では顔画像を知覚することに役割があり，下側頭皮質は個体識別の際に重要ではないかと考えられる。

## 10. 今後の課題：顔に応答するニューロンは，顔の認知に必要か？

これまで報告されてきたような，顔に応答するニューロンは，実際に顔を認知する場面で役割をはたしていると考えたいところであるが，それを直接的に証明した実験はまだない。証明するためには，顔に応答するニューロンが見つかる脳の部位を損傷させたり，一時的に機能を低下させる必要がある。それらの試みはなされたが，有意な効果が得られていない。

サルで両側の側頭葉を広範囲にわたって冷却して，その部分のニューロンの活動を抑える方法が試みられた。その結果，冷却していないときに比べて顔画像を弁別する課題の成績が落ちるが，弁別ができなくなるほどの効果はないことが報告されている（Horel, 1993）。また，上側頭溝皮質を破壊した実験でも，顔画像の弁別タスクはできることが示されている（Heywood & Cowey, 1992）。ただし，これら2つの実験とも，「画像としての顔」の識別あるいは弁別であることに注意する必要がある。単なる画像の適合・非適合を課すタスクでは，破壊の影響がでない可能性もある。この問題の解決のためには，Eifukuら（2004）の個体識別タスクのように工夫して，単なる画像識別にならないようにする必要がある。

下側頭皮質は顔以外の複雑な物体に応答するニューロンも多数報告されている（Baylis et al., 1987；Fujita et al., 1992；Tamura & Tanaka, 2001；Tsunoda et al., 2001）。よって，サルの脳では，顔認知に特化した脳の部位があるかどうかについても不明である。しかし，これまでの知見を総合しても，下側頭皮質が個体識別に関与することは確からしい。今後，個体識別タスクなどを使って，下側頭皮質の機能について調べる必要がある。古くからヒト患者で報告されてきた相貌失認など，顔に関する視覚情報の処理の障害の理解のためにも，重要な知見となるであろう。

※読者のためにこの領域の一般的な解説書などをあげておく。
Kandel E.R., Schwartz J.H., & Jessel T.M. 2000 *Principles of neural science.* New York : McGraw-Hill.
甘利俊一・外山敬介（編） 2000 脳科学大事典 朝倉書店

# 第2節　事象関連脳電位を用いた顔研究

## 1. 事象関連脳電位とは

　事象関連脳電位（ERP；event-related brain potential）とは，ある事象に伴って生起する，頭皮上に置かれた電極から記録される脳の電位変化である。被験者に苦痛を与えることがほとんどなく，また計測も比較的容易であることから，人を被験者とした実験に適した測度である。またERPは，fMRI，PETなどの脳の活動を計測する手法と比較して時間分解能がたいへん優れており，刺激の呈示前から時々刻々と進む脳の情報処理活動をミリ秒単位で計測することが可能であることから，人における複雑な情報処理過程の研究に適している。顔刺激の処理は，性別，年齢，既知性の判断，その人物に関する個人情報へのアクセス，あるいは表情の知覚といった非常に多くの処理段階を含んでいる。ERPはこのようなさまざまな処理が，どれぐらいの時間で，あるいはどのような時間的関係で生じているのかを検証するのに適した測度といえる。

　近年，顔刺激に対して特異的に増強する成分が報告されるなど，ERPによって顔認識過程を探ろうとする試みが活発になされるようになっている。この章では，さまざまな顔認識過程を検討したERP研究の結果と，現在支持されているBruce & Young（1986）の顔認識モデルを比較し，顔認識処理の流れについての新たな提案を行なっていく。

## 2. 顔刺激に対して特異的に生じるERP成分

　サルのニューロン研究における顔に選択的に反応する細胞の報告と同様に，ERPにおいても顔刺激を見せた場合にのみ特異的に増強する成分が報告された。顔以外にこのような刺激特異的な成分が存在するという報告はなく，人における顔認識の特殊性・重要性を示すものとして注目される。

　顔に選択的な成分としては，まずJeffreys（1989）やBötzel & Grüsser（1989）によって報告された正中線上中心部−頭頂部から生起する陽性成分（VPP；vertex positive potential）と，Bentinら（1996）によって報告された左右後側頭部で生起する陰性成分（N170）がある（図6-4参照）。これらの成分は，記録される部位や極性は異なるものの，どちらも潜時約170ミリ秒という早い時間帯で生起し，物や風景など顔以外の刺激を呈示した時に比べ，顔刺激を呈示した時に振幅の増強が見られる。これらの成分は，どちらも倒立呈示した顔や，目，鼻，口などが欠如した顔など，顔として認識しづらい刺激に対して潜時が延長する（Bentin et al., 1996；Eimer, 2000a, b；Jeffreys, 1989）。また，顔以外の物体でも顔に見えるように配置された場合や，木の枝が人の顔を形作る場合にも VPP 振幅が増強すること（Jeffreys & Tukmachi, 1992）や，無意味な刺激でも，顔として見えるような操作をした場合には，顔刺激と同様に N170 振幅が増強する（Bentin & Golland, 2002）ということから，これらの成分はある刺激が「顔である」かどうかを判断する，顔知覚処理の最も初期の段階を反映する成分であると考えられた。Bruce & Young（1986）の顔認識モデルにおいて最初の段階である構造的符号化過程は，人物の同定や表情の分析などに先行する過程としておかれ，顔の形態的な特徴を記述し，その後の処理が可能なように適切な表象を生成する段階であるとされる。また Ellis（1986）のモデルでは，構造的符号化段階に「顔を顔として認識する」機能を加えている。よって，これらの顔に特異的な成分は，構造的符号化過程に対応する成分であるという考えが主流となっている。

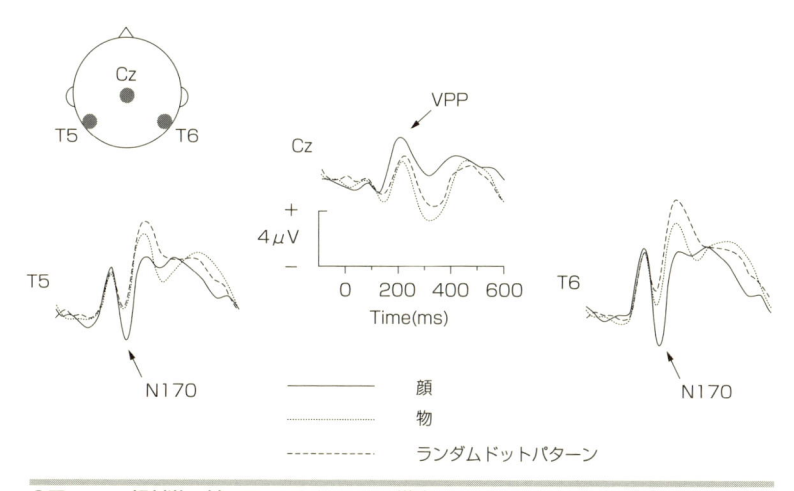

**◐図6-4　顔刺激に対する VPP と N170 の増強**
正中線上中心部位（Cz）と左右後側頭部位（T5，T6）から記録された被験者12名の総平均 ERP 波形を示す。物刺激，ランダムドットパターンと比較して，顔刺激に対する VPP と N170 振幅の増強が観察される。
（左上は頭を真上から見た場合の電極位置）

　その後，N170 成分を構造的符号化段階の指標として，顔の知覚処理過程の検討が行なわれている。Eimer（2000b）は，顔刺激以外のものに注意を向けている場合には，顔に対する N170 潜時が延長することから，顔の構造的符号化処理の開始のタイミングが注意によって影響を受ける可能性を示唆している。また Taylor ら（1999）は，4～14歳までのこどもを被験者として N170 の発達的な変化を検討し，年齢があ

がるに従ってN170潜時が短縮することから、顔認識過程はより効率的に顔刺激を処理するよう、徐々に成熟してゆくのではないかということを示唆している。

## 3．構造的符号化段階以降の顔の処理
### （1）既知性，人物同定にかかわる電位変化

　Bruce & Youngのモデルにおいては、構造的符号化以降、人物同定過程は表情分析過程と分岐し、性別の判断、既知性の判断、個人の意味情報へのアクセスと逐次的に進むとされている。ERP研究においても、顔の既知性の判断や個人情報へアクセスはN170に影響を及ぼさず（Bentin & Deouell, 2000；Eimer, 2000b）、より遅い潜時帯での電位変化として現われている。Eimer（2000a, b）は、知っている人物の顔は、知らない人物の顔と比較して、正中線上の中心－頭頂部位を最大として潜時約300～500ミリ秒の陰性の電位を惹起すると報告している。そのほかの研究においても、顔の既知性にかかわる電位の変化は、共通して潜時約400ミリ秒あたりで観察されている（Bentin & Deouell, 2000；Barrett et al., 1988）。また小西（1997）は、潜時約410ミリ秒で惹起する陰性成分が、個人の意味情報処理にかかわる所属（政治家、大学院生など）判断に関係すると報告している。

　一方、性別判断の効果はN170とほぼ同じ潜時帯で生じるという報告がある。Rostaingら（2000）は、顔の性別判断の効果がN170と同様の潜時帯で、より前方の部位で生起すると報告している。これは性別判断が構造的符号化に引き続いて起こっているのではなく、並列に処理されうることを示唆している。また、未知の人物の顔刺激を用いた人物プライミングの実験において、まったく同一の顔刺激、あるいは同じ人物と見なされる別の顔刺激が連続で呈示された場合に、右半球で生起するN170の振幅が減衰する（Campanella et al., 2000）ことから、知覚的な人物の類似性の処理は刺激呈示後約150ミリ秒で行なわれていることが示唆される。

　このように記憶表象へのアクセスを必要とする処理の効果は、ほぼ共通して400ミリ秒近傍に現われるが、記憶表象へのアクセスを必要としない性別判断や未知の人物の分類は、より早い時間帯で処理されると考えられる。

### （2）表情・顔の動きにかかわる電位変化

　これまでのERP研究では、表情にかかわって生じる電位の変化は、潜時約300ms以降の遅い成分で観察され、N170など初期成分は表情処理の影響を受けないとされていた。しかし、最近のいくつかの研究では、N170、あるいはそれよりも早い潜時帯において表情の効果が生じるという報告がなされている。Miyoshiら（2004）は、笑顔刺激に対し、同じ人物の真顔と、異なる人物の笑顔を先行呈示し、それぞれ表情

変化,人物変化を生じさせた場合に生起するN170成分を比較した。その結果,人物変化よりも表情変化を伴う笑顔刺激において,N170振幅の増強が見られた（図6-5）。先行刺激においては,真顔刺激と笑顔刺激間でN170成分に差はみられないことや,表情の異なる顔刺激を単独呈示した場合にはN170に差が生じないとする先行研究（Eimer & Holmes, 2002）から,N170成分は,表情の違いそのものではなく,表情の変化や動きといったものよって影響されることが示唆された。またPuceら（2000）も,目をそらす,口を開けるといった顔の動きにN170が感度をもつことを報告している。一方,Eimer & Holmes（2002）,Holmesら（2003）は,潜時約100～120ミリ秒という非常に早い潜時帯で,前頭－中心部位における真顔と恐れ顔間の振幅の差が生じるとしている。

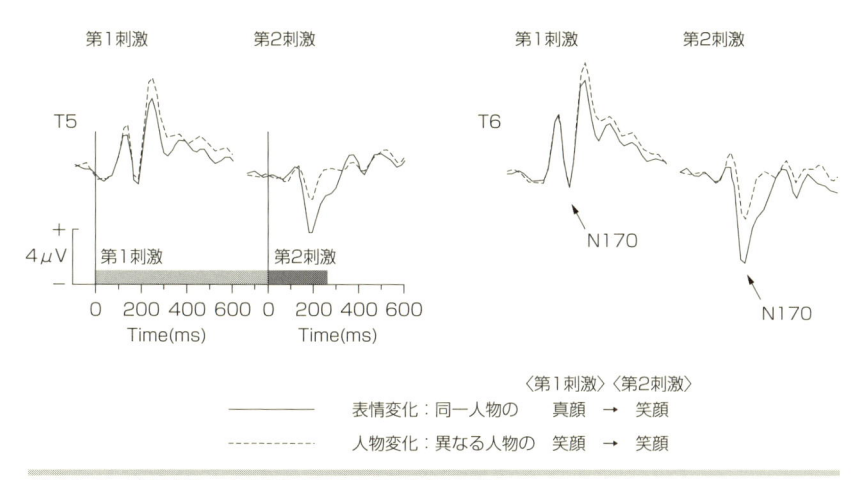

#### ○図6-5　表情変化,人物変化に対するN170成分の変化
左右後側頭部位（T5，T6）から記録された被験者10名の総平均ERP波形を示す。
第2刺激では,同じ笑顔刺激に対しても,表情変化を伴う場合にN170振幅の増強が観察されるが,第1刺激では,真顔刺激と笑顔刺激間にN170成分の差は見られない。

　Bruce & Youngのモデルでは,表情や顔の動きに関する処理過程は構造的符号化以降に置かれており,以上のようなERPの研究結果と合致していない。しかし,表情や視線の動きは,社会的生活を営む動物にとって,相手の情動状態の変化,注意の方向の移動といった非常に重要な情報を提供することから,よりすばやい処理が必要であると考えられる。ERPでの研究結果は,われわれが表情や視線方向に関する情報を,非常に短い時間内に処理していることを示唆している。

## 4. 終わりに

　以上のような顔の知覚・認識にかかわるERP研究を総括すると，視覚情報に依存した顔の「知覚」にかかわる処理段階はERPの初期成分に反映され，記憶表象へのアクセスが必要となる既知性判断，個人の意味情報処理に関してはより遅い成分で効果が現われるようである。また知覚的な顔処理過程に関しては，構造的符号化段階を反映するとされる顔に特異的な電位と同時，あるいはより早い潜時帯で表情の効果が現われるなど，Bruce & Youngのモデルと合致しない結果が報告されている。今後，ERP研究によってこれらの情報処理過程の時間的関係がさらに明らかにされることによって，新たな顔認識モデルを構築していくことが求められている。

## コラム⑥　顔認知のヒトの脳メカニズム

　顔の記憶や表情の認知に関係する脳部位を明らかにしていく場合，ヒトを被験者とした非侵襲的脳機能画像法（fMRI，PETなど）が頻繁に用いられており，これまでに有益な知見が蓄積されてきた。しかしながら，現在のところ，このような画像法は時間的空間的解像度が低いという問題をもっており，脳が顔の情報をどのように処理しているのかといった脳の情報処理様式をニューロンレベルで調べ，顔認知の脳メカニズムの全貌を明らかにしていくという目的を達成するには不十分である。このような目的の達成を目指した大部分の研究は，ヒトではなく実験動物（マカクザルなど）を被験体に用いて侵襲的に脳を調べ，ニューロンの活動様式を明らかにしている。一方，特殊な事例として，脳外科医が脳に疾患をもつ患者の外科的治療のために脳に侵襲的にアプローチし，同時に顔刺激に対するニューロンの活動様式を直接調べた研究も報告されている。このような研究はヒトにおける顔認知の脳メカニズムの解明に直接寄与できると期待されており，このコラムで紹介したい。

　Kreimanら（2000）は，痙攣発作を引き起こす原因となる脳部位を特定するために脳内に電極を埋め込んだ（図1）てんかん患者11人を被験者に用いて，さまざまな視覚刺激に対するヒトの海馬，嗅内皮質，および，扁桃体のニューロンの活動様式を調べた。視覚刺激は九個のカテゴリ（見知らぬヒトの表情，日用品，風景，動物，車，食べ物，抽象的図形，有名人の顔の線画もしくわマンガのキャラクターの顔，有名人の顔写真）に分類され（図2），各カテゴリは3〜25個の異なった刺激から構成されていた。各刺激はモニターを介して被験者に1秒間呈示され，被験者はその刺激がヒトの顔かどうかの判定を求められた。

　図3はある被験者の海馬から記録された各カテゴリ刺激に対する1つのニューロンの応答性の結果である。この海馬ニューロンは，有名人の顔写真（famous face），マンガのキャラクターの顔（face drawing）に顕著な興奮性の応答を示したが，見知らぬヒトの表情写真には応答しなかった。また，車（car）や日用品（object）などの他のカテゴリ刺激には応答しなかった。このような既知の顔に選択的に応答を示すニューロンは，顔の記憶処理に関係する可能性を示唆する。

　Kreimanら（2000）の研究は，基本的な脳の情報処理様式（既知の顔に対して，1つのニューロンが興奮性に応答）を解析しただけであり，複数のニューロンによる集団的情報処理様式はどうなっているのかという疑問が残る。しかし，彼らの研究は

## 第6章 顔と生理学

ヒトにおける顔認知の脳メカニズムの解明につながる重要な知見といえる。ただし，健常人ではなく，脳に疾患をもつ患者を被験者とした研究であるがゆえ，結果の一般性については慎重に判断する必要がある。

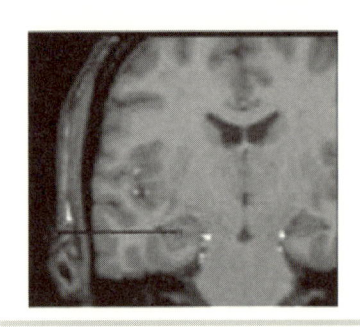

**↑図1 被験者の脳内に埋め込まれた電極**
（冠状断 MRI）
(Reprinted with permission from Kreiman et al., 2000)

**↑図2 被験者に呈示された視覚刺激**
（各カテゴリの代表例）
(Reprinted with permission from Kreiman et al., 2000)

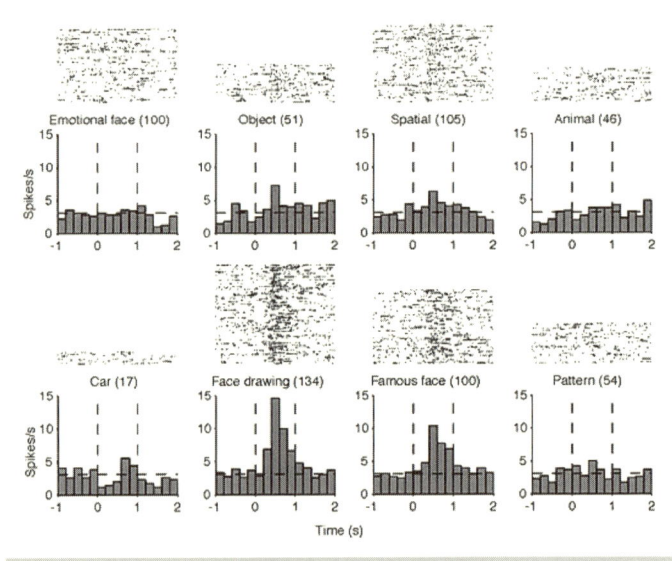

**↑図3 各カテゴリ刺激に対する海馬ニューロンの応答性** (Reprinted with permission from Kreiman et al., 2000)
　ラスター表示（上）：時間の経過に沿って点で示したニューロンのインパルス放電
　ヒストグラム（下）：各bin（幅200msec）における1秒あたりのインパルス放電数，0は刺激呈示開始時点，－は刺激呈示前，＋刺激呈示後。

第 **7** 章

● 顔と精神疾患

☆ 統合失調症における顔表情認知
☆ アレキシサイミアにおける表情認知障害

● 岡田　俊
● 馬場天信

# 第1節　統合失調症における顔表情認知

## 1．はじめに

　Kraepelin（1896）は，青年期に発症して慢性進行性の経過を辿り人格荒廃にいたる疾患を早発痴呆として報告し，感情平板化，意欲欠如，内的統一性の喪失を特徴的症状と位置づけた。しかし，本疾患の転帰を観察すると，Kraepelinの指摘するような一様な経過ばかりではないことが明らかになった。そこで，Bleuler（1911）は単一疾患としてではなく症状群としてとらえるべきであると考えて，統合失調症群との呼称を提唱し，基本症状として連合弛緩，感情平板化，両価性，自閉をあげた。さらに，Schneider（1950）は，考想化声，話しかけたり話しあう幻声，自己の行為について注釈する幻声，身体への被影響体験，思考奪取や思考への干渉，思考伝播，妄想知覚，意志・感情・衝動への作為や被影響体験を一級症状とよび，これらの存在によって統合失調症の診断が可能であると考えた。これらの統合失調症の概念規定は，今日におけるWHOのICD-10（1992）やアメリカ精神医学会のDSM-Ⅳ-TR（2000）の診断基準にも引き継がれている。なかでも無関心（Kraepelin, 1896）や感情平板化（Bleuler, 1911）に代表される情動体験の障害は，一貫して統合失調症の主要症状として位置づけられてきた。さらに，統合失調症の患者では，他者の表情や視線を知覚して，睨まれていたり，笑われていると感じるなど，顔表情からの情動の読み取り過程に障害が見いだされることもしばしばである。近年の実験心理学的研究から，顔表情を介した情動の読みとりや表出に障害が認められることが報告されており，このことが対人機能の障害に関連している可能性が指摘されている（Morrison et al., 1988）。Izard（1959）は，統合失調症患者と健常被験者の顔表情写真に対する反応を初めて調べ，その後，Doughertyら（1974）は，統合失調症患者が表情認知課題で低成績であったと報告している。これらの初期の報告からすでに一世代ないし半世紀が経過しているが，方法論上の問題からそのプロフィールや生物学的基盤について一致した結論は導かれていない。本節では，統合失調症の患者における表情認知の障害について実験心理学的な研究に加え，脳機能画像研究の知見も含めて検討し，今後の研究の方向性を示したい。

## 2．統合失調症における顔表情認知のプロフィール
### （1）顔表情認知に特異的な障害が認められるか？

　統合失調症患者が顔表情からの情動の読み取り課題で低成績を示すという報告は多

い（Borod et al., 1989, 1990；Dougherty et al., 1974；Feinberg et al., 1986；Zuroff & Colussy, 1986）。しかし，統合失調症患者では，対人領域のみならず非対人領域におけるさまざまな認知障害が存在することが知られている。したがって，統合失調症患者の低成績が顔表情認知に特異的な障害に由来するのか，あるいは顔処理に限局しない形態認知障害の結果として表情認知障害が見いだされるのかを検討する必要がある。この点を明らかにするためには，顔表情認知課題を行なう際に適切な対照実験を並行して行なう必要性がある（Chapman & Chapman, 1973, 1978）。

　Gesslerら（1989）は，難易度を統制した対照課題を併せて実施すると，統合失調症患者は顔刺激から情動を読み取る課題だけでなく，年齢を判断する課題においても低成績を示すことから，表情認知に限局した認知障害ではないと結論した。Novicら（1984）によれば，未知相貌認知課題（Benton et al., 1978）を対照にした実験の結果，統合失調症患者では健常被験者に比べて顔表情認知課題成績が低下していたが，相貌認知成績を共変量に加えると有意差が消失した。しかし，さらに表情認知課題と対照課題の信頼性と弁別力を統制して検討すると，特異的な表情認知障害の存在が示唆された。また，Feinbergら（1986）の研究でも，統合失調症患者は顔の同定課題と情動の読み取り課題のいずれにおいても低成績であったが，情動の読み取り課題で特に低成績であったことから，表情認知に特異的な障害があることが示唆された。しかし，その後の研究では，顔表情認知課題と対照課題の成績の間に相関が認めることから，統合失調症患者の表情認知障害は全般的な認知障害の反映であるとする研究も多く（Kerr & Neale, 1993；Salem et al., 1996）結論の一致を見ていない。

　今日までに数多くの研究がなされてきたが，刺激の種類，呈示時間，課題が標準化されておらず，被験者の診断基準，病型（妄想型／解体型），症状のパターン（陽性症状優位／陰性症状優位），病期（急性期／慢性期），発病年齢，投薬内容と投薬量，入院期間や入院・外来の別などを統制していないために，メタ解析により結論を導くことも困難である（Kerr & Neale, 1993；Mandal et al., 1998）。

**（2）情動カテゴリに特異的な認知障害が認められるか？**

　Doughertyら（1974）の初期の研究でも，統合失調症患者は羞恥や嫌悪の表情認知で低成績であるが，幸福の表情認知では有意差が認められなかったことが報告されており，情動カテゴリに特異的な認知障害の存在が示唆されている。その後，Mandal & Palchoudhury(1985)は恐怖と怒り，Garfieldら(1987)は怒りと恐怖と嫌悪，Mandalら（1998）とKohlerら（2003）は恐怖と嫌悪，Edwardsら（2001）が恐怖と悲しみの表情認知障害を報告している。被験者や使用された刺激や課題が異なっていることから，一致した結論は得られていないものの，いずれも不快情動の認知障害を報告し

ている点で共通している。しかし，不快情動の顔表情は，他の情動に比べて認知しにくいことが指摘されている（Ekman et al., 1972；Zuckerman et al., 1975）。健常被験者では，天井効果のために情動カテゴリごとの課題の難易度の違いが検出されないが，統合失調症患者では情動カテゴリに非特異的な表情認知障害が，難易度の高い不快情動の認知課題における低成績として検出された可能性もある。Johnstonら（2003）は，健常被験者を対象に刺激の解像度を三段階に変化させた研究を行ない，健常被験者であっても解像度の変化により表情認知が妨げられれば不快情動の低成績として観察されることを実証し，統合失調症患者が不快情動に特異的な表情認知障害を示すとの考えに対して懐疑的な立場をとっている（Johnston et al., 2001）。

## 3．統合失調症患者の顔表情認知に影響を及ぼしうる要因
### （1）文化

　Ekman & Friesen（1986）は，顔表情が文化によらず普遍的に基本6情動から構成されることを示している。その一方で，文化的要因が情動体験や表出を修飾することが報告されている（Russell, 1994）。また，文化的要因が精神疾患の症候形成に影響を及ぼす可能性も指摘されている（Kirmayer, 1989）。したがって，統合失調症における表情認知障害を考える場合にも，文化的要因と疾患特異的要因の両面を考慮した検討が必要になる。Habelら（2000）は，アメリカ，ドイツ，インドの統合失調症患者を対象とした通文化的研究を行ない，人種を越えた普遍的な表情認知障害の存在を示したが，この傾向はインドの患者において顕著であった。しかし，この研究では幸福，悲しみ，中性の3表情しか検討されておらず，統合失調症患者における表情認知障害の全貌が明らかにされていないことに加え，顔表情刺激として白人モデルの写真しか用いられておらず，このことがインドの患者の低成績に関係した可能性を否定できない。標準化された複数の人種の顔表情写真を用いて，複数の人種の統合失調症患者を対象とする通文化的研究が必要である。

### （2）年齢

　Walkerら（1980）は，統合失調症の児童，青年，成人と健常対照群の成績を比較し，統合失調症患者が年齢や性別にかかわらず顔表情からの情動の読み取り課題で低成績を示すことを明らかにした。統合失調症の児童の表情認知を調べた研究でも（Walker, 1981），成人と同様に不快情動を中心とする表情認知障害が報告されている。しかし，児童から成人までを，同一の課題で評価することには方法論上の問題が生じやすく，最終的な結論はいまなお導かれていない。

### （3）病期

Cutting（1981）は，急性期と慢性期の統合失調症の入院患者，うつ病の入院患者，人格障害の外来患者を対象に顔表情から親近さを読み取る課題を行なったところ，急性期の統合失調症患者のみがそれ以外の群とは異なるプロフィールを示した。また，Cutting（1981）は，急性期と寛解期の統合失調症患者を対象に検討し，年齢を推測する課題では有意差がないにもかかわらず，表情認知課題では急性期の統合失調症患者が低成績を示したと報告している。さらに，Gesslerら（1989）は，急性期，慢性期，寛解期の統合失調症患者の表情認知成績を，うつ病群，健常対照群と比較しているが，なかでも急性期の統合失調症患者でいちじるしい表情認知障害が見いだされることを報告している。

(4) 病型

　妄想型と妄想型以外の統合失調症の比較では，妄想型の患者の方が表情認知に優れることが報告されている（Kline et al., 1992；Lewis & Garver, 1995）。Davis & Gibson（2000）は，急性期統合失調症患者を対象に対人場面での表情認知を検討し，妄想型の統合失調症患者は，健常対照群，解体型の統合失調症群，うつ病群に比べて好成績であったと報告している。また，Phillipsら（1999）は，妄想型の統合失調症患者5名と妄想型以外の統合失調症患者5名，健常被験者5名を対象に恐怖，怒り，嫌悪の表情の認知課題を実施し，課題成績とfMRIの結果を検討した。その結果，妄想型以外の統合失調症患者は，健常対照群に比べて低成績で，嫌悪表情を恐怖または怒りと誤答することが多く，fMRI上でも嫌悪表情の認知時に扁桃体の活動が認められ，他の領域の活性化に乏しかった。しかし，妄想型の統合失調症患者では，妄想型以外患者に比べて好成績であり，fMRI上でも脳内の諸領域の活動が確認された。

(5) 病状

　Lewis & Garver（1995）は，統合失調症患者の精神症状を，Kayら（1987）の陽性症状・陰性症状評価尺度（PANSS）を用いて，陽性症状（妄想，概念の統合障害，幻覚による行動，興奮，誇大性，猜疑心，敵意）と陰性症状（情動の平板化，情動的引きこもり，疎通性の障害，受動性／意欲低下による社会的引きこもり，抽象的思考の困難，会話の自発性と流暢性の欠如，常同的思考）に分けて評価したが，顔表情認知の成績との間に相関を認めなかった。また，Sweetら（1998）は，情動の表出と読み取り，情動体験を評価し，感情鈍麻のない統合失調症患者も，情動表出に乏しく感情鈍麻を認める統合失調症患者と同等の情動の読み取りや情動体験の障害を認めることを報告した。さらに，Silver & Shlomo（2001）も，顔表情認知成績と陰性症状評価尺度（SANS）と陽性症状評価尺度（SAPS）の重症度との間には相関が見られなかったことを報告し，顔表情認知成績が視覚記銘や指タッピングの成績と相関したこ

とから，他覚的に評価可能な情動体験の異常とは異なる機序で表情認知障害がもたらされていることを示唆している。

Kohlerら（2000）は，統合失調症群と健常対照群を対象に，顔表情認知課題と年齢判断課題を併せて行ない，年齢判断に比べて顔表情認知に特異的な障害は見いだせなかったものの，顔表情認知のみがPANSS得点との相関を認めたと報告している。しかし，顔表情認知のみが注意，言語性記憶，空間的記憶，言語能力といった認知課題成績と相関を認めたことから，顔表情認知障害が統合失調症の精神症状や認知障害を反映したものであると結論している。

(6) 経過

Wölwerら（1996）は，急性期と寛解期の統合失調症患者，健常被験者について，顔表情から6基本情動を同定する課題を2回ずつ行なったが，時間的経過によらず表情認知障害のプロフィールは変わらなかった。また，Addington & Addington(1998)は，統合失調症患者を対象に急性期（入院時）と3か月後の寛解期の表情認知成績を比較したところ，病状の改善にもかかわらず表情認知課題成績は向上しておらず，健常対照群や双極性障害群に比較して有意に低成績であった。これらの研究は，顔表情認知の障害がstate markerとしてではなくtrait markerとなることを示している。

(7) 投薬

Gaebel & Wölwer（1992）は，統合失調症患者，大うつ病患者，健常被験者を対象に顔表情を介した情動の読み取りと表出について検討し，統合失調症患者にみられる表情認知障害は疾患特性ともいうべき障害であって，投与されている抗精神病薬の種類や量に影響されないと結論している。また，Klineら（1992）やLewis & Garver（1995）も，統合失調症患者に見られる表情認知障害への投薬の影響は見られないと報告している。最近，臨床導入された非定型抗精神病薬については陰性症状や認知障害への有効性が示されているが，非定型抗精神病薬を服用中の統合失調症患者の表情認知を定型抗精神病薬服用中の患者と比較した研究は少ない。Williamsら（2003）は，幸福，中性，悲しみの三種類の表情写真を用いて，統合失調症患者28名（そのうち15名は非定型抗精神病薬のリスペリドンを内服し，13名は定型抗精神病薬のハロペリドールを服用）と健常被験者28名の反応を調べた。アイカメラを用いた検討の結果，統合失調症患者では健常被験者に比べて注視点の総数が少なく総移動距離も短かった。薬剤別に検討を行なうと，定型抗精神病薬群では幸福や中性の表情の各部位に対する注視が乏しかったが，非定型抗精神病薬群では健常対照群との間に有意差を認めなかった。

(8) 社会的機能

近年では顔表情認知の障害と社会的機能の関連が検討されるようになり，顔表情認知を訓練するプログラムを心理教育に導入することで，統合失調症患者の社会的機能の改善をはかる予備的試みがなされるようになった。Hooker & Park（2002）は，慢性期統合失調症患者を対象に，声と表情からの情動の読み取り課題と未知相貌認知課題を行ない，あわせて社会的機能の評価を実施したところ，顔表情認知のみが社会的機能と相関した。Kee ら（2003）も，統合失調症患者を対象に，顔や声からの情動の読み取り課題と表情認知課題を用いて，12か月後の心理社会的機能（家族関係，家族以外の対人関係，仕事，自立／セルフケア）との関連を検討する前方視的研究を行なった。その結果，顔表情認知のみが仕事と自立／セルフケアと相関した。Poole ら（2000）は，顔表情と声からの情動読み取り課題と，知能，症状，生活の質の評価を併せて行なっている。その結果，課題成績は年齢や教育，投薬とは相関せず，言語性検査の単語や動作性検査の注意の成績や生活の質と正の相関を示し，陽性症状と負の相関を示した。知能と精神症状の影響を統制しても，奇異な行動（対人的相互作用，服装，外見）や対人関係の乏しさと相関した。さらに，Frommann ら（2003）は，表情認知に焦点を当てた心理教育プログラムで社会的機能が改善されたと報告している。

## 4．統合失調症患者の顔表情認知の日仏比較

岡田ら（Okada et al., 2002；岡田ら，2003）は，フランスと日本の精神科病院に入院または通院し，ICD-10（World Health Organization, 1992）により妄想型（F20.0）と診断された統合失調症患者26名（フランス人12名，日本人14名）と年齢を一致させた健常被験者24名（フランス人12名，日本人12名）を対象に，Ekman & Friesen（1975）の提唱する基本6情動を表わす白人モデルと日本人モデルの標準化された顔表情刺激を用いた通文化的研究を行なった。被験者は，すべて右利きであり，フランス人と日本人の統合失調症患者では，性別，年齢，罹病期間，投薬量に有意差を認めなかった。

対照課題としては，Benton ら（1978）により作成された相貌認知検査13項目版を行なった。表情認知課題の刺激は，日本人モデルと白人モデル（男女各2名，計8名）を，それぞれ Japanese and Caucasian facial expressions of emotion（Matsumoto & Ekman, 1988）と Pictures of facial affect（Ekman & Friesen, 1976）から選び，怒り・嫌悪・恐怖・幸福・悲しみ・驚きの表情写真を採用した（計48刺激）。課題は，Rapcsak ら（2000）と同様に，上述の表情写真1枚を呈示し，適切な言語ラベルを1つ選択するというものであった（図7-1）。

(A)

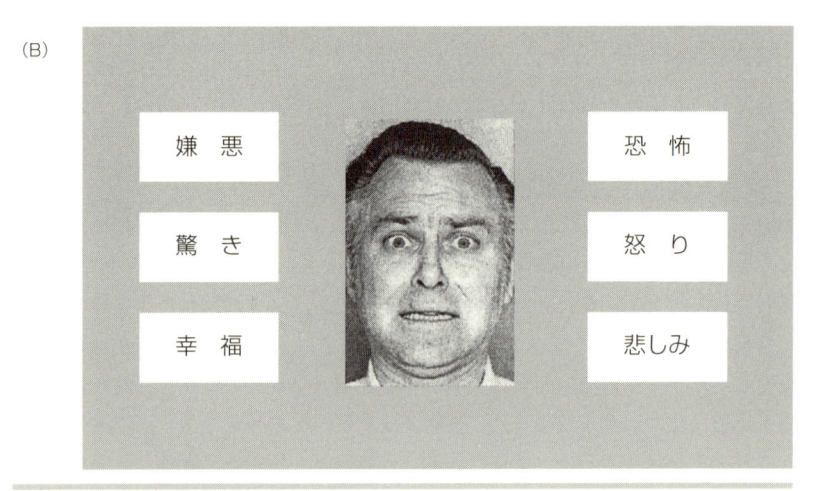

(B)

**⬆図7-1　表情認知検査課題の例**
(A) 日本人モデル，または，(B) 白人モデルの表情写真を，ランダムに配置した基本6情動の言語ラベルとともに呈示した。各試行において，被験者は最も適切な言語ラベルを1つ選択し，回答するように求められた。

　日本人とフランス人の統合失調症患者と健常被験者について，ベントン相貌認知検査の結果を比較した（図7-2）。被験者の人種（日本人／フランス人）×疾患（統合失調症群／健常対照群）の2要因分散分析をおこなうと，疾患の主効果が有意であり，健常対照群に比べ統合失調症群では相貌認知の成績が低いという結果が得られた。なお，被験者の人種による主効果は認められなかった。
　日本人とフランス人の統合失調症患者と健常被験者について，各情動カテゴリにお

## 第1節 統合失調症における顔表情認知

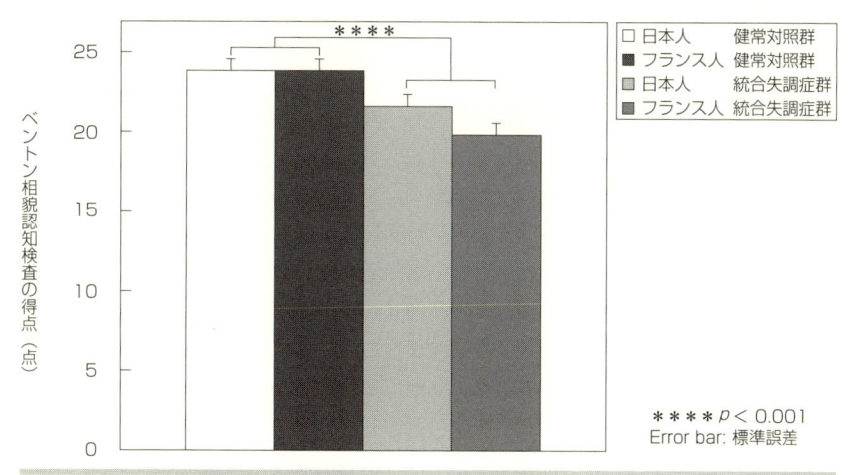

**❶図7-2　ベントン相貌認知検査の結果**

グラフ凡例：
- 日本人　健常対照群
- フランス人　健常対照群
- 日本人　統合失調症群
- フランス人　統合失調症群

$****p < 0.001$
Error bar: 標準誤差

　ける正答率を比較した（図7-3）。各情動カテゴリの正答率について，被験者の人種（日本人／フランス人）×刺激の人種（日本人モデル／白人モデル）×疾患（統合失調症群／健常対照群）×情動カテゴリ（怒り／嫌悪／恐怖／幸福／悲しみ／驚き）の4要因分散分析を行なうと，被験者の人種，疾患の有意な主効果が認められ，フランス人は日本人に比べ表情認知に優れ，統合失調症患者は健常被験者に比べて表情認知の成績が低いという結果が得られた。さらに，情動カテゴリの主効果と疾患×情動カテゴリの交互作用が有意であった。この交互作用に関して，疾患の単純主効果について下位検定を行なった結果，統合失調症群において，恐怖，嫌悪の表情認知の成績が有意に低下していることが示された。統合失調症群における低成績は，特に恐怖表情の認知において顕著であった。その他の1次または2次の交互作用については，有意な効果は認められなかった。

　本研究で検出される表情認知障害が，相貌認知などの非特異的な認知障害の反映である可能性を検討するため，ベントン相貌認知検査と表情認知検査の各情動カテゴリの正答率についてPearsonの相関係数を算出した。その結果，日本人とフランス人の統合失調症患者において，ベントン相貌認知検査と怒り表情認知の正答率の間に有意な正の相関を認めたが，その他の情動カテゴリに属する表情認知の正答率との間には有意な相関が認められなかった。また，健常対照群では日本人，フランス人ともに，ベントン相貌認知検査と表情認知検査の各情動カテゴリにおける正答率の間に有意な相関を認めなかった。

顔表情刺激の人種および被験者の人種を問わず，統合失調症患者では恐怖や嫌悪といった不快情動の認知に障害が認められ，特に恐怖情動の認知障害が顕著であった。ベントン相貌認知検査の成績は，健常対照群に比べ統合失調症群で低かったが，恐怖や嫌悪の表情認知課題の成績との間には相関が認められず，本研究で検出した統合失調症患者における恐怖や嫌悪の表情認知障害が基本的な相貌認知障害とは独立に存在することが示唆された。このことは，恐怖や嫌悪の情動的表情の認知障害が統合失調症の病態生理の生物学的基盤に対応した根本的な認知障害である可能性を示唆している。

## 5．統合失調症における顔表情認知障害の生物学的基盤

顔表情認知の生物学的基盤については，損傷研究と脳機能画像研究から検討が加えられている。両側扁桃体損傷患者において恐怖表情の認知が障害されていることが報告され(Adolphs et al., 1994, 1999；Broks et al., 1998；Calder et al., 1996；Sato et al., 2002)，fMRI 研究（Breiter et al., 1996）や PET 研究（Morris et al., 1996, 1998）からも恐怖表情の認知時に左扁桃体の活性化があることが明らかになっており，扁桃体が恐怖表情の認知に関与し，社会行動に影響を及ぼしていると想定されている。一方，嫌悪表情については，fMRI 研究から扁桃体の活性化はみられず前部島皮質の賦活がみられると報告されている(Phillips et al., 1997)。ハンチントン舞踏病の患者では，嫌悪表情の認知に特異的な障害が認められることから(Sprengelmeyer et al., 1996；Gray et al., 1997)，嫌悪表情認知への基底核の関与が示唆されたが，fMRI 研究では支持されていない(Phillips et al.,

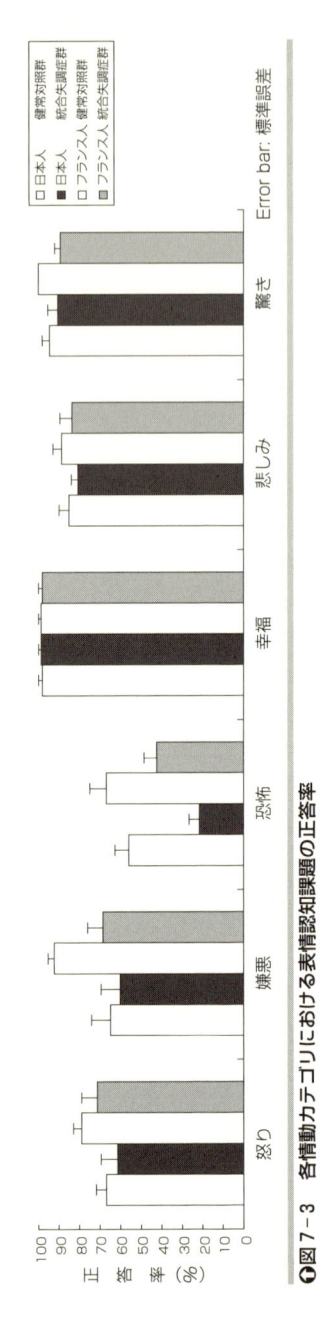

図7-3 各情動カテゴリにおける表情認知課題の正答率

1997)。このように不快情動の認知には，情動により異なる神経機構が関与していることが示唆されており，統合失調症患者の表情認知障害が扁桃体を含むこれらの諸領域にまたがる機能不全を意味するのか，これらの神経機構に共通して含まれる領域が障害されているのかについての検討が必要である。

　Borod ら（1989，1990）は，表情と声によって情動の読み取りや表出を行なう課題を用いて，感情平板化を認めた統合失調症患者と右半球脳損傷患者の成績が，健常対照群やパーキンソン病患者に比べて低成績であることから，統合失調症患者における右半球機能低下を指摘している。多数の慢性期統合失調症患者を対象とした研究でも同様の結論が導かれているが，陽性症状や陰性症状との相関はなく，疾患特性と考えられることが報告されている（Kucharska-Pietura & Klimkowski, 2002；Kucharska-Pietura et al., 2002）。

　fMRI を用いた Baird ら（1999）の研究では，恐怖表情認知時に，健常被験者では左扁桃体に比べ右扁桃体が活性化されているのに対し，統合失調症患者では右扁桃体に比べ左扁桃体が活性化されていた。同じく fMRI を用いた Kosaka ら（2002）の研究では，幸福，怒り，嫌悪，悲しみの表情写真について快－不快の判断を求めると，正常被験者では快情動に対して両側扁桃体，不快情動に対しては右側扁桃体が活性化するのに対し，統合失調症患者では快情動に対し両側扁桃体（特に右側），不快情動では両側扁桃体の活性化を認めた。Hempel ら（2003）の顔表情判別課題とラベリング課題を用いた fMRI 研究では，統合失調症群は対照群に比べ，顔表情判別課題遂行時に前部帯状皮質，ラベリング課題遂行時に扁桃体と海馬の活動性が両側とも低下しており，代償性に両側の内側前頭回の活動性が亢進していた。一方，PET を用いた Paradiso ら（2003）の研究では，表情写真に対して快－不快の判断を求めると，統合失調症患者では健常対照群と異なり，不快情動の表情認知時に扁桃体の血流増加が認められず，快情動の表情認知時に前頭前野の血流増加が認められなかった。これらの研究は，共通して統合失調症患者では左右の扁桃体の活動性が異なることを示しており，扁桃体を含む神経路の機能的異常が示唆される。慢性精神病状態にあった患者の死後脳研究では，左扁桃体の解剖学的異常が報告されており（Fudge et al., 1998），統合失調症患者における MRI 研究について行なったメタ解析（Nelson et al., 1998）では，統合失調症患者では両側の海馬および扁桃体の容積の減少が示唆されている。脳機能画像研究から示唆された扁桃体を含む神経路の機能的異常が，扁桃体そのものの解剖学的異常によるものであるかは，今後の検討が必要である。脳磁図を用いた Streit ら（2001）の研究では，統合失調症群は対照群と異なり，顔表情認知課題遂行時の下前頭前野，側頭葉，後頭葉，下頭頂葉領域の活動性が低下しており，課題成績

が下前頭前野，右後紡錘回，右前側頭皮質，右下頭頂皮質の活動性と相関した。扁桃体を含むいずれの神経路の異常であるかを明らかにすることが，統合失調症における表情認知障害の生物学的基盤を明らかにするだけでなく，統合失調症そのものの脳内基盤を明らかにすることに繋がるものと推測される。

## 第2節 アレキシサイミアにおける表情認知障害

　精神療法や心理療法場面において治療者やセラピスト側が最も注目するのは，患者やクライエントの感情への気づきや感情表現の程度である。治療的な側面からいえば，自分の内面に関心を向け，自分の感情や気持ちに気づき，それらを適応的に表現できることが治療目標となることはどの技法にも共通している。この節で解説するアレキシサイミア（alexithymia）は，米国の精神科医であった Sifneos（1973）が，古典的な心身症患者（消化性潰瘍や潰瘍性大腸炎，気管支喘息など）に対する臨床面接から，これらの患者が感情への気づきや表出が乏しいことを指摘したことから概念化されたものである。その後，Nemiah（1978）や Krystal（1979）も，心身症患者の表情変化が乏しいことを臨床観察から報告している。以上のようなアレキシサイミアの表情変化の乏しさは，感情システムの観点からとらえれば，感情処理における行動・表現的プロセスでの問題としてとらえることもできれば，同時に認知・体験的プロセスでの問題としてとらえることもできる。現在のアレキシサイミア研究では，おもにこの認知・体験的プロセスにおける感情処理の問題に焦点をあてたものが多く報告されており，感情成分の伴ったさまざまな視覚刺激を用いて，その反応特徴を課題の成績や精神生理学的反応，あるいは脳活動の差異などから検討を行なっている。本節では，感情成分を含んだ視覚刺激に対するアレキシサイミアの反応特徴について，特に感情の表出された表情刺激に対する認知障害に重点をおきつつ，それらに関連した研究による最近の知見も含めて，アレキシサイミアの感情制御の問題について解説していくことにする。

### 1．アレキシサイミア概念とは何か

　アレキシサイミアとは，a＝"欠如"，lexis＝"ことば"，thymos＝"情動"といったギリシャ語からつくられた造語であり，語源的には情動の言語化における障害をさしている。Sifneos（1973）が最初にあげたアレキシサイミアの特徴は，感情機能が制限されていること，想像活動が貧困であること，感情を適切なことばで表現することが困難である，などであった。その後，アレキシサイミア概念についての批判的見解を踏まえて理論的整理が行なわれ，現在では（1）感情を認識し，感情や情動喚起に伴う身体感覚を区別することが困難，（2）他者へ感情について表現することが困難，（3）空想が貧困で，限られた想像過程を有する，（4）刺激に規定された，外面性志向の認知様式を有する，の4点がアレキシサイミアの構成概念としてあげられて

いる（Taylor, 1984）。なお，わが国ではアレキシサイミアについて「失感情症」や「感情言語化困難症状」といった邦訳もなされることがあるが，訳語の印象から生じるAlexithymia概念の誤解を避けるために，現在では原語である"Alexithymia"もしくは"アレキシサイミア"をそのまま用いることが一般的である。

　アレキシサイミアは，もともと心身症患者に多く見られる特徴として概念化された経緯もあり，おもに身体疾患に関係する感情制御の障害として注目されてきたが，最近ではさまざまな身体疾患から精神疾患にまで認められる感情制御の障害として位置づけられている（Taylor et al., 1997／福西（監訳），1998）。なお，アレキシサイミアが1つの疾患であると誤解される場合がしばしば見受けられるが，アレキシサイミアは境界の明確な現象ではなく，その素因をもちながら顕在化しないこともあり，一般人口にも正規分布する感情処理に関連した性格特性としてとらえられている（Taylor, 1984；Taylor et al., 1990）。

## 2．アレキシサイミアの測定

　アレキシサイミア傾向を測定する尺度は，質問紙法，構造化面接法，投影法などいくつか報告されているが，現時点において世界中で翻訳され国際的に最も有用性の高い尺度とされているのは Toronto Alexithymia Scale-20（TAS-20：Bagby et al., 1994a,b）である。この尺度は，自己の感情や身体感覚に気づいたり，区別したりすることの困難さ（感情同定困難因子），自分の感情描写の困難さ（感情描写困難因子），自己の内面よりも外的な事実関係に注目するような認知（外面志向認知因子）の3因子構造で，合計20項目について5件法で評定を行なわせる質問紙法による尺度である。総合得点についてはアレキシサイミアと判定するカットポイント（61点以上）も設けられている。日本語版TAS-20は，小牧ら（2003）がバックトランスレーションを経て作成したものがあり，共分散構造分析を用いた3因子モデルの確認と日本語修正版 Structured Interview for Modified Beth Israel Hospital Psychosomatic Questionnaire（SIBIQ）による妥当性の検討もなされている（有村ら，2002）。

　その他に，用いられる尺度としてはTAS-20完成前に用いられていた26項目からなる Toronto Alexithymia Scale（TAS：Taylor et al, 1985）や Observer Alexithymia Scale（OAS：Haviland et al., 2000），Bermond-Vorst Alexithymia Questionnaire（BVAQ：Vorst & Bermond, 2001）などがある。本邦においてはTAS日本語訳（宮岡，1996；馬場ら，2001）や Gotow Alexithymia Scale（Galex：後藤ら，1999）などが利用できる。ちなみに，TAS日本語訳とGalexは，概念が提唱された際に注目されていた夢に代表される空想力の貧困さを反映する因子が含まれている点でTAS-

20と異なっている。概念提唱者である Sifneos は，精神分析医であったことからこの空想力の貧困さを重視しており，アレキシサイミアの判定を行なう場合には面接法である BIQ と TAS を用いることを勧めている（Sifneos, 1996）。

## 3．精神・身体疾患，人格特性からみたアレキシサイミアの位置づけ

　もともとアレキシサイミアは心身症に関連した疾患に特徴的であると概念化されたことは先に触れたが，その他に多くの精神疾患や身体疾患との関連性が指摘されている。アレキシサイミアとの関連性が報告されている疾患としては，身体表現性障害，心因性疼痛障害，物質常用性障害，心的外傷後ストレス障害，仮面うつ病，あるいは摂食障害などがあげられている（Taylor, 1984 ; Taylor et al., 1997／福西（監訳），1998）。また，最近の報告では機能性胃腸障害との関連性についても報告されている（Porcelli et al., 2004）。以上のことからわかるように，アレキシサイミアにおける感情制御の問題は，特定の疾患に限定されたものではなく，比較的広範囲な精神・身体的な疾患に共通して認められるものとしてとらえられている。また，治療による改善効果が得られにくい疾患や人格発達的な問題を含んだ重篤な患者群にアレキシサイミアが認められやすいということも1つの臨床的特徴といえる。

　一方，人格や性格特性からアレキシサイミアについて調査を行なった研究もいくつか散見される。人格5因子理論に基づいて作成された NEO－PI－R を用いた調査結果によれば，アレキシサイミアが神経症傾向の高さや外向性の低さと相関する点では一致した報告がなされている（Luminet et al., 1999 ; Bagby et al., 1994a ; Fukunishi & Koyama, 2000 ; 馬場ら，2001）。また，人格を脳内伝達物質の分泌と代謝の観点からとらえて作成された Temperament and Character Inventory（TCI : Cloninger, et al., 1993）を用いた調査報告では，アレキシサイミアが，セロトニンの分泌と代謝を反映する損害回避因子の高さや環境を自分の信念や目的に合わせて調整していく能力を反映する自己志向因子の低さとの関連性が報告されており（Grabe et al., 2001），本邦においても類似した結果が得られている（馬場ら，2001）。なお，自己志向因子の得点が20点未満の場合は少なくとも2つか3つの DSM－Ⅲ－R における人格障害診断基準を満たすことを Cloninger（1997）は指摘しているが，馬場ら（2001）の報告ではアレキシサイミア傾向群の得点はこの得点を下回っており，人格障害的な問題との関連性を示唆する結果が得られている。

　以上の点をまとめると，アレキシサイミアに認められるような感情制御の障害はさまざまな精神・身体疾患に共通して認められる現象であり，特にネガティブ感情の処理のまずさが感情の同定や表出の困難さと関連していることを示唆できるであろう。

## 4．アレキシサイミアの感情処理に関する実験的研究
### （1）精神生理学的反応性からみたアレキシサイミア

アレキシサイミアの特徴である自分の感情状態への気づきの乏しさが，感情喚起刺激を呈示した際にどのような精神生理学的な反応を示すかに着目した研究がいくつか報告されている。たとえば，Wehmer ら（1995）は，情動的覚醒をつくりだすために快－不快の軸にそった一連のスライド刺激を呈示し，その際のHR（心拍数）とSCR（皮膚コンダクタンス反応）について検討を行ない，アレキシサイミアのスライド刺激に対するHR反応性が低いことやSCRが少ないことを報告している。また，Roedema & Simons（1999）は，標準化された感情喚起刺激であるInternational Affective Picture System（IAPS：Lang et al., 1988）を用いて検討を行ない，SCRの少なさとHRの減速をアレキシサイミアの特徴として指摘している。また，表情筋の活動性をおもな指標として，アレキシサイミアの感情処理について検討を行なった研究でも，スライド刺激によって不快な感情喚起をうながした場合（馬場ら，2003）や不快な感情体験をイメージによって想起させた場合（馬場・佐藤，2001）に，皺眉筋の活動性が低いことが報告されている。この結果で得られた表情筋の活動性の乏しさは，従来から指摘されてきた臨床報告（Nemiah, 1978；Krystal, 1979）や実験的検討（McDonald & Prkachin, 1990）を裏付ける結果といえる。

以上の研究結果から言えることは，感情喚起誘導に対してアレキシサイミアは全体的に生理的反応性が低く，その原因の1つとして感情的意味合いが負荷された視覚刺激に対する認知処理の歪みや脳内情報処理の問題が認められることを示唆する点である。Lane ら（1996）は，アレキシサイミアの感情処理における問題は単なるラベリングではなく，その中心として内的な情報処理過程の障害があることを示唆しているが，精神生理学的な観点からの研究についても同様のことが示唆されるといえる。

### （2）表情認知処理からみたアレキシサイミア

アレキシサイミアに特徴的な自分の感情状態を認識することの困難さは，同時に，他者によって表出された感情についても正確に認知できない可能性を示唆するものである。実際，いくつかの研究はアレキシサイミアの情動認識能力の欠如に関して，感情を表出した他者の表情刺激を正確に認知できるかに着目して研究を行なってきている。

たとえば，Mann ら（1994）は，Ekman & Friesen（1976）の表情刺激6枚を10秒間呈示し，その感情価についての強制選択課題を行なっている。スクリーニングはTASで行なわれ，各感情価に対する正選択の割合，および各感情価に対する正選択を1点とした全体での合計得点について検討を行なっている。その結果，悲しみ表情

に対する正選択の割合と全刺激に対する正選択合計得点において統計的差異が認められ，部分的にアレキシサイミア傾向者の表情認知能力の乏しさを示唆する結果が得られたと報告している。

また，アレキシサイミアの表情認知能力欠如を指摘する論文としてよく引用されるParkerら（1993）の研究では，216名の大学生を対象にTAS-20でスクリーニングを行ない，Izard（1971）の表情写真9つ（苦痛，軽蔑，驚き，関心，恥，怒り，恐怖，嫌悪，楽しみ）に対して5件法で感情評定を行なわせている。彼らは，（正しい感情価の評定値／残りの感情価の評定合計値）×100で感情表出の認識正確さ得点を算出して解析を行なっている。その結果，感情価の種類と群要因の主効果，交互作用が認められ，多重比較の検定結果から恥と嫌悪を除いた7つの感情すべてについて低アレキシサイミア群と高アレキシサイミア群との間に差異が認められることを報告している（図7-4）。

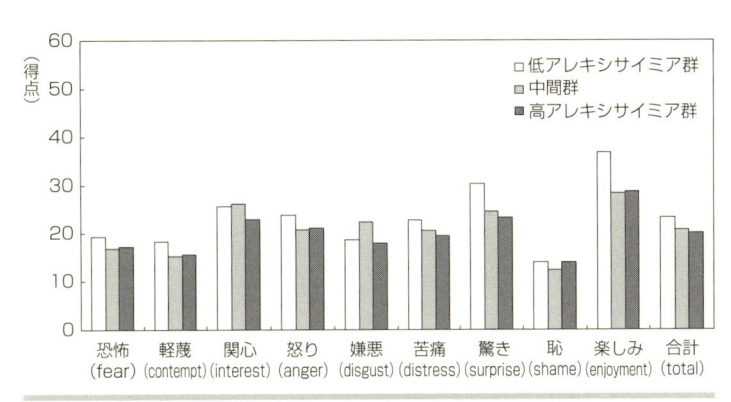

**図7-4　アレキシサイミアにおける表情認知の正確さ得点の差異**
（Parker et al., 1993をもとに筆者が作成）
合計得点は9つの表情認知正確さ得点の平均値を意味する。

あるいは，Pandey & Mandal（1997）は，中性表情を含めた合計7種類の感情表出写真（Mandal, 1987）を各2枚ずつ用い，マッチング課題とラベリング課題を行なわせている。TAS-20によってスクリーニングされたアレキシサイミア群と非アレキシサイミア群の各12名において，マッチング課題やラベリング課題における表情認知の成績には差異が認められなかったが，それとは対照的にアレキシサイミア群は発話時間の短さ，あるいは反応潜時の長さや言語的スピーチにおける中断の増加などが認められたと報告している。

一方，馬場ら（2002）は，表情刺激の種類に合わせて評定方法を変え，評定に要する時間にも着目して検討を行なっている。具体的には，基本感情説を主張するEkman & Friesen (1976)の6感情に対応した表情刺激とRussell (1980)の感情次元説に沿った9感情（幸福，悲しみ，怒り，恐怖，睡眠，驚き，おちつき，興奮）に対応した表情刺激を用い，前者に対しては強制選択，後者に対してはリッカート評定を行なわせて検討を行なっている。スクリーニングはTASを用い，アレキシサイミア群19名と非アレキシサイミア群18名についての結果を比較している。その結果，表7-1に示すように強制選択では怒り感情を表出した刺激に対する誤選択の割合が有意に高い結果が得られている。また，リッカート評定についてはParkerら（1993）を参考に（正しい感情価の評定値／残りの感情価の評定合計値）×100で表情認知正確さ得点を算出して解析を行なったところ，アレキシサイミア群と非アレキシサイミア群に差異は認められなかったが，怒り感情を表出した刺激に対するリッカート評定の所用時間についてはアレキシサイミア群が非アレキシサイミア群よりも評定に長い時間を要していた（図7-5）。

**表7-1 強制選択による両群の正誤者数**（馬場ら，2002）

|  | 怒り (anger) | | 嫌悪 (disgust) | | 恐怖 (fear) | | 喜び (happy) | | 悲しみ (sad) | | 驚き (surprise) | |
| --- | --- | --- | --- | --- | --- | --- | --- | --- | --- | --- | --- | --- |
|  | 正答 | 誤答 | 正答 | 誤答 | 正答 | 誤答 | 正答 | 誤答 | 正答 | 誤答 | 正答 | 誤答 |
| Alex群 | 12 | 7 | 11 | 8 | 9 | 10 | 17 | 2 | 15 | 4 | 17 | 2 |
| Non-Alex群 | 17 | 1 | 14 | 4 | 12 | 6 | 16 | 2 | 16 | 2 | 18 | 0 |

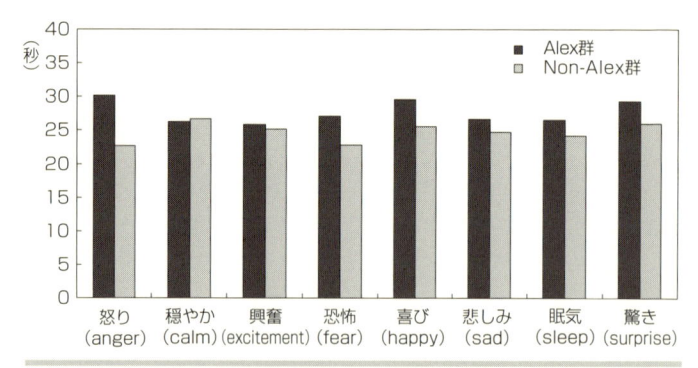

**↑図7-5 リッカート評定所要時間における両群の差異**（馬場ら，2002）
ここでの評定所用時間は，呈示された1つの表情刺激に対して8件法で8つの感情価すべての評定が終了するまでの時間を意味する。

このように，いくつかの研究によってアレキシサイミアの表情認知障害を部分的に支持する結果が報告されているが，群差が認められた感情価が異なっているなどすべての研究が一致した結果を示しているとは言い難い。その一因として，表情刺激の種類や感情価，あるいは解析方法などが各研究でそれぞれ異なっていることが影響していると思われる。しかしながら，アレキシサイミアが他の感情価と比して呈示された刺激の感情価を高く評定する程度が低く，強制選択では誤選択の割合が多いといういくつかの報告をふまえると，アレキシサイミア傾向者の表情認知における問題は感情の分化の程度が低いことに関係しているといえる。すなわち，このような表情認知課題に対する研究から言えることは，アレキシサイミア傾向者が，感情成分の伴った表情刺激をまったく認知できないのではなく，感情発達における分化がなされていないため，むしろ感情価をはっきりと区別することがむずかしいといい換えることができると思われる。

### （3）アレキシサイミアの神経生物学的研究

近年の科学技術の進歩に伴い，最近では機能的脳イメージング技術を用いて，これまでブラックボックスとされてきた脳の活動を直接観察することが盛んに行なわれるようになってきた。このような研究の流れはアレキシサイミア研究についても同様であり，感情を喚起させるような刺激や感情を表出した表情刺激を用いた場合の神経生物学的研究がいくつか報告されてきている。

たとえば，Laneら（1997）は，感情の認識が前部帯状皮質（ACC）の右背側部の血流増加と関連することからアレキシサイミアがACCの活動の欠乏に関連しているとの仮説を提起している。IAPSを感情喚起刺激として用いたBerthozら（2002）の研究では，アレキシサイミアが不快−高覚醒な刺激に対して左半球の帯状傍回における賦活の弱さを示すと同時に，快−高覚醒な刺激に対しては両側の前部帯状回，内側前頭回，中前頭回の賦活が強いことを報告し，Laneら（1997）の仮説を一部支持している。

一方，Kanoら（2003）は日本人大学生を対象にTAS−20でスクリーニングを行ない，日本人の感情表出写真（Kamachi et al., 2001）に対するPETを用いた脳内賦活について検討を行なっている。彼らが用いた感情表出刺激は，怒り，悲しみ，幸福，中性の4種類であり，中性以外についてはモーフィング処理を行なった3つの感情表出強度（33%，67%，100%）が設定されている。解析の結果，非アレキシサイミア群と比較してアレキシサイミア群で有意に活動が弱かった部位は，右半球に集中しており，前頭眼窩野，中前頭回，下頭頂回，楔状部，小脳山頂などであった。一方，アレキシサイミア群で活動が高かった部位はそのほとんどが左半球に集中しており，上

前頭回，下頭頂回などであった。また，アレキシサイミア群における島，およびACCの活動の減弱が怒り感情に対して認められ，TAS-20の相関分析の結果では怒りと悲しみ感情における右半球の活動に負の相関が認められた。このような結果は，アレキシサイミアにおける右大脳半球機能不全仮説（Jessimer & Markham, 1997）を支持するものであり，Kanoら（2003）は，左半球の活動亢進の結果を含めて，アレキシサイミア群は右半球の機能不全を補うために左半球の機能不全を活性化させたのではないかと考察を行なっている。

　以上のように，最近のアレキシサイミアに関する神経生物学的研究において注目されている脳領域はACCとその周辺領域といえる。その一方で，Taylor & Bagby (2004) は，アレキシサイミアの特徴である感情刺激を解釈したり，ラベリングしたりすることの困難さが扁桃体の活動の減弱と関係するという仮説を提起し，皮質下レベルでの感情処理にも着目している。そして，今後期待されるfMRIを用いた実験パラダイムとして，感情表出した表情を同時に呈示されるターゲット表情とマッチングさせる課題（知覚課題）と，感情表出した表情を同時に呈示された2つの言語的ラベルから1つを選択する課題（認知課題）をあげている。先にあげたいくつかの研究報告では怒りや悲しみといったネガティブ表情刺激に対してアレキシサイミアの脳内賦活の差異（Kanoら，2003）や表情認知処理の乏しさ（Mann et al., 1994；馬場ら，2002）が示されていることを踏まえると，ACCやその周辺領域に加えて扁桃体周辺の皮質下レベルにおける情報処理の違いについても今後検討してく必要があると思われる。

## 5．表情認知障害に関連した研究の今後の展望

　これまで，アレキシサイミアの表情認知障害に関する研究についておもに感情処理の障害という観点から解説してきたが，最後にアレキシサイミア研究における今後の展望について簡単に触れたいと思う。近年のアレキシサイミア研究では，先に指摘したようにTAS-20が国際的基準となりつつあるが，Taylorら（2003）の報告によれば，西洋人に比してアジア人のTAS-20総合得点が高いことが指摘されている。このような報告を踏まえると，アレキシサイミアの表情認知障害やその背景にある脳内情報処理の問題を異種文化にまたがった共通メカニズムとしてとらえるだけではなく，感情発達に与える社会文化的な側面の影響についても考察していく必要があるであろう。また，国際基準にあった外国人の感情表出刺激を用いることは国際比較という点からは研究の価値が大きいといえるが，Kanoら（2003）の研究のように日本人の標準化された表情刺激を用いて研究結果を蓄積していくことも重要であると思われる。

　表情認知課題に関する研究でも示唆したように，アレキシサイミアの感情制御の問

題が感情の未分化さであるとするならば，表情刺激の一対比較を行なったり評定値に対して多次元尺度構成法といった解析法を用いたりすることで，感情空間における表情刺激の布置の側面からアレキシサイミアの特徴をとらえるような研究も今後期待されるものである。一方，神経生物学的な研究においては，さまざまな課題（たとえば，知覚課題，認知課題，自伝的記憶想起課題）を用いてマルチモーダルな側面からアレキシサイミアの脳部位賦活との関連性を検討することが今後重要となるであろう。

## コラム⑦　サイコパスと顔：顔は殺すなと訴える

　表情は行為の適切性を教える重要なフィードバック情報の1つである。たとえば、ある話題に対し、相手が興味のなさそうな顔や、場合によっては、露骨に嫌な顔を示せば、多くの人は話題を変えるはずだ。同じように、怒りにまかせて、相手を罵ったとしよう。すると、相手は恐怖や悲嘆の表情を示す。多くの場合、われわれは、言いすぎたと後悔し、そこで攻撃を止める。表情は攻撃行動を終結させるシグナルともなる。

　サイコパスとは、犯罪常習者にみられることの多い障害であり、冷淡さ、罪悪感の欠如、自己中心性におもな特徴がある。反社会的行動を示せば、即サイコパスというわけではなく、反社会性人格障害患者の中でも、罪悪感の欠如などサイコパスの基準をも満たす者は3分の1にすぎない。しかし、サイコパスは塀の外にも意外に多い。攻撃行動など、反社会的行動には、欲求不満や脅威に対する反応として誘発される反応性の行動と、目的のためには手段を選ばず、金銭の獲得や地位の獲得のために平気で行なう、手段としての行動とがあるが、前者が衝動制御の失効によるとすれば、後者がおもにサイコパス特有のものであり、根本に情動処理の異常があると考えられている。

　それでは、どのような情動処理の異常により他人を平気で傷つけられるようになるのだろうか？　たとえば、他人を殴るとしよう。当然、相手は恐怖や悲嘆の表情を示す。多くの場合、相手のそういう表情を見るのは、こちらにとっても辛いことである。それゆえ、そのような行為は「悪いこと」として回避されるようになる。確かに、サイコパスが恐怖表情や悲嘆表情の同定に困難を示すことを報告する研究は多い。しかし、サイコパスでも、知識としては何が「悪いこと」かを知っている。また、目の表情から相手の気持ちを読み取ることも可能である。仮に他人を傷つけることは悪いことだと知っていて、相手の気持ちや意図を知っていても、なお、相手を自己中心的な目的のために平気で傷つけることは可能である。問題は単なる知識の問題ではない。

　サイコパスの問題は、暴力など、反社会的行動の抑止にかかわる嫌悪学習機能の失効にあると考えられているが、それが生じる理由にはいくつかの可能性がある。1つの可能性は、情動処理全般が損なわれているというものである。ポジティブ刺激、ネガティブ刺激双方に対して、皮膚電気反応、表情筋反応、驚愕反応調整が欠如しているとする報告など、一定の支持は得られている。もう1つの可能性は、脅威または嫌

悪刺激に対する反応性が低下しているとするものである。しかし，剥き出された牙などへの反応は観察されており，脅威刺激全般への反応性が欠如しているわけではない。以上の仮説と関連して，サイコパスには脅威評価や嫌悪学習にかかわる扁桃体の異常があるのではないかと指摘されている。驚愕反射の欠如など，支持データもあるが，嫌悪条件刺激に対して，前部島皮質，前部帯状皮質吻側，眼窩野の活動は観察されないものの，扁桃体の活動は観察されるとする報告もあり，結果は一貫していない。最後の可能性は，自己への脅威は知覚されるが，他者の反応（特に恐怖や悲嘆）に共感できないため，それらが嫌悪刺激として機能しないことに問題があるとするものである。

　人は，他者の表情を見ると，自動的に相手の表情を模倣してしまう。閾下呈示された表情刺激に対してもそうである。模倣傾向は共感性が高い人ほど強いことが報告されている。脳には，自分が実際に行動するのみならず，他人の行動を観察する際にも活動を示す一群のニューロンが存在することが知られており，ミラーニューロンシステムとよばれている。共感性が高い人では，欠伸を見たり，聞いたりすると，欠伸が出やすいが，それもこうしたシステムが活動するためではないかと考えられている。Carrらは，相手の表情を模倣させると，ただ表情を観察している以上に，こうしたミラーニューロンシステムが活動すると報告している。興味深いのは，模倣の際に，島皮質や扁桃体の活動がみられることである。Carrらは，ミラーニューロンシステムと情動系を媒介にするのが島皮質ではないかと論じている（Carr et al., 2003）。人は，実際に注射を受けていなくても，他人が注射を受けているのを見るだけで心理的には痛いと感じるものである。Singerらは，このような時に，共感性が高ければ高いほど，前部島皮質や前部帯状皮質吻側が活動すると報告している（Singer et al., 2004）。

　顔は殺すなと訴える。他者の悲しみはわたしの悲しみである。単なる扁桃体の異常としてではなく，共感という，体験の分有にかかわるシステムの異常として，サイコパスを見直す必要があるかもしれない。

第 **8** 章

● 顔と記憶

☆

● 木原香代子

第8章　顔と記憶

われわれは新たに人と出会ったとき，その人に対してどのような態度で臨むだろうか。これから始まる対人関係に備え，その人がどのような人柄であるのかを推測することもあるだろうし，背が高い，派手な人だといった外見に対して関心を向けることもあるだろう。いずれにせよ，次の機会に出会ったとき，「この間お会いしましたね」とあいさつを交わせるよう，その人が誰で，どのようなシチュエーションで出会った人であるのかを覚えておく必要がある。顔はこのような個人識別を行なう際に有効な手がかりとなりうる。なぜならば顔はその人固有のものであり，一種の固有名詞として扱われることが多いからである。これまでに顔の記憶がどのような場面で促進されるのか，未知の顔が既知になるメカニズムとはどのようなものであるのかについて，多く検討されてきている。ここでは，顔の記憶，表情の記憶，人物の記憶，それぞれにみられる現象を取りあげ，知らなかった顔が「知っている人だ」と認識されるようになるために，どのような要因が影響しているのかを紹介する。そして本章のまとめとして，最後にこれらの現象が Bruce & Young（1986）の顔認識モデルでどのように説明しうるのかを述べることにする。

## 第1節　顔の記憶に影響する要因

われわれが顔を認識することで得られる情報は，眼・鼻・口のような部分特徴（feature）やこれらの特徴の微妙な配置などを含む全体的布置（configuration）などの視覚的な情報，その顔から読みとられる印象や性格などの意味的な情報，性別や年齢，表情などが表わす感情状態など多様である。そしてこれらの情報が顔の記憶にも影響を及ぼすことが知られている。ここでは，特に1.示差性と魅力，2.個人差，3.記憶方略を取りあげ，どのような要因が顔の記憶を促進し，抑制するのかを紹介する。

### 1. 示差性と魅力

一度会えば，二度と忘れない顔もあれば，何回会ってもなかなか覚えられない顔もある。この理由の1つとして，それぞれの顔のもつ視覚的特徴の目立ちやすさの違いが影響していると考えられる。このような個々の顔の視覚的な特性が記憶に影響するという現象を示差性効果（distinctiveness effect）という。これは，「人ごみの中でも見つけやすい顔」として定義されるような示差性の高い顔は，そうでない顔よりも記憶されやすいというものである（Bartlett et al., 1984；Light et al., 1979；Shepherd et al., 1991；Winograd, 1981）。示差性とは，ある集団の中でのプロトタイプ的な顔と個々

の顔との類似性の程度を反映した相対的な特性であると考えられる (Valentine, 1991 ; Valentine & Endo, 1992)。そのため，ある集団においては示差性の高い顔であると評価された顔が，異なる集団においても示差性が高いと評価されるとは限らない。示差性は，ある集団がもつプロトタイプとの距離によって決められると考えることができるであろう。顔という知識構造の中に，個々の顔がどのように位置づけられるかで，その顔が示差的であるか，そうでないのかが決まると考えられる。

　ところで，顔の魅力 (attractiveness) は示差性 (distinctiveness) を反映した指標となるかどうかについて検討した研究がある。Shepherd & Ellis (1973) は魅力的な顔とそうでない顔のいずれもが，ふつうの顔よりも記憶されやすいことを見いだしている。この結果は，魅力の高い顔も低い顔も示差的であると解釈できるだろう。しかし，顔の魅力とその刺激に対する記憶成績との関係については，魅力的な顔ほど記憶成績がよいことが示されていたり (Cross et al., 1971 ; Fleishman et al., 1976)，無関連であることが示されていたり (Cutler & Penrod, 1989)，一貫した結果は得られていない (Sarno & Alley, 1997)。また，画像処理技術によって，複数の顔写真から平均顔を作成することが可能となったが，この平均顔は個々の顔の個性を捨象して特定の集団に共通する情報を取り出したものであるため，「示差性の低い顔」と考えてよいだろう。しかし，この平均顔は「魅力的である」と評価されることが多く，もし魅力的な顔は示差的であり，記憶されやすいとするならば，魅力，示差性，記憶のしやすさ (memorability) の間の関係に矛盾が生じる (西谷ら，1999)。魅力，示差性，記憶のしやすさ，それぞれは実際にはどのように関連しあっているのであろうか。

　まず，顔の魅力と示差性の関係については，Langlois & Roggman (1990) が顔の魅力の要因の1つとして顔の平均性をあげている。しかし，Perrett ら (1994) は多数の女性の顔写真を用いて作成した平均顔よりも，あらかじめ魅力的であると評価された女性の顔写真を用いて作成した平均顔のほうが，より魅力的であると評価されることを示しており，顔の魅力における平均仮説に否定的である。

　また，顔の魅力，示差性，記憶のしやすさそれぞれの関係が相関研究によって検討されている (Morris & Wickham, 2001 ; Wickham & Morris, 2003)。これらの研究では，示差性と記憶のしやすさは正の相関を示し，魅力と示差性は負の相関を示す。一方，魅力と記憶のしやすさの主観的評価は負の相関を示すが，実際の記憶成績とは無相関であることが示されている。

　顔の示差性，魅力，記憶のしやすさそれぞれの関係が一貫しない原因として，Sarno & Alley (1997) は示差性についての定義が複雑であることをあげている。Vokey & Read (1992) によると，示差性と対極にある典型性 (typicality) は魅力などを含む

「既知感（familiarity）」と，示差特徴などを含む「記憶のしやすさ（memorability）」の2つの要素を含むことを指摘しており，典型性と既知感は正の相関，典型性と記憶のしやすさは負の相関を示すと述べている。顔の魅力，示差性，記憶のしやすさそれぞれの関係を検討する場合には，それぞれの定義を慎重に見定める必要があるだろう。

## 2．個人差

　顔は，個々の部位の形状やその配置が非常によく似ているにもかかわらず，われわれはその微妙な違いによって個々の顔を識別することができる。このことは，顔は非常に卓越したパターン認識がなされる対象であると同時に，われわれ自身が顔の認識や記憶のエキスパートであるということを意味するであろう。しかし，「自分は顔を覚えるのは不得意である」「自分の知っている人とよく似た人がいるとまちがえてしまう」などといった顔の認識や記憶に関する否定的な自己評価をもっている人も多い。また，日ごろ顔のどのような側面に注目しながら見がちか（たとえば，性格を推測しながら見る，化粧や髪型をよく見るなど）も人によって異なる。このような日常生活でみられる顔の認知スタイルや関心の高さは記憶にどのような影響を及ぼしているのだろうか。

　Bahrick（1984）は顔の記憶研究と日常生活の中でみられる顔の記憶現象との関係を検討するために，実験室における顔写真の再認記憶成績と昔の級友の顔の記憶成績との関係を比較した。その結果，この両者の間には相関がないことが示された。Barhrick（1984）は，この結果を実験室での記憶課題では効果的な記憶方略の使用が成績に影響を及ぼすのに対し，日常場面での顔の記憶はその人物に対する関心や動機づけが重要であると解釈した。つまり，実験室内での課題における符号化時の顔の見方と日常生活における顔の見方が異なるため，顔の再認記憶実験の成績と日常場面での成績との間に相関が示されなかったと考えられる。

　これをふまえて，木原（2001）は符号化時に顔写真を呈示する際，記憶教示を行なわずに，呈示された顔写真の人物の第一印象を自由記述させた。この自由記述は顔を覚えようとする時とは異なり，ふだんから顔のどの側面に注目してみるかといった被験者自身の顔の認知スタイルが反映されていると考えられる。続いて，これらの自由記述を6種類に分類した。具体的には，「部分特徴（眼が大きい，鼻が小さいなど）」，「全体特徴（顔が濃い，のっぺりした顔など）」，「既知人物との連合（友達に似ている，小学校のころの担任の先生に似ているなど）」，「性格の推測（やさしそう，真面目そうなど）」，「プロトタイプ化（先生っぽい，スポーツマンっぽいなど）」，「現在の状態（悲しそう，眠そうなど）」であり，顔の記憶成績とそれぞれの分類の記述数との関係

を検討した。記憶課題として，符号化時と再認時でまったく同一の顔写真が呈示される同画像再認課題と，符号化時と再認時で同一人物の異なる表情の顔写真が呈示され，それが同一人物かどうかを問われる異画像再認課題の2種類が行なわれた。実験の結果，異画像再認課題の成績と「性格の推測」についての記述数に正の相関がみられた。つまり，顔写真を見た時，その人物の性格を推測する傾向のある被験者は異画像再認課題成績も優れているということが示されたといえる。われわれは日常生活において，未知の人物に出会った時，「この人はどんな性格の人だろう」と推測し，その人物との対人関係を築くための準備を行なう。このことは，自分の日常的経験を振り返れば，誰もが思い当たることであろう。このような処理方略は対人関係を円滑に行なうために重要であることはもちろん，その人と後日出会っても「先日会った○○さんだ」と気づくことができるかどうかにもかかわる処理であるかもしれない。以上の結果は，これまで顔の再認記憶研究において示されてきた意味処理優位性効果（semantic superiority effect：性格判断のような意味的な符号化を行なうと後の再認成績がよくなる）とも一致する。従来，日常生活における顔の記憶と実験室における顔の記憶との相関は低いことが知られており（Bahrick, 1984），顔の記憶研究における生態学的妥当性が問われている。しかしながら，実験室のような厳密に統制された環境の中で行なわれてきた研究についても，個々人がもつさまざまな要因（顔の認知スタイルや顔の記憶の得手不得手など）を取り入れることで，また別の角度からの研究が可能になると考えられる。

## 3．記憶方略

　顔の記憶は，得手・不得手の自覚がはっきりしており，その個人差も大きい。したがって顔を覚えるのに効果的な方法とは何かという問題はわれわれにとって身近で比較的関心の高い問題である。これまでに顔の記憶方略についてさまざまな検討がなされてきたが，今のところ強力な方法は見いだされていない（Malpass, 1981；Woodhead et al., 1979）。また，われわれは人と出会った時，その人の顔を覚えようと意図しているわけではなく，意識的に記憶術のような方法で顔を覚えるのも困難であると考えられる。しかし，これまでの顔の記憶研究では，顔を見るときにどのような見方をするか，あるいは何に注目するかで後の記憶成績に影響が及ぶことが知られており，これらの処理方略は顔の記憶方略として利用できる可能性がある。ここでは，顔の記憶方略として利用可能であると考えられる4つの処理方略を紹介する。

### （1）示差特徴の発見

　顔を認識した時に「最も特徴的な部分」を探しながら見ることによって，顔の記憶

が促進されることが知られている（Winograd, 1981）。個々の顔を区別するためには，その顔が別の顔と区別できる特徴を符号化することが重要であり，示差特徴に注意を向けることによって他の顔と区別できる特徴に気づき，視覚的な情報の符号化が促進すると考えられている。

### (2) 意味的処理

顔を記憶する時に眼や鼻などの形態的特徴について処理するよりも，正直さなどの性格特性について処理するほうが後の再認成績がよくなることが知られており，この効果は意味処理優位性効果（semantic superiority effect）とよばれている（Bower & Karlin, 1974 ; Patterson & Baddeley, 1977）。意味的な処理は顔そのものの記憶を促進するだけでなく，どのような文脈でその顔を見たかといった背景までよく記憶されるという利点があり（Beales & Parkin, 1984 ; Daw & Parkin, 1981 ; Memon & Bruce, 1983 ; Memon & Bruce, 1985-86），視覚的情報と意味的情報の連合を促進する方法として，有効性が示唆されている。また，「個人差」の項でも述べた通り，ふだんからその人の性格などを推測しながら顔を見るという認知スタイルをもつ人は顔の記憶実験における成績がよいことが示されており（木原，2001），意味的処理の有効性は経験的にも示唆されている。

### (3) 既知人物との連合

吉川（1999a）は，日本人，白人，黒人の顔写真を刺激として顔の再認課題を行なった。その際，後に行なわれる記憶テストを告知し，よく使われると考えられる記憶方略5種（部分特徴への注目方略：眼・鼻・口などの個別の特徴に注目する，全体特徴への注目方略：眼・鼻・口のバランスや配置など全体的な特徴に注目する，既知人物との連合方略：知人，有名人で似た人物がいないかを考える，性格判断方略：どんな性格の人かを考える，好悪判断方略：好きな顔か否かを考える）について使用頻度を5段階で評定させた。そして，再認記憶課題の成績をもとに，被験者の中から上位群，下位群を抽出し，用いた記憶方略について比較した。その結果，「既知人物との連合方略」の使用頻度に関して上位群，下位群に差がみられ，記憶成績上位群のほうが下位群よりもこの方略の使用頻度が高いことが示された。この方略は Bruce & Young（1986）の顔認識モデル（本章第4節参照）の中の「顔認識ユニットの活性化」と関連する方略であり（吉川，1999a），未知の顔を知覚した時に，顔認識ユニットに貯蔵されている顔と類似した既知の顔の視覚的情報とを積極的に連合しようとする方略であると考えられる。

### (4) イメージ操作方略

木原・吉川（2004）は符号化時に呈示された顔写真の人物の顔向きをイメージに

よって変化させるイメージ操作条件と示差特徴発見条件を比較した（図8-1）。さらにイメージ操作条件として，イメージの中で顔写真の人物を回転させる条件（顔写真回転条件）と，被験者自身が移動する条件（被験者移動条件）の2種類を設定した。また，再認課題として同画像再認課題と異画像再認課題の2種類を用いて検討した。実験の結果，示差特徴発見条件と顔写真回転条件では異画像再認課題の成績が同画像再認課題の成績よりも悪くなったのに対し，

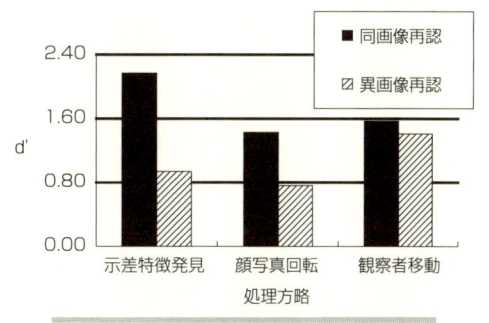

❶図8-1　示差特徴発見条件，顔写真回転条件，観察者移動条件のd'値
（木原・吉川，2004）
示差特徴発見条件，顔写真回転条件は異画像再認課題の成績が同画像再認課題よりも悪くなるのに対し，観察者移動条件は異画像再認課題の成績の低下がみられない。

被験者移動条件では，2つの再認課題間で違いが見られなかった。つまり，被験者移動条件では，視覚的な変化に影響を受けない記憶表象が形成されうることが示されたといえる。

　また，木原・吉川（2001）は，符号化時に呈示された顔写真の人物の表情をイメージによって変化させるイメージ操作条件と示差特徴発見条件を比較した。その結果，示差特徴発見条件は保持時間が長くなると成績が悪くなったのに対し，イメージ操作条件は成績の低下はみられないことを示した。

　われわれが社会生活を営む上で必要な顔の記憶は，以前に会った時と表情や顔向きが違っていても，また年月を経て風貌が変わっていてもその人であるとわかる点に特徴があると考えられる。また，通常，実験室で行なわれる再認記憶課題では保持時間が数分から数十分と短いことが多いが，日常生活に応用して役立つ記憶方略という観点からみると，短期的な再認課題における効果だけでなく，その処理方略の長期的な持続効果にも注目する必要がある。これらのことを考慮するとイメージ操作方略は顔の記憶方略として利用してみる価値はあるだろう。

# 第2節　表情の記憶

　顔の認識には人物同定の過程だけでなく，表情の認識過程も含まれている。表情は

その人物の感情状態や関心を表わしており，それを見た人がどのように解釈し，次にどのような行動をとるかを決定する要因ともなりうる。これらのことから表情はコミュニケーション場面では重要な要因であり，顔は顕著な社会的刺激であるといえるであろう（Baudouin et al., 2000；D'Argembeau et al., 2003）。本節では，表情が顔の記憶に及ぼす影響について検討した研究を紹介し，さらに表情の記憶と人物同定の関係について述べる。

## 1．顔の記憶に及ぼす表情の影響

最近の顔の認知研究において，怒りや喜びといった情動性を含む表情はそうでない中性表情に比べて知覚精度が高く，特に怒りや恐怖のような脅威を表わす表情は速く正確に知覚されることが報告されている（Fox et al., 2000；Hansen & Hansen, 1988；Sato et al., 2001）。このような表情の表わす情動性の違いは顔の記憶にも影響を及ぼすのであろうか。

吉川（1999b）は顔の再認記憶における表情の効果について検討し，笑顔優位性効果を示す実験結果を報告している。ここでは，①笑顔は真顔よりも再認課題の成績が高くなる，②笑顔の優位性は，同画像再認課題でも異画像再認課題でも同様にみられる，③笑顔の優位性は，表情を表出した顔写真一般ではなく，笑顔という特定の表情について生起する現象であることを示した。

また，伊藤ら（2003）と木原ら（2003）は表情の影響を意図記憶事態と偶発記憶事態の2つの側面から検討した（図8-2，図8-3）。ここでは，喜び，怒り，真顔の3種類の表情の記憶が同画像再認課題と異画像再認課題で検討された。さらに，再認テスト時に「見た」と判断された顔写真については，符号化時に見た表情が何であったかを問う表情判断課題を行ない，人物の再認において符号化時の表情の記憶表象がどの程度利用可能であるのかもあわせて検討した。その結果，意図記憶事態では，同画像再認課題における怒り優位性を示し，その後の表情判断課題においても同画像再認課題でのみ怒り優位性を示した。一方，偶発記憶事態では，異画像再認課題における笑顔優位性を示したが，その後の表情判断課題にお

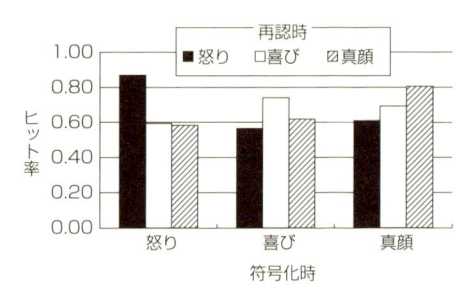

**❶図8-2　意図記憶事態における各表情条件の再認成績**（伊藤ら，2003）
同画像再認課題では喜びで符号化するよりも怒りで符号化する方が成績が良い。

ける符号化時の表情の想起率はチャンスレベルであった。以上の結果をまとめると，意図記憶事態における怒り優位性は，人物の記憶表象の形成というよりは画像記憶表象の形成の促進であり，怒り表情の視覚的特徴の顕著性が影響している可能性がある。一方，偶発記憶事態における笑顔優位性は，表情自体の記憶というよりも人物の記憶表象の形成が促進された結果であると解釈される。

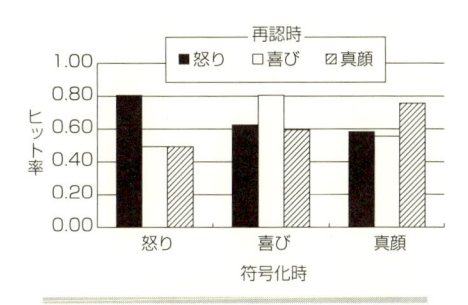

❶図8-3　偶発記憶事態における各表情条件の再認成績（木原ら，2003）
異画像再認課題では，怒りで符号化するよりも喜びで符号化する方が成績が良い。

## 2．人物同定と表情の記憶の関係

　Bruce & Young（1986）が提唱した顔認識モデル（本章第4節を参照）では，人物同定と表情認識は独立に行なわれると仮定している。Bruce（1986）は既知顔と未知顔に対して表情の識別判断課題を行なったところ，その反応時間において既知顔と未知顔の間に違いはみられなかったという実験結果を示している。また，Youngら（1986a）は2枚の顔写真の表情が同一か否かの判断を行なう表情照合課題における反応時間が顔の既知性による影響を受けないことを示した。さらに神経心理学的な症例についても言及しており，脳損傷によって表情の認識障害がみられるが，個人同定は障害を受けていない症例や，その逆の症例が存在することが示されている（Etcoff, 1984）。これらの実験結果や症例は，表情認識と人物同定がそれぞれ独立の認識過程であることを示す証拠となっている。

　しかし，人物同定と表情の記憶との間の相互関係を示す実験結果も報告されている（Baudouin et al., 2000；Davies & Milne, 1982；Endo et al., 1992；Kottoor, 1989；Yin, 1970）。たとえば，Endoら（1992）では，有名人の顔は笑顔優位性がみられたが，先生などの個人的な知り合いは真顔優位性がみられ，表情が人物同定に影響を及ぼすことを示している。また，Baudouinら（2000）は未知顔も既知顔も笑顔が既知感を増加させることを示し，顔の再認と表情認識が連合することを示している。

　このように人物同定と表情の記憶それぞれの処理過程が独立か，相互関係を示すかで意見が一致していない。人物同定と表情の記憶が相互に関係することを示す場合，表情の情報が人物同定に直接影響を及ぼした可能性の他に表情の情報が個人情報として含まれている可能性も考慮する必要がある（吉川，2000）。たとえば，ある特定の

表情の接触経験や頻度が人物同定に影響を及ぼす場合もあると考えられる（桐田，1997）。つまり，表情の情報が顔の記憶表象に含まれているのか，あるいは「その人らしさ」の情報の1つとして表情が含まれているのかを区別する必要がある。人物同定と表情の記憶との関係について明らかにしようとすることは，その処理過程だけでなく，顔の記憶表象の形成過程にかかわる問題であると考えられる。

## 第3節　人物の記憶：顔と個人情報の連合記憶

　われわれは人に出会った時，その人が知っている人かどうかだけでなく，その人の職業や名前が何であるのかといった情報まで思い出す必要がある。また，未知の人物であれば，顔や容姿といったその人の視覚的な特徴だけでなく，その人を特定する情報を連合させて覚えようとするであろう。つまり，人物に関する記憶表象は，顔などの視覚的情報とその個人に関するさまざまな意味的情報とが連合したネットワークとみなすことができる。Bruce & Young（1986）の顔認識モデルにおいて，既知人物の同定過程は①構造の符号化過程，②構造コードと顔認識ユニットに貯蔵されている顔記憶表象との照合過程，③個人同定ノードに貯蔵されている意味情報へのアクセス，④名前の検索過程の4つの段階を仮定しており，これらのことも顔－個人情報－名前のネットワークを獲得する過程が，未知人物が既知人物へと移行していく過程となりうることを示している。顔が個人を表わす意味情報や名前とどのように連合するのか，また，連合を促進，あるいは抑制する要因は何であるのかを明らかにすることは，日常認知への応用を考える上で重要な問題である。ここでは，顔と個人を特定する意味情報や名前の連合過程にかかわる要因について述べ，人物の記憶表象が形成されるメカニズムについて検証する。

### 1．個人情報の記憶

　ある人物の個人情報は，顔とともに呈示された時によく覚えられることが知られている。たとえば，Kargopoulosら（2003）は，職業や住んでいる場所などの個人情報は，顔写真とともに呈示したほうが名前とともに呈示するよりも後の記憶成績がよくなることを示した。また，Glenberg & Grimes（1995）は，スピーチの内容を顔写真と名前の両方とともに呈示する条件と，名前とともに呈示する条件を設定し，後に「そのスピーチは誰が言ったのか」を問う名前－スピーチのマッチング課題を行なった。その結果，顔写真を付加して呈示する条件のほうが，付加しない条件よりも成績がよ

くなることを示した。これらの結果は，顔が個人情報を保持する際に重要な役割を果たしていることを示している。つまり，個人情報は，単独で与えられると「言語情報」として処理されるが，顔写真を付加することによって個人情報として処理され，人物スキーマの形成を促進したのではないかと考えられる（Glenberg & Grimes, 1995；Kargopoulos et al., 2003）。また，顔は視覚的情報以外にもその人の性格や印象を推測する手がかりになるため，視覚的情報と言語的情報の両方で符号化されるのかもしれない（Kargopoulos et al., 2003）。

## 2．名前の記憶

　顔と名前の結びつきは，非常に恣意的で，日常生活においてもどうしても名前が思い出せなかったり，名前をまちがえてしまったりといった失敗は，多くの人が経験しているであろう（吉川，2002）。

　このことを示す研究として，McWeenyら（1987）が興味深い実験を行なっている。McWeenyら（1987）は職業とも名前ともとれる単語（たとえば "baker"［職業］と "Baker"［名前］）が顔写真とともに呈示され，後に顔写真を手がかりに職業や名前を思い出そうとする時，職業のほうが名前よりも思い出されやすいことを示した。これらの結果は，名前の想起困難は，その単語の使用頻度や有意味性，イメージ価が影響しているのではなく，その単語が職業として処理されるか，名前として処理されるかという処理様式が影響していることを示している。

　また，既知人物について，名前よりも個人情報のほうがより速く，正確に検索されることが反応時間（Johnston & Bruce, 1990；Young et al., 1986b），日誌研究（Schweich et al., 1992；Young et al., 1985），症例研究（Flude et al., 1989；Hodges & Greene, 1998；Semenza & Zettin, 1989）などさまざまな研究領域で示されている（Abdel-Rahman et al., 2002）。これらの研究もまた名前の想起困難を示すものであるといえるであろう。

　それでは，名前の想起困難を解消する方法はあるのだろうか。この問題に関係するもので，脳損傷患者を対象にしたリハビリテーションとして，さまざまな方法が試されている。たとえば，Mildersら（1998）は脳損傷患者に対して名前の有意味性を増加させる方法を報告している。具体的には「名前と同じ職業や物体について考える」や「知っている人でその名前と同じ人を思い出す」といった具合で，この方法で名前を学習すると記憶が改善されることが示されている。Cohen（1996）は健常者を対象に行なった実験で，被験者自身がその顔に適合した名前をつけて覚えるほうが，任意に顔と名前を組み合わせて覚えるよりも記憶成績がよくなることを示しており，これ

らの結果は，名前の有意味性を高めることによって後の記憶成績を向上させたと解釈できるであろう。

その他，顔と名前をイメージによって結びつける（Groninger et al., 1995）ようなイメージを用いた方法も多数報告されている（Glasgow et al., 1977；Schacter et al., 1985；Wilson, 1982, 1987）。しかしこれらの方法は，心的努力が必要であり，脳損傷患者のリハビリテーションとしては効果的であるが，健常者が名前の記憶方略として用いるのには現実的ではないかもしれない。しかし，日本人の名前のように漢字で書かれる場合には，文字そのものに意味が含まれており，イメージ価も高い。したがって，日本人の名前を覚える方法としては，使用可能ではないかと思われる。

## 3．組み合わせの記憶

Klatzky ら（1982）は顔写真が職業とともに呈示された場合，それぞれの印象がどれくらい一致するかといった適合度（congruity）が高い組み合わせのほうが，低い組み合わせよりも後の顔の再認成績を高めることを示している。しかし，ここで検討されているのは，顔の記憶についてであり，顔と個人情報の組み合わせが正しいかどうかを判断する場合にも同様の結果がみられるかどうかを検討する必要がある。そこで，木原ら（2002a；2002b）は顔と個人情報（アルバイトや趣味）との間の適合度が後の組み合わせの判断に影響するかどうかを検討した。さらにあらかじめ顔と個人情報の示差性を調査し，示差性の高低で顔と個人情報を組み合わせた。一般的に示差性が高い顔や個人情報は後の再認記憶成績を高めることが予想されるため（示差性効果：distinctiveness effect），組み合わせの判断に示差性が影響するならば，顔も個人情報も示差性の高い組み合わせに対する記憶成績がよくなると予想される。実験の結果，①顔と個人情報を連合学習させ，後に顔の再認記憶課題を行なった場合，顔の示差性が記憶に影響を及ぼす，②顔の再認記憶において，符号化時の顔と個人情報の適合度が高い場合のほうが低い場合よりも成績がよい，③顔と個人情報を連合学習させ，後にその組み合わせの再認を行なった場合，顔と個人情報それぞれの示差性は記憶に影響しない，④符号化時の顔と個人情報の間の適合度が高いほうが低い場合よりもその組み合わせを正しく覚えていることが示された。示差性がその顔や個人情報がどれくらい特徴的かという物理的な側面を表わす要因であるのに対し，適合度は顔写真と個人情報に対して意味的解釈を行ない，それによって形成される「人物」の印象や性格特性がもたらす意味的な側面を表わす要因である。木原ら（2002a；2002b）の結果は，顔単独の再認記憶に関しては示差性と適合度の両方が記憶に影響し，顔と個人情報の組み合わせの再認に関しては，適合度のみが記憶に影響した。つまり，顔と個

人情報を連合させる時に重要な処理は，物理的特徴に関する処理ではなく，意味的な解釈を行なうことであり，それによって形成される「人格」や「印象」といった情報が顔と個人情報を媒介する要因であることが予想される。

## 第4節　顔の記憶と顔認識モデル

　本章では，顔の記憶にみられる現象を取りあげ，さまざまな要因について述べてきた。ここで述べられた現象は，刺激として未知の顔写真を用いて検討されたものがほとんどであり，これらの現象を整理することによって未知顔が既知顔へと移行していくプロセスを検証することができる。本節では，本章のまとめとして，これらの現象を，顔認識過程の機能的モデルの代表的なものの1つである Bruce & Young（1986）の顔認識モデル（図8-4）で，どのように説明できるかについて述べることにする。

　最初に Bruce & Young（1986）の顔認識モデルの人物同定過程について少し説明しておく。このモデルでは顔を知覚してから最終的に名前を検索し終えるまでは継時的な処理経路をたどると仮定している。顔が知覚されると，まず画像的な分析が行なわれる（「観察者中心の記述」）。ここで行なわれる記述は，表情の認識や発話行動の認識などに用いられる情報についての分析の他,個人を同定するために用いられる「表情とは独立の記述」も行なわれる。顔は時間や状況とともに表情や顔向きが変化してもその人であると認識できることが重要であり，構造的符号化過程を経て形成される「表情とは独立の記述」が，この認知行動を支えていると考えられる。次の段階では知覚した情報と顔の記憶表象の照合が行なわれる。前段階で形成された記述は顔認識ユニットに貯蔵されると仮定されており，ここで貯蔵された情報と知覚した情報の類似度を判断することによって，知っている人かどうかの判断（既知性判断）が行なわれる。続いて職業や住んでいる場所，その人との間柄などの個人を特定する情報を貯蔵している「個人情報ノード」にアクセスされ，最終的にそれが誰であるのかを判断することができる（「名前の生成」）。

　このように顔の同定が継時的な過程を経て行なわれることを示す証拠を以下にあげる。1つは日常生活における人物認識のエラーの分析である。Bruce & Young（1986）の顔認識モデルでは，実際に起こりえない人物認識のエラーを予測することができる。すなわち，人の名前は他の個人情報が検索された後に生成されるので，名前が生成されたにもかかわらず，それ以外の個人情報は1つも想起できないというエラーは想定できない。そして，Young ら（1985）は日常生活の中で発生する人物認識のエラー

## 第8章 顔と記憶

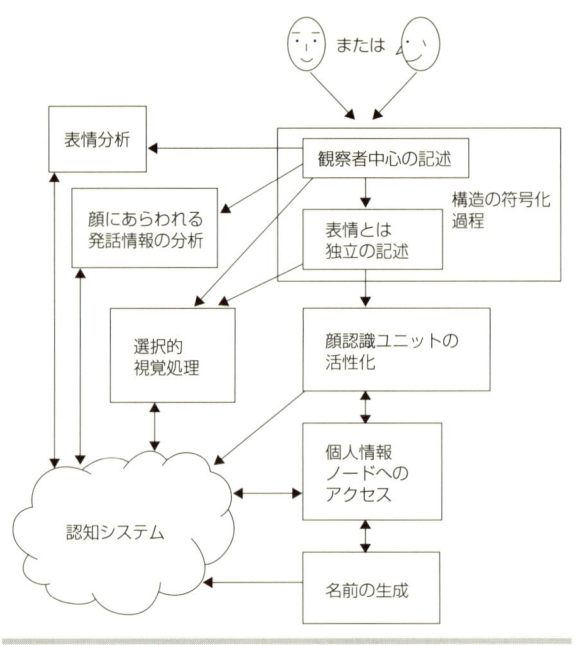

**●図8-4 Bruce & Young（1986）の顔認識モデル**

を分析したところ，実際にこのようなエラーは報告されなかった。

また，Youngら（1986a）は既知人物と未知人物に対して知っているか否かの判断（既知性判断），政治家か否かの判断（意味判断）を行なって反応時間を検討したところ，既知性判断の方が意味判断より反応時間が速かった。さらに，Youngら（1988）は，既知人物を対呈示し，職業が同じかどうか，ファーストネームが同じかどうかを判断させたところ，一貫して職業に関する判断のほうが反応時間が速いことが示された。これらの結果は，顔を同定するプロセスが，既知性判断，個人情報の検索，名前の生成の順に継時的に行なわれる処理過程であることを示す証拠として認められている。

Bruce & Young（1986）の顔認識モデルから，吉川（1999b）は顔の記憶表象の形成にかかわる要因を3種類に区別できると述べている。1つ目は画像記憶に影響する要因，2つ目は顔の構造的特徴の記憶に影響する要因，3つ目は視覚的情報と意味的情報の連合にかかわる要因である。第一の画像記憶に影響する段階で形成される記憶表象は表情や顔向きなどの視覚的変化に影響を受ける記憶表象であり，第二の顔の構造的特徴の記憶に影響する段階で形成される記憶表象は，表情とは独立の記述がなさ

れ，さまざまな視覚的変化に影響を受けない記憶表象であろう。第三の視覚的情報と意味的情報が連合する段階で形成される記憶表象は「顔－個人情報－名前」のネットワークとして表現される「人物」の記憶表象であると考えられる。これに基づいてここまで述べてきた現象が顔認識モデルでどのように表現されているかについて述べることにする。

第1節で取りあげた現象はどのような視覚的情報（示差性の高低，魅力の高低）をもつ顔がよく覚えられるか，あるいはどのような見方をすれば顔をよく覚えることができるかを検討したものである。したがって，これらの現象は「画像記憶」，あるいは「顔の構造的特徴の記憶」にかかわるものである。たとえば，記憶方略の項で取りあげた4つの方略のうち，示差特徴発見方略は視覚的な情報の符号化が促進されるが，後に表情や顔向きが変化して呈示されるとうまく再認できなくなる「画像記憶表象」の形成にかかわる処理である。それに対して，イメージ操作方略は後に視覚的特徴が変化してもある程度対応可能であることを考えると画像記憶というよりは「顔の構造的特徴の記憶表象」の形成にかかわるものであると考えられるだろう（本章第1節の木原・吉川，2004の結果を参照）。認知スタイルのような個人差についても同様で，異画像再認課題のみに相関がみられたことから個人差が影響するのは顔の構造的特徴の記憶表象が形成される段階であると予想される。形成された記憶表象が画像記憶にかかわる表象か，顔の構造的特徴の記憶にかかわる表象かを明らかにするためには，同画像再認課題と異画像再認課題で得られた成績の違いを比較することが必要であると考えられるが，これまでの顔記憶研究において，異画像再認課題を用いて検討されたものは少なく，これらの検討は今後の課題であろう。

第2節で取りあげた表情の記憶については，顔認識モデルにおいて，表情認識過程と人物同定過程は独立した過程であることを仮定しているため，顔の記憶表象の形成にかかわる要因と顔の認識過程にかかわる要因のそれぞれから考える必要があるだろう。第2節で述べた通り，人物同定と表情の記憶それぞれの処理過程が独立か，相互関係を示すかで意見が一致していない。したがって，独立か相互関係を示すのかを議論すると同時に，表情の情報が「その人らしさ」として記憶表象に含まれている可能性を考慮する必要がある。吉川（1999a）はその著書の中で，われわれは1人ひとりの顔に含まれている「その人らしさ」という情報を手がかりに，日常的な印象判断（今日の○○さんはいつもより元気がない，など）を行なっている。また，知人の顔を思い浮かべる時にさまざまな表情や年代の顔が浮かんできて困るといったことはほとんどないという経験的事実をあげ，このような顔の記憶表象そのものの性質についてさらに検討する必要があることを指摘している。Bruce & Young（1986）の顔認識モデ

ルにおいても，顔の記憶表象の性質にかかわる言及をしておらず，これらは今後検討すべき課題である。

第3節で取りあげた人物の記憶は顔，個人情報，名前を連合し，人物の記憶表象を形成する段階である。この段階では，まず顔という視覚的情報とそこから類推される印象や性格特性を連合しようとする。そして，これらの処理をくり返し行なうことによって顔の既知化が進むと考えられるが，さらに既知化が進むことによって，印象や性格特性だけでなく，個人を特定する情報（職業などの個人情報）や名前が顔と連合し，人物の記憶表象が形成される。また，個人情報や名前の記憶が顔を付加することによって促進されることを考えると，人物表象は顔を中心としたネットワークであることが推測できる。さらに顔と個人情報や名前の連合はもともと恣意的な情報を連合しようとするものであり，困難であることも多いが，その場合に利用されうるのがそれぞれから類推される意味的解釈であろう。この意味的解釈は，顔・個人情報・名前それぞれの間を仲介する処理であり，加えてもともと意味をもたない結びつきだったものを意味のあるものとしてとらえ，処理しようとするものであると考えられる。

Bruce & Young（1986）の顔認識モデルは，既知人物の同定過程を示したものであるが，それと同時に顔を知覚してから，人物の記憶表象を形成するまでの過程としてみなすこともできる。これに加えて，表情や視線向きといった社会的情報が人物同定にどのように影響しているのかについての検討が必要であろう。たとえば，表情や視線向きの動的な側面は，より適切に表出者の感情や関心を表わすことが可能であり，このような動的な側面が顔の記憶にどのような影響を及ぼすのかについて理解することは重要である。また，表情の表出者の感情だけでなく，その顔を認知した者の感情状態に焦点を当てる研究も対人コミュニケーションを理解する上で必要であろう。表情や視線向きなどの社会的情報は，それがどのような意味をもつのか，またそれが認知者に伝達された結果，認知者はどのような対応をすることになるのかなどわれわれが日常的生活を営む上で重要である情報を多く含むものであると考えられる。これらのことを理解することは，われわれが円滑な社会生活を行なう上で何が重要なのかを明らかにすると考えられる。

## コラム⑧　言葉で表現すると顔は思い出しにくくなる？：言語陰蔽効果

　われわれが人を見分ける時には顔に注目することが多く，顔の記憶は日常生活において重要な役割を果たしているといえる。ここでは，記憶した顔の情報を第三者に伝えなければならない場面について考えてみよう。たとえば，犯罪を目撃した場合，警察官から容疑者がどのような顔であったかについての言語描写を求められることがある。そして，容疑者が捕まった時には，目撃した人物と同一人物であるかどうかの判断（再認）を求められるだろう。このように，いったん顔について言語描写した後に当該の顔の再認を行なうことは日常的にみられる手続きである。しかし，この手続きには以下に述べるような大きな弱点があることが報告されている。

　Schooler & Engstler-Schooler（1990）は，一度見た顔を言語描写してから再認課題を行なった言語化群は，言語描写をしなかった統制群と比較して，再認成績が低くなるという現象を報告した。この現象は，言語陰蔽効果（verbal overshadowing effect）とよばれている。言語陰蔽効果の実験パラダイム（図1）は，目撃者が証言を行ない，容疑者の同定を行なうプロセスとよく似ていることから，目撃証言を聴取することによって，人物が特定されにくくなる可能性を示唆している。

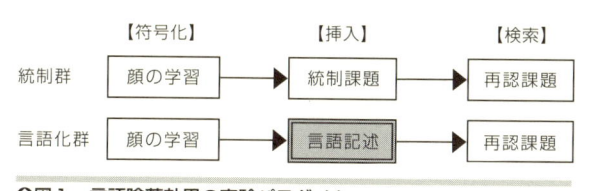

|  | 【符号化】 | 【挿入】 | 【検索】 |
|---|---|---|---|
| 統制群 | 顔の学習 → | 統制課題 → | 再認課題 |
| 言語化群 | 顔の学習 → | 言語記述 → | 再認課題 |

**◑図1　言語陰蔽効果の実験パラダイム**

　それでは，なぜ言語描写することによって，顔の再認成績が低くなるのだろうか。言語陰蔽効果の理論的説明として最も有力な仮説が，処理シフト説（Fallshore & Schooler, 1995）である。この仮説では，言語描写を行なうことで顔の記憶表象の処理方法が変化し，それによって再認成績が低くなると考える。すなわち，顔の記憶表象は，符号化時には全体的処理（配置情報を処理すること）によって形成されるが，特徴的処理（部分情報を処理すること）と関係している言語描写が挿入されることによって，検索時における記憶表象の処理形態が特徴的処理に変化してしまう。これによって生じる符号化時と検索時の処理形態の不一致が再認成績を低くすると説明されている（図2）。

## 第8章 顔と記憶

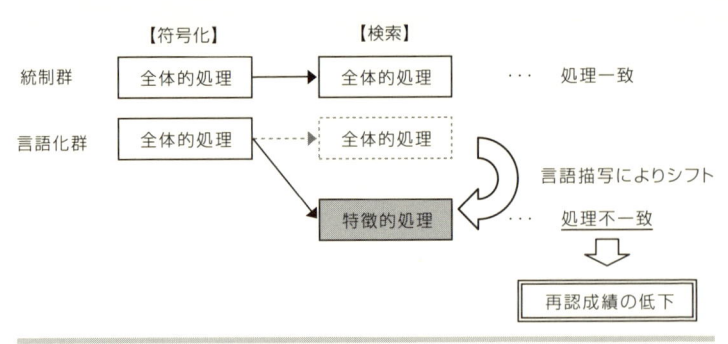

```
            【符号化】      【検索】
統制群    全体的処理  →  全体的処理    … 処理一致

言語化群  全体的処理  ⇢   全体的処理
                          ↓
                        特徴的処理   … 処理不一致
                                      ⇓
                                    再認成績の低下
                          ← 言語描写によりシフト
```

**↑図2　処理シフト説による言語陰蔽効果の説明**

　一方，言語陰蔽効果の生起因として，言語描写によってできた新しい記憶表象が，符号化時につくられた元の記憶表象と異なることによって起こる混乱が再認成績を低下させるという，処理シフト説とは異なった説明も可能である。しかし，Dodsonら (1997) は，学習した顔（ターゲット）とは関係のない顔（実験協力者の親）を言語描写した後にターゲットの再認を行なっても，再認成績が低くなることを示し，この説明を否定した。なぜならば，言語記述による新しい記憶表象は，元の記憶表象とはまったく異なる顔に関するものなので，記憶表象の間に混乱が生じるとは考えられないからである。つまり，新しい記憶表象と元の記憶表象の間に混乱が生じない場合でも，言語陰蔽効果が見いだされたことになり，処理シフト説が支持されるのである。

　言語陰蔽効果は私たちに身近な顔や言語と関連した現象である，という点で興味深い。さらに，目撃証言を聴取する場面など，実用的な側面を含んでいることは重要である。一方で，この現象は，顔がどのように符号化されているのか，そして，どのような方法で検索されているのか，という顔認知の基礎的過程についても多くのことを教えてくれる。従来の研究は，符号化時の特性に焦点をあてているものが多かった。これに対して，言語陰蔽効果は，顔の記憶を考える上で，符号化時の特性ばかりでなく，符号化時と検索時の両方について，どのような処理が行なわれているのか検討する必要性を示唆している。

## コラム⑨　顔の記憶に及ぼす注意の役割

　顔という刺激は，社会的・生物学的な重要性をもつため，他の物体よりも注意をひきつけやすいこと，その処理が自動的に遂行されやすいことが考えられる。実際に，視覚的注意の研究では，顔の変化は他の物体よりもすばやく察知されることが知られている（Ro et al., 2001）。また，顔が惹起する事象関連電位成分（N170）は注意操作の影響を受けず，標的刺激であっても妨害項目であっても同じ振幅を示すことが報告されている（Carmel & Bentin, 2002）。

　一方で，顔の認知は完全に自動的に遂行されるわけではなく，その処理容量には限界があり，複数の顔写真を同時に呈示した場合，注意を向けた顔とそうでない顔の符号化には大きな違いが生じることも指摘されている（Palermo & Rhodes, 2002）。

　それでは顔を符号化する際に注意を分割すると，どのような情報の記憶が欠落するのだろうか。1つの例として，目鼻など顔の特定の部品間の組み合わせ情報が，注意を分割すると符号化されにくくなるという報告がある（Reinitz et al., 1994）。一般的な再認記憶テストでは，学習フェイズで呈示された顔（旧項目）と呈示されなかった顔（新項目）をランダムな順序で呈示して，被験者に学習時に見たかどうかを判断させる。旧項目に対しては「見た」と反応し（旧反応），新項目に対しては「見なかった」と反応する（新反応）ほど，記憶成績がよいことになる。

　Reinitzら（1994）は，旧項目と新項目に加えて，「顔全体としては新項目だが，個々の部品は旧項目から集められた」顔を呈示して，その虚再認率を調べた（結合顔とよぶ）。図1を見てほしい。右側Cの顔写真は，顔Aの外部特徴（髪型・輪郭）と，顔Bの内部特徴（目・鼻・口）を組み合わせて作成された結合顔の例である。顔という刺激は全体的に処理されやすいため，この3枚の顔写真はそれぞれ別人物のように見えるはずである。実際に，注意を集中して顔を学習したときは，被験者は旧項目と結合顔の区別が比較的容易にでき，再認テストにおける結合顔に対する虚再認率はさほど高くなかった。

　しかし，符号化時に別の課題を同時に遂行させることで注意を分割すると，その後の再認テストでは結合顔を誤って旧反応する割合が上昇し，旧項目に対する旧反応率とほぼ等しくなることが明らかになった。一方，通常の新項目はこれら2項目よりも有意に虚再認率（旧反応）が低かった。これらの結果は，注意を分割すると，顔の部品の記憶は比較的妨げられないが，部品間の組み合わせ情報の記憶が大きく損なわれ

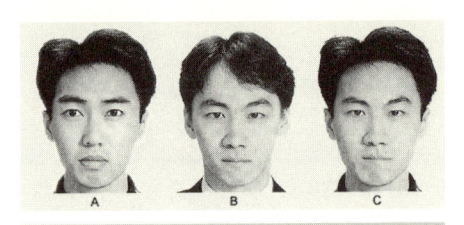

**↑図1　顔の符号化処理に及ぼす注意分割の役割**
右側Cの顔写真は，顔Aの外部特徴（髪型・輪郭）と顔Bの内部特徴（目・鼻・口）を組み合わせて作成された合成顔である。顔を符号化するときに注意を分割すると，実際には呈示されていないCの顔に対する虚再認率が大きくなることが知られている。

ることを示唆している。したがって，部品そのものが異なる新項目に対しては，注意分割されても正確に棄却できるのに対して，部品そのものは旧項目と同じで，組み合わせ情報だけが異なる結合顔は，注意分割されると正確に棄却することが困難になる。

　最近の論文では，注意分割が顔の全体処理を妨げるという主張を支持する実験結果と(Palermo & Rhodes, 2002)，支持しない実験結果が報告されおり(Boutet et al., 2002)，明確な結論を下すためには注意分割の操作や実験材料の違いなど解決しなければならない方法論上の問題が残されている。

　顔の符号化処理がどの程度自動的に遂行されるのかという問題は，理論的にも応用的にも重要な意味をもつ。理論的には，顔認知に固有な処理システムの存在に関する議論において，自動性（automaticity）という性質は主要なテーマの1つとなっている（Liu & Chaudhuri, 2003を参照）。また，応用面においても，注意を向けなかった顔の記憶がどの程度信頼できるのか，どのようなタイプの情報の符号化が分割注意により損なわれるのかという問題を明らかにすることは，目撃証言から正確な情報を得るうえでも重要視されており，今後のさらなる研究が必要とされるテーマといえるだろう。

第 **9** 章

● 顔と化粧

☆

● 伊波和恵

## 第1節　現代日本における化粧の定義

### 1.「化粧」概念の定義
#### (1) 目的と機能上の分類：ケア，メーキャップ，フレグランス

　現代の日本において，化粧という行為はきわめて日常的な習慣である(阿部，2002aなど)。表9-1に，おもに女性が行なう化粧の分類を示す。目的別に大きく区分すると，化粧はケア，メーキャップ，フレグランスに分けることができる。このうち，狭義の化粧に相当する「メーキャップ」については女性が中心的であろうが，広義の化粧である「ケア」については，男性であっても年齢を問わず習慣的に行なっていると考えられる。

　顔に焦点をしぼってみると，「化粧品を利用して直接体表に手を加える化粧」は狭義の化粧，メーキャップ的化粧であり，一方，「化粧品を用いずとも，自らを慈しむような化粧を広義の化粧，すなわちスキンケア的化粧である（阿部，2002a)。また，香りを意味するフレグランスは，化粧品を用いてよそおうという点では，ケアというよりもむしろメーキャップ的化粧に近いものといえよう。

　本章では，おもに一般的に女性が行なう，顔面への化粧品を用いた装飾的行為としてのメーキャップを中心に，近年の日本の化粧研究の動向についてみていきたい。

#### (2) 化粧と結びつく価値観：美と善，若さ，健康

　化粧は「容貌上の魅力を増すことができる」という信念に基づいてなされる行為である。外面的な身体的魅力が高いことを意味する"美しい"ことは，その人の内面性のポジティブな評価，つまり"善い"という価値判断につながりやすいことも指摘されている（たとえば，余語，1996)。

　石田（2002）は，美容の近現代史をふり返りながら，近代化の富国強兵策のもとに健康第一主義が明確化されたことと，健康維持のために大切な衛生と西洋式の美容法とが，明治期から昭和初期にかけて結びついていたことを示している。さらに，20世紀において，世界200か国を対象とした調査では，若さと肌の美しさが共通する美人の条件であったというモリス（モリス・石田，1999）の知見を紹介しながら，日本においても，美人とは女性のことであり，それも若い女性のことを示すというのが"常識"となる過程を描いている。

　このような価値観を前提として，多くの女性たちは化粧を習慣的かつ慣習的に続けている。その一方で，あざ，やけどなどの外見上のハンディキャップを負う人々は，男女を問わず，ADL（ability of dairy life：日常生活能力）の面では健常であったと

● 表 9-1　現代の日本における化粧の分類[1]

| 目的 | 部位 | 一般呼称 | おもな機能とねらい | おもな化粧品 |
|---|---|---|---|---|
| ケア care | 顔 | スキンケア | 肌を健やかに美しくするお手入れ。『悪影響を取り除く』『バランスを整える』『活力を与える』『環境から守る』の4機能からなる（資生堂スキンケア美容理論より）。（エステティックについては，専門技術者が行なうことも多い。） | 化粧落とし（クレンジング）洗顔フォーム 化粧水・乳液・美容液 マッサージクリーム マスク・パック 日やけ止め乳液など |
| | ボディ | ボディケア | 首から下の部分に対するスキンケア。 | サンスクリーン・サンオイル ボディローションなど |
| | 手 | ハンドケア ネールケア | 手指や爪に対する衛生・保護・保湿・美容のためのお手入れ。 | ハンドクリーム ネイルトリートメントなど |
| | 髪 頭皮 | ヘアケア スカルプケア | 髪に対するお手入れ。広義には頭皮のお手入れも含む。 | シャンプー リンス・コンディショナー ヘアトニック・育毛剤など |
| メーキャップ make-up | 顔 | | 着色などにより容貌を美しく演出する技法のうち，永続的でない装飾的加工。 | ファンデーション・おしろい アイシャドー・アイライン マスカラ・アイブロー つけまつげ 口紅・グロス・頬紅など |
| | ボディ | ボディペインティング | 着色などにより身体を美しく演出する技法のうち，刺青などの永続的な身体変工でない，一時的なもの。 | ヘナ（染料）など |
| | 手(爪) | マニキュア[2] ネールアート ペディキュア | 爪に彩色を施し，美しく演出する技法。マニキュア（足指の場合はペディキュア）は自分で行なうのが一般的なのに対し，高度な技術を要するネールアートでは技術者が行なうことも多い。 | ベースコート・トップコート ネールエナメル（マニキュア）エナメルリムーバー（除光液）つけ爪（エクステンション）アクリル絵の具など |
| | ヘア メーク | | カットやセット，パーマ，染色などによって髪の美観を増す技法。（理・美容院で技術者に任せることも多い。） | ムース・ワックス・スプレー ポマード 染毛剤など |
| フレグランス fragrance | | | 香りによって印象を演出し，楽しむもの。 | 香水 オーデコロンなど |

注1：阿部（2002a）による『化粧の分類』（p.35）に基づき，阿部氏とやりとりしながら，一部改変のうえ作表した。おもな変更点は，以下のとおりである。①「マニキュア・ネールアート」に関連する項目を新たに追加した。②目的，部位，一般呼称，機能，化粧品と細分化した。③表中にはないが，本文中にあった記述を一部含めた。
　2：日本ではネールエナメルと同義に扱われることが多い。

しても，しばしば生きづらさを感じるのである（これについては後述する）。

## 2．化粧の心理的効用モデル

　化粧の効用を心理学の手法で検討する試みは，図9-1（山本ら，1982）に示すよ

第9章 顔と化粧

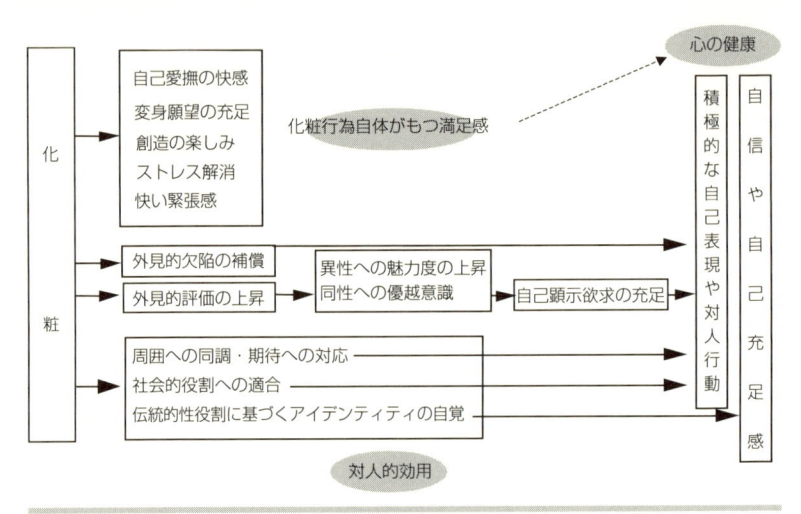

**図9-1 化粧の心理的効用に関するモデル図**（山本ら，1982を一部改変）

うに，「化粧行為自体がもつ満足感」「対人的効用」「心の健康」の3つの側面から整理することができる。このモデルは社会心理学の成果に基づいて提唱されている。図9-1の「化粧行為自体がもつ満足感」は心理的効用であり，化粧行為が接触の快感や変身願望の充足などをもたらすことを示す。

一方，「対人的効用」は社会的効用であり，外見的操作の効果と，社会的規範への外見的適応という2つの経路を通じて「心の健康」へといたる。「心の健康」とは，自信や自己充足感，あるいは積極的な自己表現や対人行動を示す。

この提唱からすでに20年経過しているが，今でも化粧の心理学研究において包括的なモデルを示している。現在では，生理心理学などの知見により，「化粧行為自体がもつ満足感」から「心の健康」へといたる，点線矢印で示す経路も認められたと考えられる（たとえば，阿部，2002a；津田ら，2000）。

## 第2節　化粧をめぐる心理学的研究の動向

### 1．化粧を学問する
#### (1) 心理学における化粧研究の流れ

心理学における化粧研究の書籍のエポックメーキングとして注目されるのは，『化粧の心理学』（グラハムら，1988）であり，国内では『化粧心理学』（資生堂ビューティー

サイエンス研究所，1993）である。いずれも学際的研究書であることに特徴があり，化粧品学から化粧の方法論，社会心理学的研究，臨床的応用といった内容が網羅されている。また，顔に焦点をあてた科学書として，同時期に刊行された『顔と心』（吉川ら，1993）がある。ただし，同書では大坊による「社会・文化の中の顔」において，化粧が対人的魅力を増すという研究についての記述があるのみで，独立したトピックスとして取りあげられていない。

1994年，被服心理学研究会において，カイザー著『被服と身体装飾の社会心理学』の翻訳が高木・神山らによってなされ，続いて1996年『まとう―被服行動の心理学―』（中島・神山，1996）『被服と化粧の社会心理学』（高木，1996）がそれぞれ出版されている。この時点ではまだ社会心理学の文脈においては被服行動の一環として化粧が位置づけられがちであるものの，この時期を境に分化していく方向性が示されてきているといえるであろう。

1997年に刊行された『魅力の心理学』（大坊，1997）においては，化粧と対人的魅力，美意識をめぐるトピックスが中心的に論じられ，『化粧行動の社会心理学』（大坊，2001）へと続いている。

このように，1980年代から続いていた対人行動あるいは被服行動の一形態としての化粧は，心理学の中で，生理・臨床など，社会心理学以外の知見をも含めつつ，しだいに1つのジャンルとして論じられるようになっていったと考えられる。

### （2）化粧学（cosmetology）の提唱

1991年に発行された南による『化粧とゆらぐ性』には，「化粧学（cosmetology）」という語がみられる（収録された記事の初出は，『化粧文化』1983年）。化粧学は学際的な領域であるが，これを大きく分けてみると，自然科学的・技術的研究分野，人間科学的分野，そして社会科学的分野があることを指摘している。この中で，心理学と密接に関係がある化粧人間科学部門としてあげられているのが，化粧心理学・化粧社会学・化粧人類学である。彼は，化粧の個人差，集団差，文化差といった差異性に注目しながらも，化粧行動の普遍性，すなわち，「化粧本能」のような行動傾向があるのかという問題を提起したうえで，差異性と普遍性双方を説明しうる学問として，化粧史学の重要性を述べている。

村澤（2001）は，2000年発表の一般女性を対象とした調査に基づいて，化粧へのニーズの高さを指摘しながら，大学教育レベルでの化粧学，化粧品学のカリキュラム充実を提唱している。「つくる側」の学問として化粧品学あるいは香粧品学は薬学部におき，「使う側」の学問として文化人類学，歴史学，心理学などの学際的領域からなる，大学における化粧学の創設について提起している。

では次節以降，ミクロからマクロ的視点まで，すなわち，生理心理学からはじめて社会・文化へと広げながら，1990年代以降の心理学における具体的な化粧研究を中心にふり返ることにする。

## 2．生理心理学的研究
### （1）心理的刺激としての化粧
化粧は，基本的には五感に快くうったえる刺激である。五感の中でも，味覚・聴覚を除く，視覚・触覚・嗅覚と関連が深い。視覚はメーキャップと（高野，2001），触覚はスキンケアやエステティックケアと（阿部，1990），嗅覚はフレグランスと（菊池，1993），それぞれ結びついている。ただし，実際の化粧行為は単一の感覚によることなく複合した感覚をもちいるものである。

また，自分自身で行なうよりも，美容の専門家による場合のほうが，心理的満足感の上昇をはじめ，不安感の低下，自尊感情の上昇などのよい心理的状態がもたらされることが，一般女性を対象とした実験的研究から明らかである（余語ら，1990）。他者化粧の場合，化粧の熟練度や対象者へのラポールのとり方など，化粧施術者の要因が化粧の主観的効果に影響を与えることは，津田ら（2001）においても示されている。

### （2）情動活性－脱活性：ストレスの低減効果としての化粧
メーキャップ化粧をした場合，素顔より化粧後のほうが自信と満足感が高まり，快方向への活性化が促進されることは前項で述べたが（余語ら，1990），エステティック・マッサージにおいてもまた，リラクセーション効果がもたらされる（阿部，1990）。阿部（1997）は，エステティックのプロセスについて，心拍数の変化と主観的感情状態（リラックス＆リフレッシュ）の変化はジェットコースターとは逆に，心拍の鎮静に向かう変化であることを示した。脈波を指標とした研究においても，メーキャップ化粧のプロセスの中で活性と脱活性が生じるプロセスが，同様に示唆された（津田ら，2000）。

阿部（2002a）は，ストレスの低減に化粧やマッサージが効果的であることを実験的に示しているが，それらの知見をふまえ，「感情経験は日常生活の文脈の中で意味付けされるもの」であることから，「感情研究は，生理心理学，あるいは社会心理学という個別の領域を越えた，広い視野の枠組を必要とするはず」（序 p.5）であると述べ，社会生理心理学的なアプローチで感情をとらえることを提唱している。

## 3．社会心理学的研究
社会心理学における研究は多岐にわたっているが，化粧の役割を端的に表わしてい

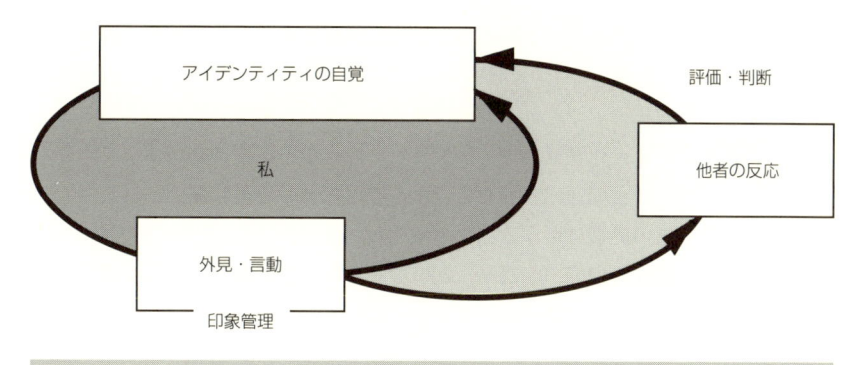

● 図 9-2　アイデンティティの自覚と外見 （菅原, 1993, 2001を一部改変）

るのは, 図 9-2 （菅原, 1993）である。化粧は自分自身の評価と, 他者からの評価という2つの経路を通じて, 自己アイデンティティの自覚と形成に影響をおよぼす。「私」自身のまなざしは, 化粧を含めて, 自分の外見や言動を管理する。一方, 表現された外見や言動は他者に呈示され, 他者からの反応としての評価や判断は, 自己アイデンティティの承認あるいは修正へとつながる。このようにして, 自己アイデンティティは強化され, あるいは更新されるのである。

この化粧という粧（装）い行為の循環プロセスをさらに詳細に示したのが, 図 9-3 （大坊, 2001）である。化粧をすることによって身体的魅力が増すと期待されるという前提があるとき, 大坊はその期待を次の4点にまとめている。①直接的な創造行為

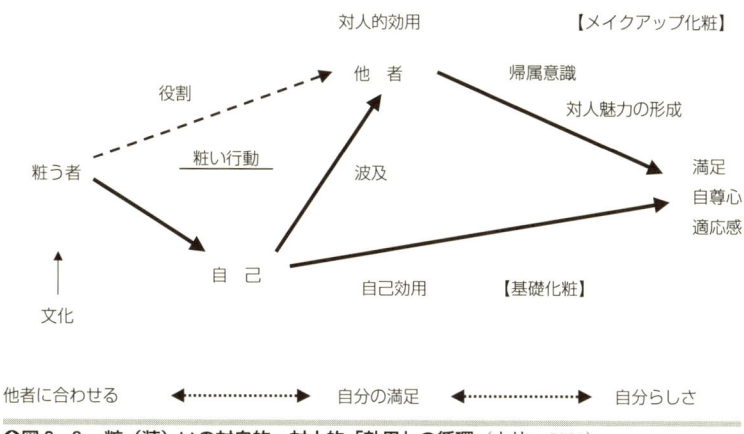

● 図 9-3　粧（装）いの対自的・対人的「効用」の循環 （大坊, 2001）

を介しての自己効用，②満足感と対人的な効用といえる役割遂行，③自己呈示を通じての自尊心の向上，④他者からの評価の向上による満足感。つまり，粧いの効用は自分自身と他者との関係の中でそれぞれに関連しあいながら循環するものである。その良循環が存在するとき，化粧は心理的価値としての自尊心維持に結びついて自分の価値を高める一方で，社会的適応状態をもたらしていると考えられる。

その他，化粧行為の動機に関する調査や研究（たとえば，ポーラ文化研究所，1995），化粧意識と行動に関する研究（余語ら，2001など）がある。なお，社会心理学的研究に関するレビューは余語（1996）に詳しい。

## 4．臨床心理学的研究：高齢者への化粧を中心に

資生堂では，「身だしなみ講座」という美容ボランティア活動を50年ほど前から行なっている（文部省高等教育局医学教育課，2000）。この活動について，資生堂お客さま窓口によれば，2003年度の実績としては，1909件，実施対象者は36,299人であり，そのうち高齢の要介護者が75％を占めるという。参加者の評判もよく，また，講座を通じて生活意欲などの面で改善が認められる人が少なくないそうである。

近年，高齢者向け入居施設の予定表に「化粧」「美容」というアクティビティがあるのは目新しいことではなくなっている。いわゆる「化粧セラピー」の類の言葉を見聞することも多くなってきた。

なぜ化粧の効果がみられるのか。どのような対象者に，どのように用いるときに最も効果的であるのか。そのような基本的な議論はあまり進んでいないながら，この領域での実践は着実に一般化し，広まっているようである。

「化粧を用いた情動活性化」の試みとして，精神科における浜ら（1993など；詳細は伊波，1996を参照）の一連の予備的研究から端を発し，認知症高齢者への介入研究が本格的に始まったのは浜・浅井（1993）からである。その後，伊波・浜（1994），伊波（1996）などの事例を中心とした研究を通じて「情動活性化プログラム」として化粧療法化へ向けて効果と方法論が検討された。これらの研究では，化粧場面における観察指標上のセッションごとの変化や化粧前後の変化から化粧の効果について検討されたが，臨床心理学的見地から，化粧行為の個別性や嗜好性を重視し，個々の対象者の生活環境や生活歴と化粧との関係性についても論じられた。

ほぼ同時期に，老人病院の看護師の立場から，土居ら（1995）は入院患者を対象として，院内での生活の変化と認知症高齢者の問題行動の改善を目的とした化粧講習会を行なっている。この試みの後，積極性の向上，リラックス，気分の高揚，スキンシップの増加と，それに伴う安心感の増加と，申し分のない効果を得たことが明らかとな

り，病院や高齢者向け施設の関係者に反響を与えた。

　日比野ら（2001）は，施設におけるケアサービスの一環としての整容という観点から，化粧セッションが入居中の高齢者の心理的健康におよぼす長期的な効果について検討している。参加回数に基づいて対象者を3群に分けて比較したところ，多面的感情尺度の指標のうち，「はつらつとした」「気力に満ちた」気分が，高参加群・中参加群において高まる傾向が示された。同時に，「ゆっくりした」「のどかな」気分への変化も，化粧に積極的な高齢者において示された。また，認知症者群と非認知症者群との比較では，前者のほうが，快刺激としての化粧を愉しんでいることが示唆される結果となった。このことは，認知症者への心理的ケアとしての五感刺激療法の効果を裏付けているといえる。

　これまでみてきたように，化粧そのものの効果もさることながら，臨床的利用においては他者化粧が一般的に行なわれていることから，施術者と対象者との関係性の影響も少なくないと考えられる。

　これを心理援助的視点でみてみると，刺激としての化粧は施術者と対象者との関係をとりもつ媒介でもあるといえる（図9-4）。図9-4のように，一般的な言語的心理臨床面接場面においては，"人-人"の二項（二者）関係が成立している。ここに絵画などの媒介ツールを取り入れるのが，三項（三者）関係である。"人-媒介ツール-人"という三項関係状況をあえてつくることで，セッションに展開の多様性と選

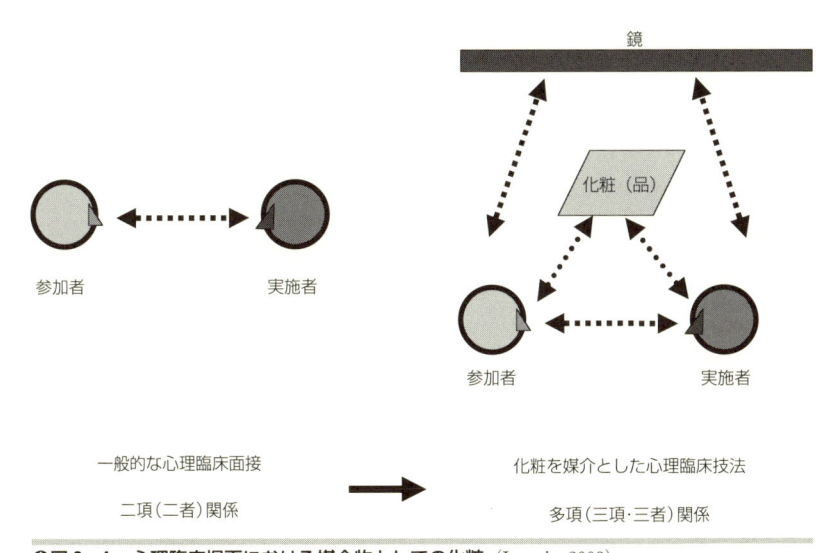

⬆図9-4　**心理臨床場面における媒介物としての化粧**（Inami, 2003）

択性をもたせることができるようになる。

　化粧を媒介ツールとした場合は，三項にとどまらず，さらにユニークな関係性が成立する。他者化粧では大きな鏡を用いることが一般的であるので，施術者と対象者は，鏡越しにやりとりすることも可能となるのである。化粧を臨床現場に用いる主要な利点の1つはこの援助構造にあると考えるが，実験的には明らかにはなっていない。いずれにしても心理援助的な経験から，化粧する施術者の側にもポジティブな効果があるものと仮定できる。

## 5．その他，哲学的・文化論的研究
### (1) 日本人の美意識と化粧論

　文化的・社会的な美意識は，化粧の方法に反映される。現代の日本女性が一般的に行なうのは，ナチュラルメイクと呼ばれる手法である。

　コラムニストの酒井（2004）は，ナチュラルメイクの理想を「あらん限りの化粧技術を尽くして，『まるで素顔みたい』と言われる顔を作り上げる」と定義したうえで，「素顔」と「素顔のように見える顔」とは広い隔たりがあることを指摘する。さらに彼女は，1990年代から現在にいたるまでナチュラルメイクが主流でありつづけている現状を，女性の晩婚化と日本人の美意識という2側面から次のように分析する。第1に，年輩者であっても若く魅力的でありつづけたいという願望を比較的満たしやすいメイク法である。第2に，自然と対峙せずに，"自然を生かして"つくりこむ日本人の美意識にかなった手法である。彼女は，この2つの理由により，ナチュラルメイクが現代の日本女性に支持されていると述べている。

　また日本人の美意識という観点からは，「色白は七難隠す」といわれるように，皮膚の「美白」効果を高めるという化粧品が長らく人気を保っており，ますます高機能化しているようである。たしかに，日本人は肌が白色であることを好む傾向にあることが，大学生男女を対象としたアジアにおける国際比較研究からも明らかにされている（齋藤，1995；Saito, 1994）。

　さて，化粧のプロセスそのものについては，いくつかの説明が試みられている。たとえば，文化論の立場から，村澤（1992）は化粧を「見せる」「隠す」意図とプロセスに区分している。現象学の立場から，石田（1995）は化粧というものが自身の身体の変化性と対人交流の変化性を生む「やつし」であると仮定して，日本人の美意識の1つである「風流」の精神が化粧にも投影されていると考察する。

　このように，日本人の精神性や感性についてとらえ，深く掘り下げるような心理学的研究が待たれるところである。

## (2)「顔」の復権をめざして

　化粧と顔のありかたについて考えるうえで，NPOユニークフェイス（石井，1999）や熱傷フェニックスの会の存在もみすごせないところである。ユニークフェイスは先天的・後天的な理由で，あざや血腫などの外見上のハンディキャップを負っている当事者とその家族の会である。障害も含め，1人ひとりの「顔」のユニークさを認めあうことをめざして，定例会や会報誌の発行，カモフラージュメイク講座といった会員相互の支援とネットワークづくりを進めるほか，社会へ向けての情報発信や啓蒙活動など，精力的に活動している。

　一方，1991年に名古屋で発足した熱傷フェニックスの会は，事故や火事により，外見をいちじるしく損なうような熱傷をおった当事者と家族の互助組織である。この会はアメリカのミシガンに本拠地をおくフェニックス・ソサエティの姉妹組織であり，カバーメイクの講習会や母子の会，会報発行などの活動が展開されている。手島（2001）はバーバラ・C・クエイルというアメリカの熱傷患者の女性の理念と生き方を紹介している。彼女は自らリハビリテーションを経験する過程で，人とコミュニケーションを図る方法で悩みながら，色彩と気分との関連や外見と自尊感情との関連について研究を重ねた。その結果，自己イメージの回復には，外見も態度も含めた，トータルイメージを高めることが必要であるとしている。彼女の提唱する「自尊心をとりもどすためのSTEPS」（微笑み・声の出し方・話をするときの視線・姿勢・自分に向かって話をする）は，あらゆる対人コミュニケーションに広く通用するものである。

## (3) 美容整形の意味

　ハンディキャップを，それはそれとして苦しみながらも受容しようとする試みを続ける人々に対して，美容整形に魅力を感じる人々も少なくない。女性誌をめくっていると，美容と美容整形の広告ページはしだいに境界が区別しがたくなってきている。まさにページ1枚，紙一重の違いしかないように思われる。

　余語（2003）は，文化人類学的観点から，美容整形という身体変工行為の意味について考察している。若年女性にとっての美容整形とは，外見上の劣等感を克服する手段である。彼女たちに好まれるのは二重まぶたにすることや整鼻術であるが，これは外見を変えることで，「世界の変貌」と新たな物語をもたらしうる＜身体の移行＞を意味すると考えられる。

　一方，30歳代以上の女性においては，皮膚のたるみ・皺のばしやケミカル・ピーリングといった施術が好まれる。これらはアンチエイジング，すなわち経時的＜移行＞を留保することであり，「世界の変貌を拒む物語」というべき＜非移行＞を目的としているという。

これまでにも摂食障害などとの関連からボディイメージについて論じられることはあった。しかしながら，後ろ暗さを感じさせない，手軽で安価なプチ身体変工に人々がどう向かいあうのかというトピックスは，今日的話題である。

### （4）死の化粧

南（1991）は，生きている者がする化粧に対して，死者のための化粧について触れている。世界中のどの文化でも死に顔に化粧する習慣が一般的にみられ，死を悼む一種の供養の行為と考えられる。

考現学的な視点から，昭和のファッション風俗史を記した廣澤（1993）は，第二次世界大戦末期，空襲が激化する東京において，＜…女性の間に「死顔がきれいだと早く遺体を処置してもらえる」という噂が流れた。最期の身だしなみにと，女性はひと瓶のクリームに憧れた＞という記事を紹介し，女性にとっての究極の身繕いとは何か，化粧とは何かと問題提起している。

現代日本における死化粧とは，臨終の際に，故人のまぶたや口を閉じたうえで，男性のひげを剃ることと，女性に薄化粧を施すことである。頬がこけている場合には，両頬に綿を含ませたりする。さらにアメリカにおいては，事故などによっていちじるしく損壊した遺体を修復し，生前の姿を再現する，いわゆるエンバーミングの技術も発達している。

大多数の人々が病院で人生の最期を迎える現在では，死化粧はおもに看護師が看取りのケアの一環として行なうことが一般的である。看護の現場において，死化粧はエンゼルメイクと称されている。近年，体系的な調査研究がなされ，衛生面・技術面の検討も進められつつある（小林，2004）。

残された人にとって，在りし日の顔のイメージもさることながら，別れ際の故人の顔がそのまま記憶に長く留められる。愛する者の死を受け容れてゆく「喪の作業」において，死の化粧がその一助となっている可能性はあると推測されるものの，この領域における心理学的研究は今後の課題である。

## 第3節　化粧の目的ごとにみる心理学的研究

### 1．ケア

表9-1に示したように，ケアとは，おもにスキンケアのことであり，肌を健やかに美しく保つよう手入れをすることである。そのおもな機能は，①悪影響を取り除く，②バランスを整える，③活力を与える，④環境から守る，の4側面に集約される。ス

キンケアという用語自体は，平成期に入ってからメーキャップに対する行為として定着したようであり，それ以前はメーキャップ前の準備として，化粧下とか基礎化粧とよばれるのが一般的であった（阿部，2002b）。

スキンケアの心理的効用については，メーキャップと対比させながら動機や目的を問う研究（阿部，2001）や，エステティック・マッサージなどを中心とした生理心理学的研究が行なわれている（たとえば，阿部・日比野，1997）。

ナチュラルメイクの流行に伴って，1990年代以降，化粧品業界では「機能戦争」（石田，2002）と称されるほどに化粧品開発が進んだといわれるが，このような動向についてもまた心理学的研究ではフォローしていないようである。

## 2．メーキャップ

化粧の技術については，知覚心理学の中の錯視理論と関連づけて論じるものがある（たとえば，櫻井，1993）。メーキャップは，色・形・質感の3つの要素を組み合わせてイメージを表現しているものであるが（高野，2001），その実際のテクニックには幾何学的錯視や，色や明暗の錯視の効果がみられる。

前者の例としては，アイメーキャップへの応用がある。有名な，ミューラー・リヤーの矢羽の錯視図形では，内向図形よりも外向図形のほうが過大視されることが知られている。アイラインを引く際に，目頭と目尻をきっちりと囲んで描くよりは，外向する矢羽のように，少し空けて描くようにすると，目を大きく，切れ長にみせる効果が生まれる。色の効果の例としては，口紅を塗る際に，膨張色と収縮色を使い分けることで，唇の大きさや印象を変えられることが知られている。

メーキャップについては，これらのほかにもメーキャップの効果と容貌認知に関する研究が多くみられる。顔の構造的特徴と化粧後の印象の変化との関連についての研究（たとえば，村山ら，1998）や，メーキャップ化粧をする動機や理由についての研究（ポーラ文化研究所，1995），使用する化粧品の種類や技法に関する研究（菅沼，2001），メーキャップの嗜好や印象に対する研究（戸梶，1997）などが含まれる。

## 3．フレグランスとアロマ

芳香をシチュエーションや自分の気分にあわせて楽しむフレグランス文化が浸透しつつある一方で，体臭や口臭，排泄臭といった臭いを「無臭化」，すなわちデオドラント（deodorant）し，さらには生活レベルの雑菌をも排除する「無菌化」しようと試みる方向性もみられる（村澤，1991，1998）。

表9-1に示したように，香水などの空間的・嗅覚的な自己演出を楽しむおしゃれ

の要素もあるものの，日本の場合，「アロマ（aroma）」という表現で，入浴剤などの身近な嗜好品と結びつき，手軽な気分転換の手段としての「ケア」的要素も強調されている。フレグランスとアロマは今後さらに目的の差異化が進められ，実用においても研究においても分化していくのではないかと思われる。

　西洋文明において，香りは古来，薬用として利用されていたものが，嗜好品化していったという経緯がある。現在はアロマコロジー（aromachology）という新しい枠組みにおいて（菊池，1993），その効用を証明するような科学的研究が，生理心理学や感情心理学を中心に進められている。香りの効用は素材によって異なるとされるが，これまで民間療法的に知られていた香りの効用，たとえば白檀，ローズなどの調合香料による睡眠効果が示され，不眠症治療などにも応用されている（たとえば，小森，1994）。これらのアロマコロジーの知見の蓄積から，効用に対する評価技術の整理もなされているが（たとえば，蟹沢，2001），生理指標や作業指標が項目数も多く検討が進んでいるのに対して，心理評価に関してはいまだ検討の余地が残されていることがみてとれる。

　また洋風の香りに限らず，香道のように，日本には教養として香りをたしなむ独自の文化がある。たとえば浜（1994）はヒノキや墨の香りの効用を指摘しているが，それらの「香」についての心理学領域での実験論文はまだ少ない。

## 第4節　化粧研究の展望：健康心理学と化粧

　化粧品も化粧技術も，女性たちのニーズに推し進められて急速に発達している。現代の日本で，われわれはどのように化粧行動を心理学でみていくべきであろうか。

　化粧をめぐる心理学的研究においては，時代や人の流転する現象をとらえるという側面と，時代や空間をこえて通底する変わりにくい本質的な性質をとらえる側面の両方が必要である。いっそうの社会心理学における研究の進展が望まれるし，心理学の中での美意識の探求というものがもっとなされてもよいであろう。

　また，1つの方向性としては，健康科学という大きな枠組みの中で（余語，2002），化粧の自尊感情の維持と気分の改善，あるいは，社会的適応の手段，すなわちセルフケアの手段としての化粧を見直す作業がなされてもよいであろう。

　たとえば，津谷・田崎（2001）は，1990年代ごろから健康観や身体観に関する議論が世界保健機構（WHO）を中心として世界的にも高揚していることを指摘したうえで，相補代替医療あるいは予防的ケアとしての役割が化粧におえるかという問題提起

をはかっている。

　また発達的観点からみると，洗顔・手洗いなどのケアは，清潔を保つ行為として，しつけを通じて幼少期から習慣づけられ，生涯にわたって継続されるものである。やがて自意識の高まりとともに思春期ごろから多様な美粧行為へと移行し，成人期においては社会と自己との関係の中で，女性は化粧とのかかわりを選択しつつ生活している。やがて高齢期にさしかかると，ADL（日常生活能力）の低下に伴い，セルフケアが行き届かなくなりやすくなる。これがひいては QOL（quality of life：生活の質）の低下と関連することもある（たとえば，伊波，2001a, b）。

　本章でみてきたように，現代の女性にとって化粧は，どのように自分らしくあるか，どのように人とかかわるかという人生における価値観や自意識，対人的意識，そして QOL とも密接なかかわりをもつ表現行為の一様式ともいえる。このように，化粧行為を世相や流行といった流転する現象のみをとらえるのではない点において，心理学パラダイムで扱う意義があると考えられる。

# 第10章

● 顔と高齢者

☆

● 宇良千秋

# 第1節　高齢者の表情に関する先行研究

## 1．コミュニケーション機能としての表情の重要性

　人の表情は個人の情動体験が表出されたものであると同時に，他者にその情動体験を伝えたり，何らかの相互交渉を生起させるコミュニケーション機能をもっている。たとえば，乳児の母親に向けられたほほえみは，母親の積極的な保護行動を誘発し，両者の心理的な絆を深め，アタッチメントの形成を促進するであろう。また，朝会社に出勤してきて，最初に会った上司に「おはようございます」とあいさつをする際に，満面の笑顔を見せるか，むすっとした不機嫌な表情を見せるかは，その後の両者の職場での信頼関係に多少とも影響を及ぼすかもしれない。つまり，人の表情がもつコミュニケーション機能は，乳幼児期においても成人期以降においても，生涯にわたって同じような重要性をもつであろうと考えられる。

　ところで，Malatestaら（1987a）は，老年期を含めた情動の発達モデルを2つの考え方に大別している。1つは情動の低下モデルであり，人生の後期では情動は徐々に抑制され，鈍磨し，それに伴いネガティブな感情や表出が優位になる（Rosen & Neugarten, 1960）というものである。もう1つの考え方は，情動機能はほとんど加齢の影響を受けないとするものである。たとえば，高齢になっても主観的幸福感（well-being）は保持されるという結果（Lawton, 1984）や，加齢とともにネガティブな感情に移行するとはいえないという結果（Malatesta & Kalnok, 1984）が報告されている。もし，前者のRosen & Neugarten（1960）の考えが高齢者の情動機能をより説明しているとすれば，高齢者は無表情で暗い顔をしていることが多いだろうし，他者の表情や意図を正しく読み取る能力も低下するのかもしれない。表情のもつコミュニケーション機能の重要性を考えると，老年期におけるコミュニケーション機能の低下は，高齢者と他者との関係性に大きな影響を及ぼすであろう。

## 2．表情表出に関する研究

　では，本当に高齢になるとコミュニケーション機能は低下するのであろうか。これについては，表情の表出（encoding）能力と解読（decoding）能力とに分けて考える必要がある。表情の表出に関していえば，いくつかの実験的研究で，高齢者の表情は表出の強度が弱いこと（宇良・矢冨，1997），高齢者の表情は顔のしわなどの構造的な変化のために若い人の表情に比べて読み取りにくい（Malatestaら，1987a）などの指摘がある。また，中村・益谷（2001）は，高齢者の表情では感情信号全体が弱

まり明確でなくなると指摘している。これらの研究の中で，中村・益谷（2001）は，幸福，悲しみ，驚き，怒り，嫌悪，恐れ，軽蔑といった7つの基本表情を意図的に演じてもらうことで，高齢者の表出能力や表情の特徴について詳細な検討を行なっているので紹介する。

　彼らの研究の目的は，高齢者は他者が感情状態を判断できるような表情をどの程度うまくつくることができるのか，また，高齢者の表情にどのような形態的特徴があり，どの程度感情信号が表出されているのか，について検討することであった。表出者（encoder）として実験に協力した高齢者には前述した7つの感情を表わす表情を演じてもらい，カメラで撮影された表情のコーディングは，Izard（1979）によって開発された MAX（the maximally discriminative facial movement coding system）が用いられている。MAX は表情筋の解剖学的動きに基づいて開発された表情コーディング・システムで，額／眉／鼻根，目／鼻／頬，口／唇／顎の3つの領域が独立にコーディングされる。各領域における外観変化（コード）の組み合わせによって，特定の感情を表わす表情が判別できる。

　表10-1は，MAX の判定基準によって感情カテゴリが特定された表情の数を集計したものである。分析対象となった175の表情（7種類の表情×25名）のうち MAX の基準で感情カテゴリが特定された表情は78（45％）であった。興味深いのは，この特定された78の表情のうち，純粋な感情ラベルがつけられる表情は20（26％）だけで，しかも意図どおりに演じられた表情は幸福だけであったという点である。つまり，残りの58（74％）の表情は感情信号が弱いか，他の感情信号が混ざって表出されており，明確に感情が表われているかを決める感情信号自体が少ないといえる。これらの結果

表10-1　MAX 基準によって感情カテゴリが特定された表情の数　（中村・益谷, 2001）

| カテゴリ | 純粋表出 | 弱い表出 | 混合表出 | 合計 |
| --- | --- | --- | --- | --- |
| 幸福 | 8（ 2.7)* | 5（-2.0)* | 2（- .5) | 15 |
| 悲しみ | 6（ 1.9) | 4（-2.0)* | 3（  .5) | 13 |
| 怒り | 1（-1.2) | 8（ 1.6) | 1（- .7) | 10 |
| 嫌悪 | 1（ 0.0) | 3（  .8) | 0（-1.0) | 4 |
| 軽蔑 | 0（-1.8) | 8（ 2.6)** | 0（-1.4) | 8 |
| 驚き | 4（  .5) | 2（-3.3)** | 7（ 3.7)** | 13 |
| 恐れ | 0（-2.5) | 14（ 3.2)** | 1（-1.3) | 15 |
| 合計 | 20 | 44 | 14 | 78 |

$*p<.05$　　$**p<.01$

注）かっこ内の数値は調整化残差で，*または**は有意な$\chi$二乗値をもたらしたセル。

から，中村・益谷は，高齢者では顔面全体にわたるパタン化がされにくく，統合性に乏しいということを指摘している。また，特定の表出を促進したり抑制したりすることに関する表示規則（display rules）の影響や，加齢による顔面の筋力や筋のコントロール能力の衰えによる影響，皺や皮膚の硬直化のような身体的老化要因などの影響も指摘している。

このほか，Malatestaら（1987b）も高齢者の表出の特徴に関して興味深い結果を呈示している。彼らの研究によると，14人の高齢者が中性（neutral）の表情と意図して演じた表出刺激が，MAX で判定した場合には1人しか中性の表情と判定されず，残りの高齢者の表情には，怒りや悲しみ，恐れなどのネガティブな感情を誘発するような刺激条件でみられる外観変化や，幸福の表情を表出する際にみられる外観変化などが多く生じていたという。彼らは，高齢者のこのような表出傾向とパーソナリティ特性とに関連があることも指摘しており，今後，サンプル数を増やしてより緻密な研究を積み重ねていくことが期待される。

## 3. 表情解読に関する研究

表情の解読能力については，Malatestaら（1987a）が加齢によって解読能力が低下することを指摘している。特に，彼らの実験結果で示唆に富むことは，表情解読のパフォーマンスに対して，表情を表出する側の年齢と解読する側の年齢の交互作用効果がみられたということであった。

彼らは，表出者（encoder）となる被験者に面接を行ない，過去の強い情動経験を回想させ，面接中に表出された怒りや恐怖，悲しみなどの表情をビデオテープに記録した。一方，表出者の表情は，別の解読者（decoder）によって，9つの基本情動（怒り，軽蔑，嫌悪，恐れ，幸福，興味，驚き，恥，悲しみ）の中のどの情動経験を表わす表情か特定された。表出者側の年齢と解読者側の年齢をそれぞれ若い群（young），中年群（middle-aged），高齢群（older）の3群に分けて解読者の誤反応数を検討した結果，以下のような結果が示された（図10-1参照）。

①高齢の解読者は，若い群や中年群に比べて誤反応数が有意に多かった。
②若い解読者と中年の解読者は，表出刺激が若い群の場合に，高齢の解読者よりも有意に成績がよかった。
③中年の解読者は，表出刺激が中年群の場合に，高齢の解読者よりも有意に成績がよかった。
④高齢の解読者は，表出刺激が若い群よりも高齢群の場合に成績がよい傾向にあった。

これらの結果は，同世代（あるいは近い世代）の表情を読みとる際に最も表情解読の成績がよいということを示すものであった。彼らはこれらの結果を，解読者と表出者の年齢の類似性（similarity）と，解読者の表出者の表情に対する精通性（familiarity）の2つの側面から解釈している。1つは，解読者と表出者の年齢が近いか同じくらいだという認知が，解読者に関心や動機づけをもたらし，それが課題のパフォーマンスを高めたのではないかという可能性である。もう1つは，年齢

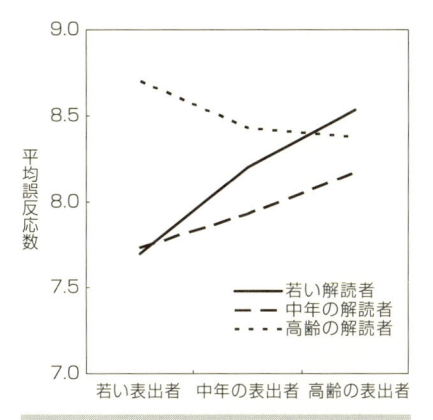

⊕図10-1　平均誤反応数に対する表出者年齢と解読者年齢の交互作用効果
（Malatesta et al., 1987a）

によってコミュニケーションの仕方には微妙な違いがあったり，高齢者と若い人の表情には加齢のために起こる構造的変化に関連した形態的な違いがあるため，同世代の表情によりなじみがあるということが，高齢者が表情を解読する際に有利に働いたという可能性を指摘している。また，中村・益谷（2001）も指摘するように，高齢者と若い人との間で表情の表示規則が異なる可能性もある。この実験では，面接者に対して過去の情動体験を話している際の表情が解読者の刺激課題となっているが，高齢者は人前では若い人に比べて明瞭な表情変化をそれほど示さないかもしれない。そのような表示規則は，同世代ならなじみがあるかもしれないが，異なる世代にとっては解読困難な微弱な感情信号になるであろう。

## 第2節　高齢者の笑いの表出に関する研究

### 1．健康な高齢者の笑いの特徴
#### （1）笑いのもつ機能

高齢者の表情に関する研究を表出と解読の側面から概観してきたが，ここからは，いくつかの基本情動の中でもっとも表出しやすいとされる幸福の表情，つまり「笑い」や「ほほえみ」とよばれる表情の研究について概観する。

笑いやほほえみというのは，ポジティブな感情を表わすサインであり，生後早い時期から出現する。もちろん，発達に伴い状況によって笑いを抑制したり，いろいろな

意味をもつ笑いを表出するようになるが，純粋な喜びを表わす笑いというのは，生涯にわたって不変で子どもも高齢者も変わらない（Izard, 1991）。また，情動表出という機能の側面だけではなく，対人的コミュニケーションの側面からも，笑いやほほえみの表出は重要な意味をもつ。たとえば，乳児の母親に対するほほえみは，母親の積極的な保護を誘発し，両者の心理的な絆を深め，アタッチメントの形成を促進するであろう。また，笑いの表出が社会的な動機や文脈の影響を受けることもわかっている。ボーリングゲーム中の笑いの分析によれば，ボーラーはスペアやストライクをとったときよりも，友人と話している場面でのほうがはるかに多くの笑いを表出しており，笑いの表出が情動的な体験よりも社会的な動機により関連していることが指摘されている（Kraut & Johnston, 1979）。就学前の子どものゲーム中の笑いの分析によれば，子どもは実験者とアイコンタクトが取れる条件でより多くの笑いを表出しており，快の情動の笑いの表出が社会的文脈の中で促進されることが指摘されている（Schneider & Josephs, 1991）。

## （2）笑いの表出と主観的情動経験の不一致

では，情動機能の発達や低下という視点からみると，高齢者の笑いの表出はどのような特徴をもっているのであろうか。ここでは，筆者らが一般高齢者を対象に行なった笑いの表出に関する研究を紹介しよう。

筆者ら（宇良・矢冨，1997）は一般高齢者における笑い（laughter）の表情を分析し，笑いの表出の形態的特性や情動経験との関係，加齢による表出の影響などを検討した。被験者には2種類のビデオ刺激を視聴してもらい，それぞれについてどれくらいおもしろいと感じたかを評価してもらった。呈示したビデオ刺激は，1つが，猫がからかわれているうちに身体のバランスを崩し，仰向けに倒れてしまうという内容（以下，猫刺激と記す）で，もう1つが，幼い子どもが公園で遊んでいると突然大きく噴き出た噴水の中に巻き込まれてしまい，それを母親が慌てて助け出すという内容（以下，噴水刺激）であった。それぞれ猫刺激が約25秒，噴水刺激が約60秒の内容であった。ビデオで記録された被験者の笑いの表情は，MAX（Izard, 1979）の喜びの表情の判断基準に従って判定された。喜びの表情を表わすコード公式は，コード38（頬の上昇）＋コード52（口角が後方に引かれる）である。笑いの表出度については，刺激呈示中に発生した，①笑いの頻度，②笑いの持続時間，③笑いの強度を測定した。

この研究で明らかになった興味深い結果の1つは，被験者がビデオ刺激に対して感じた主観的なおもしろさの強度と笑いの表出度との間に有意な相関がみられなかったことである。若い成人を対象としたいくつかの研究では，表情表出と主観的情動経験との間には有意な正の相関が認められている（たとえばEkmanら，1980）。実際，

表10-2　笑いの表出の有無とおもしろさの強度の分布（宇良・矢冨，1997）

| | おもしろさの強度 | | | 計 |
|---|---|---|---|---|
| | 感じなかった | 少し感じた | とても感じた | |
| 表出なし | 9<br>(31.0%) | 12<br>(41.4%) | 8<br>(27.6%) | 29<br>(100.0%) |
| 表出あり | 8<br>(13.8%) | 28<br>(48.3%) | 22<br>(37.9%) | 58<br>(100.0%) |

注）数値は2つの刺激を合わせた延べ人数を，かっこ内は％を表わす。

　表10-2に示すように，今回の被験者の中には，明らかに笑いの表情が表出されているにもかかわらず「おもしろいと感じなかった」と報告した者や，逆に，笑いが表出されていないのに「とてもおもしろいと感じた」と報告した者が相当数おり，表出と主観的情動経験の不一致が示唆された。これらの反応をどのように解釈したらよいだろうか。これらの反応については，感情表出に対する社会的な表示規則の影響が指摘できるだろう。本研究で用いたビデオ刺激の内容は，いずれも人や動物の失敗場面ととらえることができる。人が他者の失敗場面に直面したときには，たとえおもしろいと感じても笑いを表出することに対して社会的な抑制がかかる可能性が考えられる。あるいは，笑いを表出しても「人の失敗をおもしろいといってはいけない」という考えから，「おもしろいとは思わない」と報告するかもしれない。今回の実験場面が1人でビデオ刺激を見ている状況だということを考えると，この場合の表示規則の影響は，笑いの表出の抑制よりも，むしろ主観的情動経験の言語表出の抑制により大きくかかったのではないかと推測できる。また，研究者が期待した「おもしろい」ということばの意味と，被験者が答えた「おもしろい」ということばの意味が，微妙に異なっていた可能性もある。「おもしろい」ということばは必ずしも快の情動を喚起する場合だけに使われるのではなく，「興味深い」とか「不思議だ」というようなニュアンスで使われることもあるだろう。さらに，主観的な情動経験の程度をモニタしたり言語化する能力が高齢者に十分に維持されているかどうかという問題も残されているだろう。

### （3）笑いの表出に対する加齢の影響

　宇良・矢冨（1997）の研究で明らかになったことの2つめは，笑いの表出強度の弱い者が約半数いたという点である。被験者の表情変化は口角や頬がごくわずかに動く程度で，MAXによって喜びの表情と判定する際に判別が困難なものが少なくなかった。このような表出の弱さは，前述した中村・益谷（2001）の結果とも一致する。

## 第10章 顔と高齢者

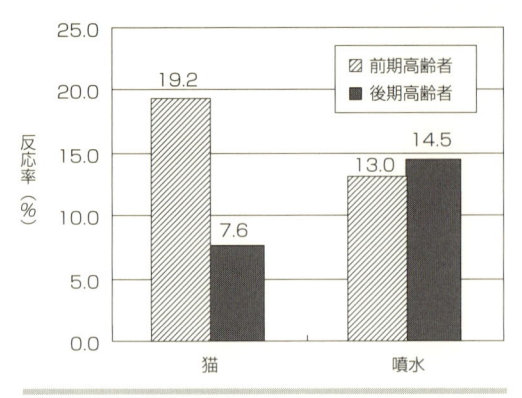

**図10-2 笑いの反応率に対する年齢と刺激の交互作用効果**（宇良・矢冨, 1997）

グラフ：反応率（%）
- 猫：前期高齢者 19.2、後期高齢者 7.6
- 噴水：前期高齢者 13.0、後期高齢者 14.5

さらに，年齢と笑いの表出度との関係をみてみると，笑いの反応率（それぞれの刺激の呈示時間に占める笑いの持続時間）に対して，有意な刺激と年齢の交互作用効果がみられた（図10-2参照）。つまり，噴水刺激では年齢群によって反応率に差はみられないが，猫刺激では前期高齢者（65歳から74歳）に比べて後期高齢者（75歳以上）の反応率が有意に低かったのである。これは，2つの刺激の間に，年齢によって笑いの表出度に差が生じるような刺激特性の違いが存在することを示唆している。2つの刺激のエピソードの内容を比較してみると，呈示時間の短い猫刺激は，エピソードが開始してから間もなく突発的にハプニング（猫が仰向けに倒れる）が起こって終結するという場面展開になっている。一方の呈示時間の長い噴水刺激では，ハプニング（子どもが噴水に巻き込まれる）が生じるまでの伏線が長く（子どもが噴水のまわりを何度も行き来する），またいったん生じたハプニングが長い間（母親が噴水から子どもを助け出すまでの時間）持続している。つまり，猫刺激は噴水刺激に比べてエピソードが開始してから終結するまでの場面展開が速い。このような場面展開の速い刺激に対しては，エピソードの文脈やおもしろさを理解するためにより速い情報処理が必要であろう。これまでに視覚的情報処理の速度は加齢とともに低下することが多くの研究で指摘されている（たとえば，Coyne et al., 1987）。後期高齢者の方がより視覚的情報処理の速度が低下するとすれば，彼らがより場面展開の速い猫刺激に対して笑いの表出に必要な情報処理（話の文脈やおもしろさの認知）を十分に行なうことができなかったということが考えられる。猫刺激において笑いの表出度に年齢差がみられたことには，視覚的情報処理の速度が認知過程に影響を及ぼしたという可能性があるかもしれない。この問題はたとえば，呈示時間が同じで場面展開の速さだけが異なる刺

激を呈示した時に笑いの表出度に差が生じるかをみることによって，より明らかになるだろう。同時に，笑いの表出に必要な情報処理を十分に行なうことができたかどうかを検討するため，ビデオ刺激の内容について被験者に確認を求めるような方法も考えられよう。

## 2．認知症高齢者の笑いの特徴
### (1) 笑いの表出過程に影響する要因についての仮説

ここまでは，一般の健康な高齢者の表情や笑いの表出についての研究を紹介してきたが，最後に，認知症高齢者の笑いの表出の特性についての研究を紹介する。先に，筆者らの研究（宇良・矢冨，1997）で，健康な高齢者であっても，後期高齢者の場合には笑いの表出に必要な情報処理（話の文脈やおもしろさの認知）が十分にされていないという可能性を指摘したが，記憶力や言語能力，注意力，思考力，視空間認知などの認知機能全般にわたって障害が発生している認知症高齢者の場合は，笑いが表出される認知過程にさまざまな影響が推測される。たとえば，快の情動を誘発する刺激の理解が十分でないために，快の笑いの表出が少なくなるかもしれない。また，認知機能の低下がいちじるしい場合は，他者の発話内容や視線，表情，身振りなどのコミュニケーションに必要な手がかりや社会的文脈の認知が不十分なために，社会的な笑いであるほほえみ（smiling）が少なくなることも考えられる。さらに，コミュニケーションに対する動機の側面から考えると，認知症高齢者は自分の意思をうまく他者に伝えることができなくなるために，他者とのコミュニケーションに対して不安や無力感を抱きやすくなる。このような場合，自分から積極的に他者に関心を示したり，親和的な行動をとったりすることは少なくなると思われるため，社会的な笑いの表出が少なくなると推測できる。

### (2) 表出された笑いの種類

このような仮説のもと，筆者らの研究グループでは認知症高齢者に構造的面接を行ない，面接中に表出された笑いについてその形態的特徴や認知機能との関係を検討した（矢冨ら，1996）。被験者は老人介護施設に入所している認知症高齢者25人であった。表10-3に面接の手続きを示してあるが，面接中に与える刺激には，「あいさつ」や「お礼」などの社会的笑いを誘発すると思われる刺激が含まれている。また，快の笑いを誘発すると思われる「ほめる」「プレゼントする」などの刺激，滑稽な動きをするおもちゃ，動物や子どもの写真などの刺激が与えられた。面接のようすはビデオで録画され，面接終了後には，認知機能を評価するためのテスト（MMS；mini-mental state examination：folstein ら，1975）を施行した。

## 第10章 顔と高齢者

**❶表10-3 面接手続き**（矢冨ら，1996を筆者が一部省略改変）

1. あいさつ：
   「こんにちは，今日はわざわざ来てくださってどうもありがとうございました」
2. 名前を聞く：
   「お名前を教えてくださいますか」→「○○さんですか」
3. 名前をほめる：
   「○○さんって，すてきなお名前ですね」
4. 服装，髪型，容姿をほめる：
   「○○さんの着ているシャツ，すてきな色ですね。よくお似合いですね」
5. 体調を聞く：「○○さん，今日のご気分はよろしいですか」
6. 食欲を聞く：「○○さんは，ごはんはおいしく食べられますか」
7. 刺身が好きか聞く：「○○さんは，お刺身は好きですか」
8. おもちゃ刺激（3種類）の呈示：
   「○○さん，おもしろいおもちゃを持ってきたんですけど，一緒に見てくださいますか」
9. 写真刺激（3種類）の呈示：
   「○○さん，かわいい写真があるんですけど，一緒に見てくださいますか」
10. プレゼント：
    「○○さん，これは私がつくった折り鶴なんですけど，今日のお礼にプレゼントします，どうぞ」
11. 面接終了のあいさつ：
    「○○さん，これで終わりです。どうもありがとうございました」

笑いの表情の判定については，MAX（Izard, 1979）の喜び（enjoyment-joy）の表情の判定基準に従った。また，笑いの形態的特徴を分析するため，笑いと判定された表情変化について，爆発的特徴の有無，有声音や呼吸音の有無，笑いの大きさなどの評定も行なっている。さらに，笑いの表出された状況（文脈）を分析するために，面接場面で発生した刺激と発話内容，笑いの表出，視線，うなずきなど，面接者と被験者のコミュニケーション行動の時間的連鎖を分析し，明らかに刺激に誘発されたと思われる笑いを外発的笑いと判定し，刺激に誘発されたと判断できない笑いを内発的笑いと判定した。

分析の結果，図10-3に示すように，おもちゃ，写真，ほめるなどの快の情動を喚起するものと期待していた刺激に対して外発的笑いが多く誘発されていることがわかった。特に非言語的刺激では，写真に比べて動きのある実体的なおもちゃの方が外発的笑いを多く誘発していた。また，言語的刺激では名前や服装をほめる刺激により笑いが多く誘発された。内発の笑いでは，発話後に付け加える笑いが圧倒的に多くみられた。

笑いの表出された状況と笑いの形態的特徴との関連をみてみると，おもちゃ，写真などの非言語的刺激に誘発された外発的笑いや，名前や服装をほめる，プレゼントを

するなどの言語的刺激に誘発された外発的笑いにおいて，爆発的特徴をもつ笑いが多く表出されていた。そこで矢冨らは爆発的特徴を有する笑いやそのような笑いを誘発する刺激に対する笑いを「情動的笑い」とした。また，爆発的特徴を伴わないその他の笑いについては，面接者があいさつ時に近づく接近行動や面接者の言語的刺激に誘発された笑いや，被験者が自発的に面接者に笑いかける笑いなど，面接者との社会的コミュニケーションの中で生じる笑いが大部分を占めていたため，「社会的笑い」とした。この「情動的笑い」と「社会的笑い」の分類は，一般的に，人の笑いが快の情動を表出する笑い（laughter）と，社交上の笑いであるほほえみ（smiling）に分類されることに対応している。

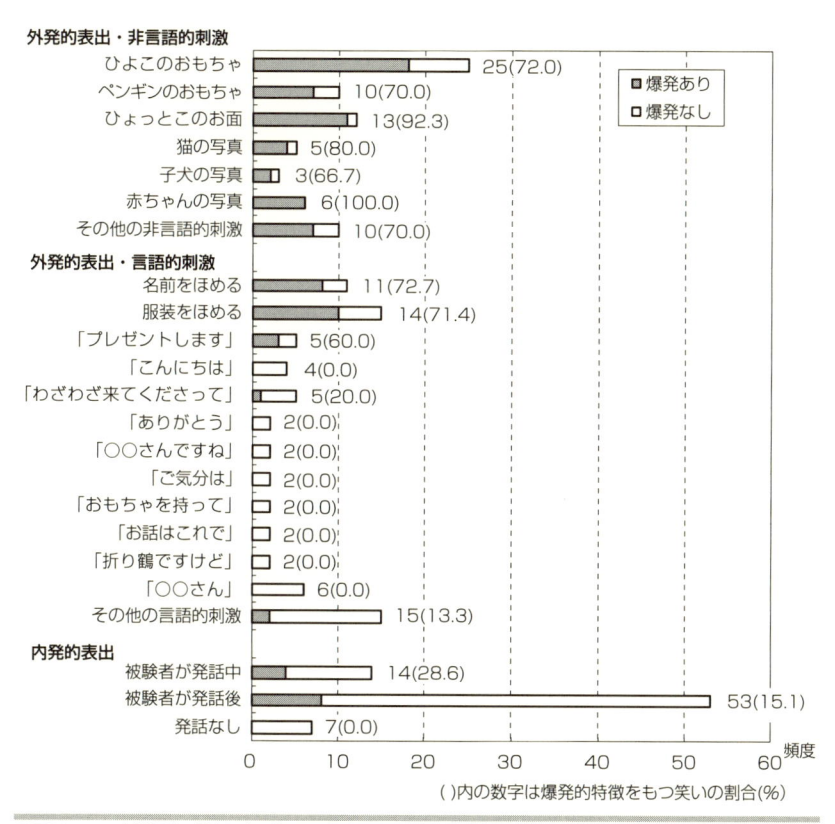

**図10-3 刺激別・状況別の笑いの頻度と爆発的笑いの割合**（矢冨ら，1996を筆者が一部改変）

外発的表出・非言語的刺激
- ひよこのおもちゃ　25(72.0)
- ペンギンのおもちゃ　10(70.0)
- ひょっとこのお面　13(92.3)
- 猫の写真　5(80.0)
- 子犬の写真　3(66.7)
- 赤ちゃんの写真　6(100.0)
- その他の非言語的刺激　10(70.0)

外発的表出・言語的刺激
- 名前をほめる　11(72.7)
- 服装をほめる　14(71.4)
- 「プレゼントします」　5(60.0)
- 「こんにちは」　4(0.0)
- 「わざわざ来てくださって」　5(20.0)
- 「ありがとう」　2(0.0)
- 「○○さんですね」　2(0.0)
- 「ご気分は」　2(0.0)
- 「おもちゃを持って」　2(0.0)
- 「お話はこれで」　2(0.0)
- 「折り鶴ですけど」　2(0.0)
- 「○○さん」　6(0.0)
- その他の言語的刺激　15(13.3)

内発的表出
- 被験者が発話中　14(28.6)
- 被験者が発話後　53(15.1)
- 発話なし　7(0.0)

凡例：■爆発あり　□爆発なし
（）内の数字は爆発的特徴をもつ笑いの割合(%)

## （3）笑いの表出頻度と認知機能との関係

前述したような笑いの分類をもとにして，笑いの表出状況や刺激を10種類のカテゴリにまとめ，カテゴリごとの笑いの頻度とMMS得点の順位相関を算出した結果が表10-4である。情動的笑いについてみてみると，ほめられるという刺激に対する外発的・情動的笑いとMMS得点との間には有意な相関がみられた。ほめられるという言語的刺激の理解にはある程度の知的な能力が必要であると思われるので，認知能力の低下に伴って笑いの表出頻度が低下するのも，もっともなことであろう。一方，おもちゃや子どもの写真などの刺激に誘発された外発的・情動的笑いとMMS得点との間には有意な相関はみられなかった。これらの刺激は認知症高齢者にとっても視覚的にわかりやすく，刺激の意味を理解するのにそれほど高度な情報処理を必要としないため，認知機能の程度とはあまり関係なく笑いの表出が起こる刺激なのかもしれない。

社会的笑いの頻度とMMS得点との関係についてみると，あいさつなどの言語的刺激に誘発された外発的・社会的笑いでは有意な関連はみられなかった。つまり，面接者にあいさつされたり名前を呼ばれるなど話しかけられたときに誘発される受身的な社会的笑いは，知的な能力が低下しても保たれる傾向があることを示している。この結果は，単純な高度に自動化されたコミュニケーション行動（あいさつをする，名前を言う，お礼を述べるなど）は重度の認知症高齢者においても保たれる傾向があるという報告（綿森ら，1989）と一致するものであろう。これに対し，自己の発話中や発話後に笑いかける内発的・社会的笑いとMMS得点との間には有意な関連がみられた。つまり，ある程度の認知能力が保持された認知症高齢者では，他者との積極的なコミュニケーションをはかろうとする意欲が保たれているために，発話中や発話後に自ら能動的に相手に笑いかける内発的・社会的笑いが多く表出されるのではないかと考え

表10-4　笑いの頻度とMMS得点の順位相関（矢冨ら，1996）

| | 外 発 的 | | 内 発 的 | |
|---|---|---|---|---|
| 情動的笑い | ほめられる<br>おもちゃ<br>写真<br>その他の刺激 | .531**<br>.352<br>.166<br>-.102 | 発話中，後 | .257 |
| 社会的笑い | あいさつなど<br>その他の刺激 | .204<br>-.121 | 発話中，後<br>発話なし<br>おもちゃ | .454*<br>.107<br>-.352 |
| 全　体 | | | | .331 |

$*p<.05$　　$**p<.01$

られる。

　このような一連の結果からは，認知症高齢者でも笑いを誘発する刺激や状況によっては，笑いの表出が保たれていることが示唆される。しかし，末期の認知症患者を対象に快－不快刺激に対する表情変化を観察した報告（Asplundら，1995）でも指摘されているように，最終的に，認知障害のレベルがかなり重度になれば，まぶたや唇，顎の動きなどの微視的で限定された顔面の筋肉運動はみられても，笑いの表情や他の特定の情動を示す表情はみられなくなるであろう。

## （4）高齢者における表情研究の意義と今後への期待

　認知症高齢者を対象とした笑いの研究は，彼らに残された情動反応性やソーシャル・スキルの能力を評価する手段の1つになり，認知症高齢者に対してより質の高い心理的ケアを提供していく上で役立つと思われる。また，健常な高齢者が対象の場合でも，質問紙法調査に不慣れであるといったことや，加齢による軽度の認知障害をもっている可能性も少なくないため，言語に頼らない表情を指標とした研究は，臨床的にも応用価値が高いと思われる。しかし，通常，表情研究で表情を判定する道具として用いられるものは，筋電図のように対象者に負担がかかったり，MAXのように評価にかなりの訓練を必要とするものが多い。したがって，今後，表情分析の手法を臨床的研究に応用していくためには，ある程度の信頼性と妥当性を保ちながらもより簡便な評価法の開発が期待される。

　表情研究の領域に限らず，高齢者を研究対象とする研究者は，近年増えつつあるものの，子どもや大学生を対象とした研究に比べるとまだまだ少ないのが現実である。今後，高齢者の表情研究に興味を抱く研究者が増え，この領域の研究がさらに進展することが強く望まれる。

●引用文献●

★第 1 章

Adachi, I., Kuwahata, H., & Fujita, K. submitted Dogs recall owner's face upon hearing the voice.
Batki, A., Baron-Cohen, S., Wheelwright, S., Connellan, J., & Ahluwalia, J. 2000 Is there an innate gaze module? Evidence from human neonates. *Infant Behavior and Development*, 23, 223－229.
Boysen, S.T., & Berntson, G.G. 1989 Conspecific recognition in the chimpanzee (Pan troglodytes)：Cardiac responses to significant others. *Journal of Comparative Psychology*, 103, 215－220.
Bruce, V. 1982 Face recognition by monkeys：Absence of an inversion effect. *Neuropsychologia*, 20, 515－521.
Bruce, V. 1988 *Recognising faces*. Hillsdale, NJ： Erlbaum. 吉川左紀子（訳）1990 顔の認知と情報処理 サイエンス社
Bushnell, I.W.R., Sai, F., & Mullin, J.T. 1989 Neonatal recognition of the mother's face. *British Journal of Developmental Psychology*, 7, 3－15.
Chevalier-Skolnikoff, S. 1973 Facial expressions of emotions in nonhuman primates. In： Ekman, P. (Ed.), *Darwin and Facial Expression*. New York： Academic Press. Pp. 11－89.
Dasser, V. 1987 Slides of group members as representation of the real animals (Macaca fascicularis). *Ethology*, 76, 65－73.
de Waal, F.B.M., & Tyack, P.L. 2003 *Animal social complexity. intelligence, culture, and individualized societies*. Harvard University Press： Cambridge, MA.
Diamond, R., & Carey, S. 1986 Why faces are and are not special：An effect of expertise. *Journal of Experimental Psychology： General*, 115, 107－117.
Ellis, H.D., Shepherd, J.W., & Davies, G.M. 1979 Identification of familiar and unfamiliar faces from internal and external features ： Some implications for theories of face recognition. *Perception*, 8, 431－439.
Fobes, J.L., & King, J.L. 1982 Vision ： The dominant primate modality. *Primate behavior*. New York： Academic Press. Pp. 219－243.
Fujita, K. 1987 Species recognition by five macaque monkeys. *Primates*, 28, 353－366.
Fujita, K. 1993 Role of some physical characteristics in species recognition by pigtail monkeys. *Primates*, 34, 133－140.
藤田和生 1998 比較認知科学への招待―「こころ」の進化学― ナカニシヤ出版
Goren, C., Sarty, M., & Wu, P. 1975 Visual following and pattern discrimination of face-like stimuli by newborn infants. *Pediatrics*, 56, 544－549.
Gothard, K.M., Erickson, C.A., & Amaral, D.G., in press How do rhesus monkeys (Macaca mulatta) scan faces in a visual paired comparison task? *Animal Cognition*.
Johnson, M.H., & Morton, J. 1991 *Biology and cognitive development： The case of face recognition*. Cambridge, UK： Blackwell.
金沢創 1993 表情の起源 吉川左紀子・益谷真・中村真（編） 顔と心―顔の心理学入門― サイエンス社 Pp. 27－45.
Keating, C.F., & Keating, E.G. 1982 Visual scan patterns of rhesus monkeys viewing faces. *Perception*, 11, 211－219.
Kendrick, K.M., Atkins, K., Hinton, M.R., Heavens, P., & Keverne, B. 1996 Are faces special for sheep? Evidence from facial and object discrimination learning tests showing effects of inversion and social familiarity. *Behavioural Processes*, 38, 19－35.
Kuwahata, H., Adachi, I., Fujita, K., Tomonaga, M., & Matsuzawa, T. 2004 Development of schematic face preference in macaque monkeys. *Behavioural Processes*, 66, 17－21.
桑畑裕子・石川悟・藤田和生 2002 霊長類における社会的対象認知の発達 心理学評論, 45, 367－381.
松沢哲郎 1991 チンパンジーから見た世界 東京大学出版会.
Mendelson, M.J. 1982 Visual and social responses in infant rhesus monkeys. *American Journal of Primatology*, 3, 333－340.
Mendelson, M.J., Haith, M.M., & Goldman-Rakic, P.S. 1982 Face scanning and responsiveness to social cues in infant rhesus monkeys. *Developmental Psychology*, 18, 222－228.
Myowa-Yamakoshi, M. & Tomonaga, M. 2001 Development of face recognition in an infant gibbon (Hylobates agilis). *Infant Behavior and Development*, 24, 215－227.
Myowa-Yamakoshi, M., Tomonaga, M., Tanaka, M., & Matsuzawa, T. 2003 Preference for human direct gaze in infant chimpanzees (Pan troglodytes). *Cognition*, 89, 53－64.

引用文献

Overman, W.H., & Doty, R.W. 1982. Hemispheric specialization displayed by man but not macaques for analysis of faces. *Neuropsychologia*, 20, 113 – 128.
Parr, L.A., Dove, T., & Hopkins, W.D. 1998 Why faces may be special : Evidence of the inversion effect in chimpanzees. *Journal of Cognitive Neuroscience*, 10, 615 – 622.
Parr, L.A., Winslow, J.T., Hopkins, W.D., & de Waal, F.B.M. 2000 Recognizing facial cues : Individual recognition in chimpanzees (Pan troglodytes) and rhesus monkeys (Macaca mulatta). *Journal of Comparative Psychology*, 114, 47 – 60.
Peirce, J.W., Leigh, A.E., daCosta, A.P.C., & Kendrick, K.M. 2001 Human face recognition in sheep : Lack of configurational coding and right hemisphere advantage. *Behavioural Processes*, 55, 13 – 26.
Phelps, M.T., & Roberts, W.A. 1994 Memory for pictures of upright and inverted primate faces in humans (Homo sapiens), squirrel monkeys (Saimiri sciureus) and pigeons (Columba livia). *Journal of Comparative Psychology*, 108, 114 – 125.
Redican, W.K. 1975 Facial expressions in nonhuman primates. In Rosenblum, L.A. (Ed.), *Primate Behaviour : Developments in Fields and Laboratory Research*. New York : Academic Press. Pp. 103 – 194.
Rosenfeld, S.A., & Van Hoesen, G.W. 1979 Face recognition in the rhesus monkey. *Neuropsychologia*, 17, 503 – 509.
Rybarczyk, P., Koba, Y., Rushen, J., Tanida, H., & de Passille, A.M. 2001 Can cows discriminate people by their faces? *Applied Animal Behaviour Science*, 74, 175 – 189.
Shepherd, J.W., Davies, G.M., & Ellis, H.D. 1981 Studies of cue saliency.? In G.Davies, H.Ellis, & J.Shepherd (Eds.), *Perceiving and Remembering Faces*. London : Academic Press. Pp. 105 – 131.
竹下秀子　1999　心とことばの初期―霊長類の比較発達学―　東京大学出版会
Tomonaga, M., Itakura, S., & Matsuzawa, T. 1993 Superiority of conspecific faces and reduced inversion effect in face perception by a chimpanzees. *Folia Primatologica*, 61, 110 – 114.
Tomonaga, M. 1999. Inversion effect in perception of human faces in a chimpanzee (Pan troglodytes). *Primates*, 40, 417 – 438.
友永雅己・山口真美・明和（山越）政子・水野友有・金沢創　2003　母親の顔の認識 友永雅己・田中正之・松沢哲郎（編著）　チンパンジーの認知と行動の発達　京都大学学術出版会　Pp. 94 – 99.
渡辺茂　2000　心の比較認知科学　小嶋祥三・鹿取広人（監修）渡辺茂（編著）ことばと心の発達③　ミネルヴァ書房
Wright, A.A., & Roberts, W.A. 1996 Monkey and human face perception : Inversion effects for human faces but not for monkey faces or scenes. *Journal of Cognitive Neuroscience*, 8 , 278 – 280.
山口真美　2003　赤ちゃんは顔を読む　紀伊国屋書店
Yarbus, A.L. 1967 *Eye movements and vision*. New York : Plenum.
Yin, R.K. 1969　Looking at upside-down faces. *Journal of Experimental Psychology*, 81, 141 – 145.
Young, A.W., Hay, D.C., McWeeny, K.H., Flude, B.M., & Ellis, A.W. 1985 Matching familiar and unfamiliar faces on internal and external features. *Perception*, 14, 737 – 746.

★第2章
Ahrens, S. R. 1954 Beitrage zur entwicklung des physiognomie und mimikerkennes. *Zeitschrift fur Experimentelle und Angewandte Psychologie*, 2 , 412 – 454.
Bushnell, I. W. R. 1998 The origins of face perception. In F., Simon, & G. Butterworth, (Eds.), *The development of sensory, motor and cognitive capacities in early infancy*. UK : Psychology Press Pp. 69 – 86.
Bushnell, I. W. R., Sai, F., & Mullin, J. T. 1982 Neonatal recognition of the mother's face. *British Journal of Developmental Psychology*, 7 , 3 – 15.
Carey, S. 1992 Becoming a face expert. *Philosophical Transaction of the Royal Society of London*, B, 335, 95 – 103.
Caron, R. F., Caron, A., & Myers, R. S. 1982 Abstraction of invariant face expressions in infancy. *Child Development*, 53, 1008 – 1115.
Fantz, R. L. 1961 The origin of form perception. *Scientific American*, 204, 66 – 72.
Fantz, R. L. 1963 Pattern vision in newborn infants. *Science*, 140, 296 – 297.
Fantz, R. L., & Fagan, J. F. 1975 Visual attention to size and number of pattern details by term and preterm infants during the first six months. *Child Development*, 46, 224 – 228.
Fantz, R. L., & Yeh, J. 1979 Configurational selectivities : Critical for development of visual perception and attention. *Canadian Journal of Psychology*, 33, 277 – 287.
Field, T. M., Cohen, D., Garcie, R. & Collins, R. 1983 Discrimination and imitation of facial expression by term and

preterm neonates. *Infant Behavior and Development*, 6, 485-489.
Fujita, K. 1987 Species recognition by five macaque monkeys. *Primates*, 28, 353-366.
Geldart, S., Mondloch, C. J., Maurer, D., de Schonen, S., & Brent, H. P. 2002 The effect of early visual deprivation on the development of face processing. *Developmental Science*, 5, 490-501.
Haan, M. & Nelson C. A. 1998 Discrimination and categorization of facial expressions of emotion during infancy. In A. Slater (Eds.), *Perceptual development: Visual, auditory, and speech perception in infancy*. UK.: Psychology Press. Pp. 287-309.
Johnson, M. H, & Morton, J. 1991 *Biology and cognitive development : The case of face recognition*. Oxford, England, Basil Blackwell.
LaBarbera, J. D., Izard, C. E. Vietze, P., & Parisi, S. A. 1976 Four-and six-month-old infants' visual response to joy, anger and neutral expressions. *Child Development*, 47, 535-538.
Ludemann, P. M. 1991 Generalized discrimination of positive facial expressions by seven-and ten-month-old infants. *Child Development*, 62, 55-67.
Ludemann, P. M. & Nelson, C. A. 1988 The categorical representation of facial expressions by 7-month-old infants. *Developmental Psychology*, 24, 492-501.
Nelson, C. A. 1993 The recognition of facial expressions in infancy: Behavioral and electrophysiological evidence. In Boysson-Bardies (Eds.), *Developmental neurocognition : Speech and face processing in the first year of life*. Netherlands. : Kluwer Academic Publishers. Pp. 187-210.
Nelson, C. A., & Dolgin, K. 1985 The generalised discrimination of facial expressions by 7-month-old infants. *Child Development*, 56, 58-61.
Nelson C. A., & Haan, M. 1998 A neurobehavioral approach to the recognition of facial expressions in infancy. In J. A., Russell, (Ed.), *The psychology of facial expression*. Cambridge : Cambridge University Press. Pp.176-204.
Nelson, C. A., Morese, P. A., & Leavitt, L. A. 1979 Recognition of facial expressions by seven-month-old infants. *Child Development*, 50, 1239-1242.
Pascalis, O., de Haan, M., & Nelson, C. A. 2002 Is face processing species-specific during the first year of life? *Science*, 296, 1321-1323.
Phillips, R. D., Wagner, S. H., Fells, C. A., & Lynch, M. 1990 Do infants recognize emotion in facial expressions? Categorical and "metaphorical" evidence. *Infant Behavior and Development*, 13, 71-81.
Pollak, S. D., & Tolley-Schell, S. A. 2003 Selective attention to facial emotion in physically abused children. *Journal of Abnormal Psychology*, 112, 323-338.
Quinn P. C., Kuhn, Y. A., Slater, A. M., & Pascalis, O. 2002 Presentation of the gender of human faces by infants : A preference for female. *Perception*, 31, 1109-1121.
Rosenstein D., & Oster H. 1988 Differential facial responses to four basic tastes in newborns. *Child Development*, 59, 1555-1568.
Sorce, J.F., Emde, N., Campos, J., & Kinnert, M.D. 1985 Maternal emotional signinaling : Its effects on the visual cliff behavior of 1-year-olds. *Derelopmental Psychology*, 21, 195-200.
Yamaguchi, K. M. 2000 *Discriminating the gender of faces by 6 and 8 month old infants. Perceptiual and Motor Skills*, 91, 653-663.
山口真美 2003 赤ちゃんは顔をよむ−視覚と心の発達学− 紀伊国屋書店
Young-Browne, G., Rosenfeld, H. M., & Horowitz, F. D. 1977 Infant discrimination of facial expressions. *Child Development*, 48, 555-562.

## ★第3章
Bassili, J.N. 1978 Facial motion in the perception of faces and of emotional expression. *Journal of Experimental Psychology : Human Perception and Performance*, 4, 373-379.
Benson, P.J., & Perrett, D. 1991 Synthesizing continuous-tone caricatures. *Image and Vision Computing*, 9, 123-129.
Burton, A.M., Wilson, S., Cowan, M., & Bruce, V. 1999 Face recognition in poor-quality video : Evidence from security surveillance. *Psychological Science*, 10, 243-248.
Calder, A.J., Young, A.W., Perrett, D.I., Etcoff, N.L., & Rawland, D. 1996 Categorical perception of morphed facial expressions. *Visual Cognition*, 3, 81-117.
Christie, F., & Bruce, V. 1998 The role of dynamic information in the recognition of unfamiliar faces. *Memory and Cognition*, 26, 780-790.
Dodd, B., & Campbell, R. 1987 *Hearing by eye : The psychology of lip-reading*. London : Erlbaum.

引用文献

Ekman, P., & Friesen, W.V. 1978 *Facial Action Coding System*. Palo Alto, CA : Consulting Psychologists Press.
Ekman, P., & Friesen, W.V. 1982 Felt, false and miserable smiles. *Journal of Nonverbal Behaviour*, 6, 238 − 252.
Etcoff, N.L., & Magee, J.J. 1992 Categorical perception of facial expressions. *Cognition*, 44, 227 − 240.
Hill, H., & Johnston, A. 2001 Categorizing sex and identity from the biological motion of faces. *Current Biology*, 11, 880 − 885.
Humphreys, G.W., Donnelly, N., & Riddoch, M.J. 1993 Expression is computed separately from facial identity, and it is computed separately for moving and static faces : Neuropsychological evidence. *Neuropsychologia*, 31, 173 − 181.
Johansson, G. 1973 Visual perception of biological motion and a model for its analysis. *Perception and Psychophysics*, 14, 201 − 211.
Kamachi, M., Bruce, V., Mukaida, S., Gyoba, J., Yoshikawa, S., & Akamatsu, S. 2001 Dynamic properties influence the perception of facial expressions. *Perception*, 30, 875 − 887.
Kamachi, M., Hill, H., Lander, K., & Vatikiotis-Bateson, E. 2003 "Putting the face to the voice" : Matching identity across modality. *Current Biology*, 13, 1709 − 1714.
Knight, B., & Johnston, A. 1997 The role of movement in face recognition. *Visual Cognition*, 4, 265 − 273.
Lander, K., & Bruce, V. 2000 Recognizing famous faces : Exploring the benefits of facial motion. *Ecological Psychology*, 12, 259 − 272.
Lander, K., Christie, F., & Bruce, V. 1999 The role of movement in the recognition of famous faces. *Memory and Cognition*, 27, 974 − 985.
McGurk, H.A.M. 1976 Hearing lips and seeing voices. *Nature*, 264, 746 − 748.
向田茂・蒲池みゆき・尾田政臣・加藤隆・吉川左紀子・赤松茂・千原國宏　2002　操作性を考慮した顔画像合成システム：FUTON−顔認知研究のツールとしての評価−　電子情報通信学会論文誌（A），J85−A，1126 − 1137.
Munhall, K. & Vatikiotis-Bateson, E. 1998 *The moving face during speech communication*. R. Campbell, B. Dodd & D. Burnham (Eds.) Hearling by Eye. Part 2 : The Psychology of Speechreading and audiovisual speech. London : Psychology Press.
O'Toole, A. J., Roark, D. A., & Abdi, H. 2002 Recognizing moving faces : A psychological and neural synthesis. *Trends in Cognitive Sciences*, 6, 261 − 266.
Pollick, F.E., Hill, H., Calder, A., & Paterson, H. 2003 Recognising facial expression from spatially and temporally modified movements. *Perception*, 32, 813 − 826.
Remez, R.E., Rubin, P.E., Pisoni, D.B., & Carrell, T.D. 1981 Speech perception without traditional speech cues. *Science*, 212, 947 − 949.
Sato, W., Kochiyama, T., Yoshikawa, S., Naito, E., & Matsumura, M. 2004 Enhanced neural activity in response to dynamic facial expressions of emotion : An fMRI study. *Cognitive Brain Research*, 20, 81 − 91.
Schyns, P.G., & Oliva, A. 1999 Dr. Angry and Mr. Smile : When categorization flexibly modifies the perception of faces in rapid visual presentations. *Cognition*, 69, 243 − 265.
Stone, J.V. 1998 Object recognition using spatiotemporal signatures. *Vision Research*, 38, 947 − 951.
Ullman, S. 1979 *The interpretation of visual motion*. Massachusetts : MIT Press.
Valentine, T. 1988 Upside-down faces : A review of the effect of inversion upon face recognition. *British Journal of Psychology*, 79, 471 − 491.
Vatikiotis-Bateson, E., Eigsti, I.M., Yano, S., & Munhall, K.G. 1998 Eye movement of perceivers during audiovisual speech perception. *Perception and Psychophysics*, 60, 926 − 940.

★第4章

Adolphs, R. 2002 Recognizing emotion from facial expressions : Psychological and neurological mechanisms. *Behavioral and Cognitive Neuroscience Reviews*, 1, 21 − 61.
Babloyantz, A. 1989 Some remarks on nonlinear data analysis of physiological time series. In N.B.Abraham, A.L.Albano, A.Passamente, & P.E.Rapp (Eds.), *Measures of complexity and chaos*. NATO ARW Series : Plenum Press.
Beale, J. M., & Keil, C. F. 1995 Categorical effects in the perception of faces. *Cognition*, 57, 217 − 239.
Blanz, V., O'Toole, A.J., Vetter, T., & Wild, H.A. 2000 On the other side of the mean : The perception of dissimilarity in human faces. *Perception*, 29, 885 − 891.
Brown, D. E. 1991 *Human universals*. Philadelphia : Temple University Press.
Busey, T. A. 1998 Physical and psychological representations of faces : Evidence from morphing. *Psychological Sci-*

ence, 9, 476 – 483.
Buss, D. 1992 Is there a universal human nature? *Contemporary Psychology*, 37, 1262 – 1263.
Calder, A. J., Burton, A. M., Miller, P., Young, A. W., & Akamatsu, S. 2001 A principal component analysis of facial expressions. *Vision Research*, 41, 1179 – 1208.
Calder, A. J., Young, A. W., Perrett, D. I., Etcoff, N. L., & Rowland, D. 1996 Categorical perception of morphed facial expressions. *Visual Cognition*, 3, 81 – 117.
Campbell, R., Woll, B., Benson, P. J., & Wallace, S. B. 1999 Categorical perception of face actions : Their role in sign language and in communicative facial displays. *Quarterly Journal of Experimental Psychology*, 52A, 67 – 95.
Carlson, J. G., & Hatfield, E. 1992 *Psychology of emotion*. Fort Worth, Texas : Harcourt Brace Jovanovich.
Carroll, J. M., & Russell, J. A. 1996 Do facial expressions signal specific emotions? Judging emotion from the face in context. *Journal of Personality and Social Psychology*, 70, 205 – 218.
Cottrell, G. W., Dailey, M. N., Padgett, C., & Adolphs, R. 2000 Is all face processing holistic? The view from UCSD.In M. Wenger & J.Townsend (Eds.), *Computational, geometric, and process perspectives on facial cognition : Context and challenges*. Mahwah, New Jersey : Erlbaum. Pp. 347 – 395.
Dailey, M. N., Cottrell, G. W., Padgett, C., & Adolphs, R. 2002 EMPATH : A neural network that categorizes facial expressions. *Journal of Cognitive Neuroscience*, 14, 1158 – 1173.
DePaulo, B. M. 1992　Nonverbal behavior and self-presentation. *Psychological Bulletin*, 111, 203 – 243.
Ekman, P. 1972 Universals and cultural differences in facial expressions of emotion. In J.K.Cole (Ed.), *Nebraska symposium on motivation*, 1971. Lincoln, Nebraska : University of Nebraska Press. Pp. 207 – 283.
Ekman, P. 1973 Cross-cultural studies of facial expression. In P.Ekman (Ed.), *Darwin and facial expression : A century of research in review*. New York : Academic Press. Pp. 169 – 222.
Ekman, P. 1992 An argument for basic emotions. *Cognition and Emotion*, 6, 169 – 200.
Ekman, P. 1999 Basic emotions. In T.Dagleish & M.Power (Eds.), *Handbook of cognition and emotion*. New York : Wiley. Pp. 45 – 60.
Ekman, P., & Friesen, W.V. 1971 Constants across cultures in the face and emotion. *Journal of Personality and Social Psychology*, 17, 124 – 129.
Ekman, P., & Friesen, W. V. 1976 *Pictures of facial affect*. Palo Alto, California : Consulting Psychologists Press.
Ekman, P., Friesen, W. V., & Ellsworth, P. 1982 Conceptual ambiguities. In P.Ekman (Ed.). *Emotion in the human face*. Cambridge : Cambridge University Press. Pp. 7 – 21.
Ekman, P., Friesen, W. V., O'Sullivan, M., Chan, A., Diacoyanni-Tarlatzis, I., Heider, K., Krause, R., LeCompte, W.A., Pitcairn, T., Ricci-Bitti, P.E., Scherer, K., Tomita, M., & Tzavaras, A. 1987　Universals and cultural differences in the judgments of facial expressions of emotion. *Journal of Personality and Social Psychology*, 53, 712 – 717.
Ekman, P., Sorenson, E. R., & Friesen, W.V. 1969 Pan-cultural elements in facial displays of emotions. *Science*, 164, 86 – 88.
Etcoff, N.L., & Magee, J.J. 1992　Categorical perception of facial expressions. *Cognition*, 44, 227 – 240.
Fridlund, A.J. 1994　Sociality of solitary smiling : Potentiation by an implicit audience. *Journal of Personality and Social Psychology*, 60, 229 – 240.
Haidt, J., & Keltner, D. 1999　Culture and facial expression : Open-ended methods find more faces and a gradient of recognition. *Cognition and Emotion*, 13, 225 – 266.
Harnad, S. 1987 *Categorical perception : The groundwork of cognition*. Cambridge, UK : Cambridge University Press.
Hejmadi, A., Davidson, R. J., & Rozin, P. 2000 Exploring Hindu Indian emotion expressions : Evidence for accurate recognition by Americans and Indians. *Psychological Science*, 11, 183 – 187.
Hochberg, J.E. 1978 *Perception* (2 nd ed.). Englewood Cliffs, New Jersey : Prentice-Hall, Inc. 上村保子（訳）1981 知覚（新訂現代心理学入門）　岩波書店
池田進　1987　人の顔または表情の識別について（上）－初期の実験的研究を中心とした史的展望－　関西大学出版部
Katsikitis, M. 1997 The classification of facial expressions of emotion : A multidimensional-scaling approach. *Perception*, 26, 613 – 626.
Mandelbrot, B. B. 1967 How long is the coast of Britain? Statistical self-similarity and fractional dimension. *Science*, 156, 636 – 638.
Mandelbrot, B. B. 1982 *The fractal geometry of nature*. New York : Freeman.
Mesquita, B., & Frijda, N.H. 1992 Cultural variations in emotions : A review. *Psychological Bulletin*, 112, 179 – 204.
Oatley, K. 1992 *Best laid schemes : The psychology of emotions*. Cambridge, England : Cambridge University Press.

## 引用文献

Oatley, K., & Jenkins, J.M. 1992 Human emotions : Function and dysfunction. *Annual Review of Psychology*, 43, 55-85.
小川時洋・鈴木直人 1999 線画表情を用いた特徴点変位と表情認識の関係 感情心理学研究, 6, 17-26.
Padgett, C., & Cottrell, G. 1998 A simple neural network models categorical perception of facial expressions. *Proceedings of the 20 th Annual Conference of the Cognitive Science Society*. Mahwah, New Jersey : Erlbaum.
Padgett, C., Cottrell, G., & Adolphs, R. 1996 Categorical perception in facial emotion classification. *Proceedings of the 18 th Annual Conference of the Cognitive Science Society*. Hillsdale, New Jersey : Erlbaum.
Russell, J. A. 1980 A circumplex model of affect. *Journal of Personality and Social Psychology*, 39, 1161-1178.
Russell, J. A. 1991 The contempt expression and the relativity thesis. *Motivation and Emotion*, 15, 149-168.
Russell, J. A. 1994 Is there universal recognition of emotion from facial expression? A review of the cross-cultural studies. *Psychological Bulletin*, 115, 102-141.
Russell, J. A. 1997 Reading emotions from and into faces : Resurrecting a dimensional-contextual perspectives. In J. A. Russell & J.M.Fernández-Dols (Eds.), *The psychology of facial expression*. New York : Cambridge University Press. Pp. 295-320.
Russell, J. A., & Bullock, M. 1985 Multidimensional scaling of emotional facial expressions : Similarity from preschoolers to adults. *Journal of Personality and Social Psychology*, 48, 1290-1298.
Russell, J. A., & Bullock, M. 1986 Fuzzy concepts and the perception of emotion in facial expressions. *Social Cognition*, 4, 309-341.
Russell, J. A., Lewicka, M., & Niit, T. 1989 A cross-cultural study of a circumplex model of affect. *Journal of Personality and Social Psychology*, 57, 848-856.
Scherer, K. R. 2000 Psychological models of emotion. In J.C.Borod (Ed.), *The neuropsychology of emotion*. New York : Oxford University Press. Pp. 137-162.
Schiano, D. J., Ehrlich, S.M., & Sheridan, K. 2001 Categorical perception of facial affect : An illusion. *Extended Abstracts of ACM CHI 2001 Conference on Human Factors in Computing Systems*. New York : ACM.
Schiano, D. J., Ehrlich, S.M., & Sheridan, K. in press Categorical imperative NOT : Facial affect is perceived continuously. *CHI 2004*.
Schiano, D. J., Ehrlich, S. M., Sheridan, K. M., & Beck, D.M. 2000 *Evidence continuous rather than categorical perception of facial affect*. Abstract presented at The 40th Annual Meeting of the Psychonomic Society.
Schlosberg, H. 1941 A scale for the judgment of facial expressions. *Journal of Experimental Psychology*, 29, 497-510.
Schlosberg, H. 1952 The description of facial expressions in terms of two dimensions. *Journal of Experimental Psychology*, 44, 229-237.
瀬谷正敏 1977 対人関係の心理 培風館
渋井進・山田寛・厳島行雄・佐藤隆夫 1998 表情のカテゴリー化モデルの検討 電子情報通信学会技術研究報告, HCS 97-22, 1-8.
渋井進・山田寛・佐藤隆夫・繁桝算男 1999 表情のカテゴリカル知覚と意味的距離 電子情報通信学会技術研究報告, HCS 99-23, 1-7.
Shimada, I., Minesaki, Y., & Hara, H. 1995 Temporal fractal in the feeding behavior of Drosophila melanogaster. *Journal of Ethology*, 13, 153-158.
Shinagawa, Y., Kawano, K., Matsuda, H., Seno, H., & Koito, H. 1991 Fractal dimensionality of brain wave. *Forma*, 6, 205-214.
Smith, C. A. 1998 Appraisal components and relational themes : Toward an integration of dimensional and categorical approaches to appraisal. *Proceedings of the 10th Conference of the International Society for Research on Emotions*. Würzburg, Germany : ISRE.
Stevenage, V. S. 1998 Which twin are you? A demonstration of induced categorical perception of identical twin faces. *British Journal of Psychology*, 89, 39-57.
高橋博 1994 感情強度と表情図形の関連性 日本心理学会第58回大会発表論文集, 937.
Takehara, T., & Suzuki, N. 1997 Morphed images of basic emotional expressions : Ratings on Russell's bipolar field. *Perceptual and Motor Skills*, 85, 1003-1010.
Takehara, T., & Suzuki, N. 2001 Robustness of the two-dimensional structure of recognition of facial expression : Evidence under different intensities of emotionality. *Perceptual and Motor Skills*, 93, 739-753.
Takehara, T., Ochiai, F., & Suzuki, N. 2002 Fractals in emotional facial expression recognition. *Fractals*, 10, 47-52.
West, B. J. 1990 *Fractal physiology and chaos in medicine*. Singapore : World Scientific.
Wierzbicka, A. 1999 *Emotions across languages and cultures*. Cambridge, UK : Cambridge University Press.

Yamada, H. 1993 Visual information for categorizing facial expression of emotions. *Applied Cognitive Psychology*, 7, 257-270.
山田寛　2000 顔面表情の知覚的判断過程に関する説明モデル　心理学評論, 43, 245-255.
Yamada, H., Matsuda, T., Watari, C., & Suenaga, T. 1993 Dimensions of visual information for categorizing facial expressions of emotion. *Japanese Psychological Research*, 35, 172-181.
山田寛・中村宏信・森島繁生・原島博　1995　仮想現実的顔画像処理システムを用いた顔面表情知覚の精神物理学的研究：特に基本表情の強度と感覚量の関係について　電子情報通信学会技術研究報告, HCS95-22, 15-20.
Yamada, H., & Shibui, S. 1998 The relationship between visual information and affective meanings from facial expressions of emotion. *Perception*, 27（Supplement）, 133.
Yamamoto, Y., & Hughson, R. L. 1993 Extracting fractal components from time series. *Physica*, D68, 250-264.
Young, A. W., Rowland, D., Calder, A. J., Etcoff, N. L., Seth, A., & Perrett, D. I. 1997 Facial expression megamix : Tests of dimensional and category accounts of emotion recognition. *Cognition*, 63, 271-313.
渡邊伸行・鈴木竜太・山田寛　2003a　表情の知覚的判断に関わる視覚情報—3次元構造の検討—　電子情報通信学会技術研究報告, HCS 2002-35, 43-48.
渡邊伸行・鈴木竜太・山田寛　2003b　表情認知における心理物理的関係の再検討　日本認知心理学会第1回大会発表論文集, 178-179.
渡邊伸行・前田亜希・山田寛　2003c　表情認知における物理変数と心理変数の対応関係—Affect Grid 法を用いた検討—　電子情報通信学会技術研究報告, HCS 2003-20, 1-6.

## ★第5章

Adolphs, R. 2002 Neural systems for recognizing emotion. *Current Opinion in Neurobiology*, 12, 169-177.
Adolphs, R., Tranel, D., Damasio, H., & Damasio, A. 1994 Impaired recognition of emotion in facial expressions following bilateral damage to the human amygdala. *Nature*, 372, 669-672.
Aggleton, J. P. 2000 *The amygdala : a functional analysis*. New York. : Oxford University Press.
Babcock, M. K., & Sabini, J. 1990 On differentiating embarrassment from shame. *European Journal of Social Psychology*, 20, 151-169.
Baron-Cohen, S. 1995 *Mindblindness : An essay on autism and theory of mind*. Cambridge, MA : MIT Press.
Barton, J. J., Press, D. Z., Keenan, J. P., & O'Connor, M. 2002 Lesions of the fusiform face area impair perception of facial configuration in prosopagnosia. *Neurology*, 58, 71-78.
Batki, A., Baron-Cohen, S., Wheelwright, S., Connellan, J., & Ahluwalia, J. 2000 Is there an innate gaze module? Evidence from human neonates. *Infant Behavior & Development*, 23, 223-229.
Baudouin, J. Y., Gilibert, D., Sansone, S., & Tiberghien, G. 2000 When the smile is a cue to familiarity. *Memory*, 8, 285-292.
Bench, C. J., Frith, C. D., Grasby, P. M., Friton, K. J., Paulesu, E., Frackowiak, R. S. J., & Dolan, R. J. 1993 Investigations of the functional anatomy of attention using the Stroop test. *Neuropsychologia*, 31, 907-922.
Bentin, S., Allison, T., Puce, A. Perez, E., & McCarthy, G. 1996 Electrophysiological Studies of face perception in humans. *Journal of Cognitive Neuroscience*, 8, 551-565.
Blair, R. J., Morris, J. S., Frith, C. D., Perrett, D. I., & Dolan, R. J. 1999 Dissociable neural responses to facial expressions of sadness and anger. *Brain*, 122, 883-893.
Breiter, H. C., Etcoff, N. L., Whalen, P. J., Kennedy, W. A., Rauch, S. L., Buckner, R. L., Strauss, M. M., Hyman, S. E., & Rosen, B. R. 1996 Response and habituation of the human amygdala during visual processing of facial expression. *Neuron*, 17, 875-887.
Bruce, V., & Young, A. 1986 Understanding face recognition. *British Journal of Psychology*, 77, 305-327.
Caharel, S., Poiroux, S., Bernard, C., Thibaut, F., Lalonde, R., & Rebai, M. 2002 ERPs associated with familiarity and degree of familiarity during face recognition. *International Journal of Neuroscience*, 112, 1499-1512.
Calder, A. J., Lawrence, D., Keane, J., Scott, S. K., Owen, A. I., Christoffels, I., & Young, A. W. 2002 Reading the mind from eye gaze. *Neuropsychologia*, 40, 1129-1138.
Calder, A. J., Young, A. W., Rowland, D., Perret, D. I., Hodges, J. R., & Etcoff, N. L. 1996 Facial emotion recognition after bilateral amygdala damage : Differentially severe impairment of fear. *Cognitive Neuropsychology*, 13, 699-745.
Canli, T., Sivers, H., Whitfield, S. L., Gotlib, I. H., & Gabrieli, J. D. 2002 Amygdala response to happy faces as a function of extraversion. *Science*, 296, 2191.

引用文献

Carr, L., Iacoboni, M., Dubeau, M., Mazziotta, J. C., & Lenzi, G. L. 2003 Neural mechanisms of empathy in humans: A relay from neural system for imitation to limbic areas. *Proceedings of the National Academy of Sciences of the USA*, 100, 5497–5502.
Chao, L. L., Martin, A., & Haxby, J. V. 1999 Are face-responsive regions selective only for faces? *Neuroreport*, 10, 2945–2950.
Davis, M., & Whalen, P. J. 2001 The amygdala: Vigilance and emotion. *Molecular Psychiatry*, 6, 3–34.
Devinsky, O., Morrell, M. J., & Vogt, B. A. 1995 Contributions of anterior cingulate cortex to behavior. *Brain*, 118, 279–306.
Diamond, R., & Carey, S. 1986 Why faces are and are not special: An effect of expertise. *Journal of Experimental Psychology*: General, 115, 107–117.
Druzgal, T. J., & D'Esposito, M. 2001 Activity in fusiform face area modulated as a function of woking memory load. *Cognitive Brain Research*, 10, 335–364.
Druzgal, T. J., & D'Esposito, M. 2003 Dissecting contributions of prefrontal cortex and fusiform face area to face working memory. *Journal of Cognitive Neuroscience*, 15, 771–784.
Ellis, H. D. 1997 Misidentification syndromes. In D. Bhugra & A. Munro (Eds.), *Troublesome disguises*. Underdiagnosed psychiatric syndromes. Blackwell Science, Ch. 2, Pp. 7–23.
Ellis, H. D., Young, A. W., Quayle, A. H., & Depauw, K. W. 1997 Reduced autonomic responses to faces in Capgras delusion. *Proceedings of the Royal Society of London B*, 264, 1085–1092.
遠藤光男　1993　顔の認識過程．吉川左紀子・益谷真・中村真（編）　顔と心—顔の心理学入門—　サイエンス社　Pp. 27–45.
Endo, N., Endo, M., Kirita, T., & Maruyama, K. 1992 The effects of expression on face recognition. *Tohoku Psychologica Folia*, 52, 37–44.
Farah, M. J., Levinson, K. L., & Klein, K. L. 1995 Face perception and within-category discrimination in prosopagnosia. *Neuropsychologia*, 33, 661–674.
Feinberg, T. E., & Shapiro, , R. M. 1989 Misidentification-reduplication and the right hemisphere. *Neuropsychiatry, Neuropsychology and Behavioural Neurology*, 2, 39–48.
Gauthier, I., Skudlarski, P., Gore, J. C., & Anderson, A. W. 2000 Expertise for cars and birds recruits brain areas involved in face recognition. *Nature Neuroscience*, 3, 191–197.
Geday, J., Gjedde, A., Boldsen, A., & Kupers, R. 2003 Emotional valence modulates activity in the posterior fusiform gyrus and inferior medial prefrontal cortex in social perception. *Neuroimage*, 18, 675–684.
Gorno-Tempini, M. L., Pradelli, S., Serafini, M., Pagnoni, G., Baraldi, P., Porro, C., Nicoletti, R., Umita, , C., & Nichelli, P. 2001 Explicit and incidental facial expression processing: An fMRI study. *Neuroimage*, 14, 465–473.
Hariri, A. R., Bookheimer, S. Y., & Mazziotta, J. C. 2000 Modulating emotional responses: Effects of a neocortical network on the limbic system. *Neuroreport*, 11, 43–48.
Hariri, A. R., Mattay, V. S., Tessitore, A., Kolachana, B., Fera, F., Goldman, D., Egan, M. F., & Weinberger, D. R. 2002 Serotonin transporter genetic variation and the response of the human amygdala. *Science*, 297, 400–403.
Harris, D. M., & Kay, J. 1995 Selective impairment of the retrieval of people's names: A case of category specificity. *Cortex*, 31, 575–582.
Haxby, J. V., Ungerleider, L. G., Clark, V. P., Schouten, J. L., Hoffman, E. A., & Martin, A. 1999 The effect of face inversion on activity in human neural systems for face and object perception. *Neuron*, 22, 189–199.
Haxby, J. V., Hoffman, E. A., & Gobbini, M. I. 2000 The distributed human neural system for face perception. *Trends in Cognitive Science*. 4, 223–233.
Hooker, C. I., Paller, K. A., Gitelman, D. R., Parrish, T. B., Mesulam, M. M., & Reber, P. J. 2003 Brain networks for analyzing eye gaze. *Cognitive Brain Research*, 17, 406–418.
Iacoboni, M., Woods, R. P., Brass, M., Bekkering, H., Mazziotta, J. C., & Rizzolatti, G. 1999 Cortical mechanisms of human imitation. *Science*, 286, 2526–2528.
Ishai, A., Haxby, J. V., & Ungerleider, L. G. 2002 Visual imagery of famous faces: Effects of memory and attention revealed by fMRI. *Neuroimage*, 17, 1729–1741.
Johnson, S. C., Baxter, L. C., Wilder, L. S., Pipe, J. G., Heiserman, J. E., & Prigatano, G. P. 2002 Neural correlates of self-reflection. *Brain*, 125, 1808–1814.
Johnson, M. H., & Morton, J. 1991 *Biology and cognitive development: The case of face recognition*. Cambridge, UK: Blackwell.
Kaiser, S., Unger, J., Kiefer, M., Markela, J., Mundt, C., & Weisbrod, M. 2003 Executive control deficit in depression:

Event-related potentials in a Go/Nogo task. *Psychiatry Research*, 122, 169-84.
神尾陽子 2004 自閉症の対人認知研究の動向:顔研究からのレッスン
Kanwisher, N. 2000 Activation in human MT/MST by static images with implied motion *Journal of Cognitive Neuroscience*, 12, 48-55.
Kawashima, R., Sugiura, M., Kato, T., Nakamura, A., Hatano, K., & Ito, K. 1999 The human amygdala plays an important role in gaze monitoring: A PET study. *Brain*, 122, 779-783.
Keenan, J. P., Mccutcheon, B., Freund, S., Gallup, G. G., Sanders, G., & Pascual-Leone, A. 1999 Left hand advantage in a self-face recognition task. *Neuropsychologia*, 37, 1421-1425.
Kelley, W. M., Macrae, C. N., Wyland, C. L., Caglar, S., Inati, S., & Heatherton, T. F. 2002 Finding the self? An event-related fMRI study. *Journal of Cognitive Neuroscience*, 14, 785-794.
Kircher, T. T., Senior, C., Phillips, M. L., Benson, P. J., Bullmore, E. T., Brammer, M., Simmons, A., Williams, S. C., Bartels, M., & David, A. S. 2000 Towards a functional neuroanatomy of self processing: Effects of faces and words. *Cognitive Brain Research*, 10, 133-144.
Kondo, H., Morishita, M., Osaka, N., Osaka, M., Fukuyama, H., & Shibasaki, H. 2004 Functional roles of the cingulo-frontal network in performance on working memory. *Neuroimage*, 21, 2-14.
Konishi, S., Nakajima, K., Uchida, I., Kikyo, H., Kameyama, M., & Miyashita, Y. 1999 Common inhibitory mechanism in human inferior prefrontal cortex revealed by event-related functional MRI. *Brain*, 122, 981-991.
Lange, K., Williams, L. M., Young, A. W., Bullmore, E. T., Brammer, M. J., Williams, S. C. R., Graya, J. A., & Phillips, M. L. 2003 Task instructions modulate neural responses to fearful facial expressions. *Biological Psychiatry*, 53, 226-232.
LeDoux, J. E. 1996 *The emotional brain : The mysterious underpinnings of emotional life*. New York : Simon and Schuster.
Lewis, M. 1992 *Shame : The exposed self*. New York : Free Press.
Lewis, M., Sullivan, M. W., Stanger, C., & Weiss, M. 1989 Self development and self-conscious emotions. *Child Development*, 60, 146-156.
Lucchelli, F., & De Renzi, E. 1992 Proper name anomia. *Cortex*, 28, 221-230.
MacDonald, A. W., Cohen, J. D., Stenger, V. A., & Carter, C. S. 2000 Dissociating the role of the dorsolateral prefrontal and anterior cingulate cortex in cognitive control. *Science*, 288, 1835-1838.
Markus, H., & Wurf, E. 1987 The dynamic self-concept : A social psychological perspective. *Annual Review of Psychology*, 38, 229-337.
McGuire, P. K., Silbersweig, D. A., & Frith, C. D. 1996 Functional neuroanatomy of verbal self-monitoring. *Brain*, 119, 907-917.
Meltzoff, A. N., & Moore, M. K. 1977 Imitation of facial and manual gestures by human neonates. *Science*, 198, 74-78.
Miller, R. S. 1996 *Embarrassment : Poise and peril in everyday life*. New York : Guilford Press.
宮内 哲 1997 ヒトの脳機能の非侵襲的測定—これからの生理心理学はどうあるべきか— 生理心理学と精神生理学, 15, 11-29.
Morris, J. S., Friston, K. J., Buchel, C., Frith, C. D., Young, A. W., Calder, A. J., & Dolan, R. J. 1998a A neuromodulatory role for the human amygdala in processing emotional facial expressions. *Brain*, 121, 47-57.
Morris, J. S., Ohman, A., & Dolan, R. J. 1998b Conscious and unconscious emotional learning in the human amygdala. *Nature*, 393, 467-470.
Nakamura, K., Kawashima, R., Ito, K., Sugiura, M., Kato, T., Nakamura, A., Hatano, K., Nagumo, S., Kubota, K., Fukuda, H., & Kojima, S. 1999 Activation of the right inferior frontal cortex during assessment of facial emotion. *Journal of Neurophysiology*, 82, 1610-1614
Narumoto, J., Okada, T., Sadato, N., Fukui, K., & Yonekura, Y. 2001 Attention to emotion modulates fMRI activity in human right superior temporal sulcus. *Cognitive Brain Research*, 12, 225-231.
Nelson, C. A., & Haan, M. 1998 A neurobehavioral approach to the recognition of facial expressions in infancy. In J. A. Russell & J. M. Fernández-Dols (Eds.)., The *Psychology of Facial Expression*,Cambridge, MA : Cambridge University Press. Pp. 176-204.
野村理朗 2002 神経イメージングによる感情心理学研究 感情心理学研究, 9, 50-62.
野村理朗 2004 感情の推測プロセスを実現する脳内ネットワーク 心理学評論, 47, 71-88.
Nomura, M., Iidaka, T., Kakehi, K., Tsukiura, T., Hasegawa, T., Maeda, Y., & Matsue, Y. 2003 Frontal lobe networks for effective processing of ambiguously expressed emotions in humans. *Neuroscience Letters*, 348, 113-116.

Nomura, M., Ohira, H., Haneda, K., Iidaka, T., Sadato, N., Okada, T., & Yonekura, Y. 2004 Functional association of the amygdala and ventral prefrontal cortex during cognitive evaluation of facial expressions primed by masked angry faces : An event-related fMRI study. *Neuroimage*, 21, 352 – 363.

Northoff, G., & Bermpohl, F. 2004 Cortical midline structures and the self. *Trends in Cognitive Sciences*, 8, 102 – 107.

大平英樹 2004 社会的認知の神経基盤 岡隆（編） 社会的認知のパースペクティブ-心と社会のインターフェイス- 培風館 Pp.179 – 196.

Preilowski, B. 1977 Self-recognition as a test of consciousness in left and right hemisphere of "split-brain" patients. *Activitas Nervosa Superior*, 19 Suppl. 2, 343 – 344.

Puce, A., Allison, T., Bentin, S., Gore, J. C., & McCarthy, G. 1998 Temporal cortex activation in humans viewing eye and mouth movements. *Journal of Neuroscience*, 18, 2188 – 2199.

Rizzolatti, G., Fadiga, L., Gallese, V., & Fogassi, L. 1996 Premotor cortex and the recognition of motor actions. *Cognitive Brain Research*, 3, 131 – 141.

Ruby, P., & Decety, J. 2001 Effect of subjective perspective taking during simulation of action : A PET investigation of agency. *Nature Neuroscience*, 4, 546 – 550.

Sahraie, A., Weiskrantz, L., Trevethan, C. T., Cruce, R., & Murray, A. D. 2002 Psychophysical and pupillometric study of spatial channels of visual processing in blindsight. *Experimental Brain Research*, 143, 249 – 256.

Sato, W., Kochiyama, T., Yoshikawa, S., Naito, E., & Matsumura, M. 2004 Enherced neural activity in response to dynamic facial expressions of emotion : An fMRI study. *Cognitive Brain Research*, 20, 81 – 91.

Semenza, C., & Zettin, M. 1988 Generating proper names : A case of selective inability. *Cognitive Neuropsychology*, 5, 711 – 721.

Sheline, Y. I., Barch, D. M., Donnelly, J. M., Ollinger, J. M., Snyder, A. Z., & Mintun, M. A. 2001 Increased amygdala response to masked emotional faces in depressed subjects resolves with antidepressant treatment : An fMRI study. *Biological Psychiatry*, 50, 651 – 658.

Tarr, M. J., & Gauthier, I. 2000 FFA : A flexible fusiform area for subordinate-level visual processing automatized by expertise. *Nature Neuroscience*, 3, 764 – 769.

Tong, F., & Nakayama, K. 1999 Robust representations for faces : Evidence from visual search. *Journal of Experimental Psychology : Human Perception and Performance*, 25, 1016 – 1035.

Tranel, D., & Damasio, A. R. 1988 Non-conscious face recognition in patients with face agnosia. *Behavioural Brain Research*, 30, 235 – 249.

Troje, N. F., & D. Kersten1999 Viewpoint-dependent recognition of familiar faces. *Perception*, 28, 483 – 487.

Tsukiura, T., Fujii, T., Fukatsu, R., Otsuki, T., Okuda, J., Umetsu, A., Suzuki, K., Tabuchi, M., Yanagawa, I., Nagasaka, T., Kawashima, R., Fukuda, H., Takahashi, S., & Yamadori, A. 2002 Neural basis of the retrieval of people's names : Evidence from brain-damaged patients and fMRI. *Journal of Cognitive Neuroscience*, 14, 922 – 937.

Vogeley, K., Bussfeld, P., Newen, A., Herrmann, S., Happe, F., Falkai, P., Maier, W., Shah, N. J., Fink, G. R., & Zilles, K. 2001 Mind reading : Neural mechanisms of theory of mind and self-perspective. *Neuroimage*, 14, 170 – 81.

Vuilleumier, P., Armony, J. L., Driver, J., & Dolan, R. J. 2001 Effects of attention and emotion on face processing in the human brain. An event-related fMRI study. *Neuron*, 30, 829 – 841.

Vuilleumier, P., Armony, J. L., Driver, J., & Dolan, R. J. 2003 Distinct spatial frequency sensitivities for processing faces and emotional expressions. *Nature Neuroscience*, 6, 624 – 631.

Winston, J. S., Strange, B. A., O'Doherty, J., & Dolan, R. J. 2002 Automatic and intentional brain responses during evaluation of trustworthiness of faces. *Nature Neuroscience*, 5, 277 – 283.

Wright, C. I., Fishcer, H., Whalen, P. J., McInerney, S. C., Shin, L. M., & Rauch, S. L. 2001 Differential prefrontal cortex and amygdala habituation to repeatedly presented emotional stimuli. *Neuroreport*, 12, 379 – 383.

Yin, R. K. 1969 Looking at upside-down faces. *Journal of Experimental Psychology*, 81, 141 – 145.

★第6章-第1節

Baylis, G. C., Rolls, E. T., & Leonard, C. M. 1987 Functional subdivisions of the temporal lobe neocortex. *Journal of Neuroscience*, 7, 330 – 342.

Bruce, C., Desimone, R., & Gross, C. G. 1981 Visual properties of neurons in a polysensory area in superior temporal sulcus of the macaque. *Journal of Neurophysiology*, 46, 369 – 384.

Eifuku, S., De Souza, W. C., Tamura, R., Nishijo, H., & Ono, T. 2004 Neuronal correlates of face identification in the monkey anterior temporal cortical areas. *Journal of Neurophysiology*, 91, 358 – 371.

Fujita, I., Tanaka, K., Ito, M., & Cheng, K. 1992 Columns for visual features of objects in monkey inferotemporal cortex. *Nature*, 360, 343 – 346.

Hasselmo, M. E., Rolls, E. T., & Baylis, G. C. 1989 The role of expression and identity in the face-selective responses of neurons in the temporal visual-cortex of the monkey. *Behavioral Brain Research*, 32, 203 – 218.

Heywood, C. A., & Cowey, A. 1992 The role of the 'face-cell' area in the discrimination and recognition of faces by monkeys. *Philosophical Transactions of Royal Society of London. Series B, Biological Science*, 335, 31 – 37.

Horel, J. A. 1993 Retrieval of a face discrimination during suppression of monkey temporal cortex with cold. *Neuropsychologia*, 31, 1067 – 1077.

Kandel, E. R., Schwartz, J. H., & Jessel, T. M. 2000 *Principles of neural science*. New York : McGraw-Hill.

Kobatake, E., & Tanaka, K. 1994 Neuronal selectivities to complex object features in the ventral visual pathway of the macaque cerebral cortex. *Journal of Neurophysiology*, 71, 856 – 867.

Logothetis, N. K., Guggenberger, H., Peled, S., & Pauls, J. 1999 Functional imaging of the monkey brain. *Nature Neuroscience*, 2, 555 – 562.

松本有央・岡田真人・木本智幸・銅谷賢治・菅生康子・山根茂・河野憲二　2000　サル側頭葉の顔細胞の集団ダイナミクス – MDSによる解析と連想記憶回路によるモデル化 –　電子情報通信学会技術研究報告, NC – 99, 69 – 76.

Nakamura, K., Mikami, A., & Kubota, K. 1992 Activity of single neurons in the monkey amygdala during performance of a visual discrimination task. *Journal of Neurophysiology*, 67, 1447 – 1463.

Optican, L. M., & Richmond, B. J. 1987 Temporal encoding of two-dimensional patterns by single units in primate inferior temporal cortex. III. Information theoretic analysis. *Journal of Neurophysiology*, 57, 162 – 178.

Perrett, D. I., Hietanen, J. K., Oram, M. W., & Benson, P. J. 1992 Organization and functions of cells responsive to faces in the temporal cortex. *Philosophical Transactions of Royal Society of London. Series B, Biological Science*, 335, 23 – 30.

Perrett, D. I., Rolls, E. T., & Caan, W. 1982 Visual neurones responsive to faces in the monkey temporal cortex. *Experimental Brain Research*, 47, 329 – 342.

Perrett, D. I., Smith, P. A., Potter, D. D., Mistlin, A. J., Head, A. S., Milner, A. D., & Jeeves, M. A. 1984 Neurones responsive to faces in the temporal cortex : Studies of functional organization, sensitivity to identity and relation to perception. *Human Neurobiology*, 3, 197 – 208.

Perrett, D. I., Smith, P. A., Potter, D. D., Mistlin, A. J., Head, A. S., Milner, A. D., & Jeeves, M. A. 1985 Visual cells in the temporal cortex sensitive to face view and gaze direction. *Proceedings of the Royal Society of London-Series B : Biological Sciences*, 223, 293 – 317.

Rolls, E. T. 1984 Neurons in the cortex of the temporal lobe and in the amygdala of the monkey with responses selective for faces. *Human Neurobiology*, 3, 209 – 222.

Rolls, E. T., Baylis, G. C., & Hasselmo, M. E. 1987 The responses of neurons in the cortex in the superior temporal sulcus of the monkey to band-pass spatial frequency filtered faces. *Vision Research*, 27, 311 – 326.

Sugase, Y., Yamane, S., Ueno, S., & Kawano, K. 1999 Global and fine information coded by single neurons in the temporal visual cortex. *Nature*, 400, 869 – 873.

Tamura, H., & Tanaka, K. 2001 Visual response properties of cells in the ventral and dorsal parts of the macaque inferotemporal cortex. *Cerebral Cortex*, 11, 384 – 399.

Tsunoda, K., Yamane, Y., Nishizaki, M., & Tanifuji, M. 2001 Complex objects are represented in macaque inferotemporal cortex by the combination of feature columns. *Nature Neuroscience*, 4, 832 – 838.

Yamane, S., Kaji, S., & Kawano, K. 1988 What facial features activate face neurons in the inferotemporal cortex of the monkey? *Experimental Brain Research*, 73, 209 – 214.

Young, M. P., & Yamane, S. 1992 Sparse population coding of faces in the inferotemporal cortex. *Science*, 256, 1327 – 1331.

## ★第6章―第2節

Barrett, S. E., Rugg, M. D., & Perrett, D. I. 1988 Event-related potentials and the matching of familiar and unfamiliar faces. *Neuropsychologia*, 26, 105 – 117.

Bentin, S., Allison, T., Puce, A. Perez, E., & McCarthy, G. 1996 Electrophysiological studies of face perception in humans. *Journal of Cognitive Neuroscience*, 8, 551 – 565.

Bentin, S. & Deouell, L. Y. 2000 Structural encoding and identification in face processing : ERP evidence for separate mechanisms. *Cognitive Neuropsychology*, 17, 35 – 54.

Bentin, S. & Golland, Y. 2002 Meaningful processing of meaningless stimuli : The influence of perceptual experience on early visual processing of faces. *Cognition*, 86, B1 – B14.

Bötzel, K. & Grüsser, O. J. 1989 Electric brain potentials evoked by pictures of faces and non-faces: A search for "face-specific" EEG-potentials. *Experimental Brain Research*, 77, 349 – 360.
Bruce, V. & Young, A. 1986 Understanding face recognition. *British Journal of Psychology*, 77, 305 – 327.
Campanella, S., Hanoteau, C., Depy, D., Rossin, B., Bruyer, R., Crommelinck, M. & Guerit, J. M. 2000 Right N170 modulation in a face discrimination task: An account for categorical perception of familiar faces. *Psychophysiology*, 37, 796 – 806.
Eimer, M. 2000a The face-specific N170 component reflects late stages in the structural encoding of faces. *Neuroreport*, 11, 2319 – 2324.
Eimer, M. 2000b Effects of face inversion on the structural encoding and recognition of faces: Evidence from event-related brain potentials. *Cognitive Brain Research*, 10, 145 – 158.
Eimer, M., & Holmes, A. 2002 An ERP study on the time course of emotional face processing. *Neuroreport*, 13, 427 – 431.
Ellis, H. D. 1986 Processes underlying face recognition. In R. Bruyer (Ed.), *The neuropsychology of face perception and facial expression*. Hillsdale, New Jersey: Lawrence Erlbaum Associates Ltd. Pp.1 – 27.
Holmes, A., Vuilleumier, P., & Eimer, M. 2003 The processing of emotional facial expression is gated by spatial attention: Evidence from event-related brain potentials. *Cognitive Brain Research*, 16,174 – 184.
Jeffreys, D. A. 1989 A face-responsive potential recorded from the human scalp. *Experimental Brain Research*, 78, 193 – 202.
Jeffreys, D. A. & Tukmachi, E. S. A. 1992 The vertex-positive scalp potential evoked by faces and by object. *Experimental Brain Research*, 91, 340 – 350.
小西賢三　1997　事象関連脳電位を用いた顔の意味情報処理過程の検討 生理心理学と精神生理学, 15, 1 – 10.
Miyoshi, M., Katayama, J. & Morotomi, T. 2004 Face-specific N170 component is modulated by facial expressional change. *Neuroreport*, 15, 911 – 914.
Puce, A., Smith, A., & Allison, T. 2000 ERPs evoked by viewing facial movements. *Cognitive Neuropsychology*, 17, 221 – 239.
Rostaing, Y. M., Giard, M. H., Bentin, S., Aguera, P. E. & Pernier, J. 2000 Neurophysiological correlates of face gender processing in humans. *European Journal of Neuroscience*, 12, 303 – 310.
Taylor, M. J. MaCarthy, G. Saliba, E. & Degiovanni, E. 1999 ERP evidence of developmental changes in processing of faces. *Clinical Neurophysiology*, 110, 910 – 915.

## ★第7章－第1節

Addington, J., & Addington, D. 1998 Facial affect recognition and information processing in schizophrenia and bipolar disorder. *Schizophrenia Research*, 32, 171 – 181.
Adolphs, R., Tranel, D., Damasio, H., & Damasio, A. 1994 Impaired recognition of emotion in facial expressions following bilateral damage to the human amygdala. *Nature*, 372, 669 – 672.
Adolphs, R., Tranel, D., Hamann, S., Young, A. W., Calder, A. J., Phelps, E. A., Anderson, A., Lee, G. P., & Damasio, A. R. 1999 Recognition of facial emotion in nine individuals with bilateral amygdala damage. *Neuropsychologia*, 37, 1111 – 1117.
American Psychiatric Association 2000 *Diagnostic and Statistical Manual of Mental Disorders, Fourth Edition*, Text Revision. Washington DC: APA.
Baird, A. A., Gruber, S. A., & Yurgelun-Todd, D. A. 1999 Affect recognition in schizophrenia: An fMRI study. *Schizophrenia Research*, 36, 217.
Benton, A., VanAllen, M., Hamsher, K., & Levin, H. 1978 *Test of facial recognition manual*. Iowa: Benton Laboratory of Neuropsychology.
Bleuler, E. 1911 Dementia praecox order die Gruppe der Schizophrenien. In: G. Aschaffenburg (Ed.), *Handbuch der Geisteskrankheiten*. Leipzig: Franz Deuticke.
Borod, J. C., Alpert, M., Brozgold, A., Martin, C., Welkowitz, J., Diller, L., Peselow, E., Angrist, B., & Lieberman., A. 1989 A preliminary comparison of flat affect schizophrenics and brain-damaged patients on measures of affective processing. *Journal of Communication Disorders*, 22, 93 – 104.
Borod, J. C., Welkowitz, J., Alpert, M., Brozgold, A. Z., Martin, C., Diller, L., & Peselow, E. 1990 Parameters of emotional processing in neuropsychiatric disoders: Conceptual issues and a battery of tests. *Journal of Communication Disorders*, 23, 247 – 271.
Breiter, H. C., Etcoff, N. L., Whalen, P. J., Kennedy, W. A., Rauch, S. L., Buckner, R. L., Strauss, M. M., Hyman, S. E.,

& Rosen, B. R. 1996 Response and habituation of the human amygdala during visual processing of facial expression. *Neuron*, 17, 875 – 887.

Broks, P., Young, A. W., Maratos, E. J., Coffey, P. J., Calder, A. J., Isaac, C. L., Mayes, A. R., Hodges, J. R., Montaldi, D., Cezayirli, E., Roberts, N., & Hadley, D. 1998 Face processing impairments after encephalitis : Amygdala damage and recognition of fear. *Neuropsychologia*, 36, 59 – 70.

Calder, A. J., Young, A. W., Rowland, D., Perrett, D. I., Hodges, J. R., & Etcoff, N. L. 1996 Facial emotion recognition after bilateral amygdala damage : Differentially severe impairment of fear. *Cognitive Neuropsychology*, 13, 699 – 745.

Chapman, L. J., & Chapman, J. P. 1973 Problems in the measurement of cognitive deficit. *Psychological Bulletin*, 79, 380 – 385.

Chapman, L. J., & Chapman, J. P. 1978 The measurement of differential deficit. *Journal of Psychiatric Research* 14, 303 – 311.

Cutting, J. 1981 Judgement of emotional expression in schizophrenics. *British Journal of Psychiatry*, 139, 1 – 6.

Davis, P. J., & Gibson, M. G. 2000 Recognition of posed and genuine facial expressions of emotion in paranoid and nonparanoid schizophrenia. *Journal of Abnormal Psychology*, 109, 445 – 450.

Dougherty, F. E., Bartlett, E. S., & Izard, C. E. 1974 Response of schizophrenics to expressions of the fundamental emotions. *Journal of Clinical Psychology*, 30, 243 – 246.

Edwards, J., Pattison, P. E., Jackson, H. J., & Wales, R. J. 2001 Facial affect and affective prosody recognition in first-episode schizophrenia. *Schizophrenia Research*, 48, 235 – 253.

Ekman, P., & Friesen, W. 1975 *Unmasking the face*. Eaglewood Cliffs : Prentice Hall.

Ekman, P., & Friesen, W. V. 1976 *Pictures of facial affect*. Palo Alto : Consulting Psychologists Press.

Ekman, P., & Friesen, W. V. 1986 A new pan-cultural facial expressions of emotion. *Motivation and Emotion*, 10, 159 – 168.

Ekman, P., Friesen, W. V., & Ellsworth, P. 1972 *Emotions in the human face*. Elstead, NY : Pergamon Press.

Feinberg, T. E., Rifkin, A., Schaffer, C., & Walker, E. 1986 Facial discrimination and emotional recognition in schizophrenia and affective disorders. *Archives of General Psychiatry*, 43, 276 – 279.

Frommann, N., Streit, M., & Wölwer, W. 2003 Remediation of facial affect recognition impairments in patients with schizophrenia : A new training program. *Psychiatry Research*, 117, 281 – 284.

Fudge, J. L., Powers, J. M., Haber, S. N., & Caine, E. D. 1998 Considering the role of the amygdala in psychotic illness : A clinicopathological correlation. *Journal of Neuropsychiatry and Clinical Neurosciences*, 10, 383 – 394.

Gaebel, W., & Wölwer, W. 1992 Facial expression and emotional face recognition in schizophrenia and depression. *European Archives of Psychiatry and Clinical Neuroscience*, 242, 46 – 52.

Garfield, D. A., Rogoff, M. L., & Steinberg, S. 1987 Affect recognition and self-esteem in schizophrenia. *Psychopathology*, 20, 225 – 233.

Gessler, S., Cutting, J., Frith, C. D., & Weinman, J. 1989 Schizophrenic inability to judge facial emotion : A controlled study. *British Journal of Clinical Psychology*, 28, 19 – 29.

Gray, J. M., Young, A. W., Barker, W. A., Curtis, A., & Gibson, D. A. 1997 Impaired recognition of disgust in Huntington's disease gene carriers. *Brain*, 120, 2029 – 2038.

Habel, U., Gur, R. C., Mandal, M. K., Salloum, J. B., Gur, R. E., & Schneider, F. 2000 Emotional processing in schizophrenia across cultures : Standardized measures of discrimination and experience. *Schizophrenia Research*, 42, 57 – 66.

Hempel, A., Hempel, E., Schonknecht, P., Stippich, C., & Schroder, J. 2003 Impairment in basal limbic function in schizophrenia during affect recognition. *Psychiatry Research*, 122, 115 – 124.

Hooker, C., & Park, S. 2002 Emotion processing and its relationship to social functioning in schizophrenia patients. *Psychiatry Research*, 112, 41 – 50.

Izard, C. E. 1959 Paranoid schizophrenic and normal subjects' perceptions of photographs of human faces. *Journal of Consulting Psychology*, 42, 253 – 265.

Johnston, P. J., Katsikitis, M., & Carr, V. J. 2001 A generalized deficit can account for problems in facial emotion recognition in schizophrenia. *Biological Psychiatry*, 58, 203 – 227.

Johnston, P. J., McCabe K., & Schall, U. 2003 Differential susceptibility to performance degradation across categories of facial emotion : A model confirmation. *Biological Psychiatry*, 63, 45 – 58.

Kay, S. R., Fiszbein, A., & Opler, I. A. 1987 The positive and negative syndrome scale (PANSS) for schizophrenia. *Schizophrenia Bulletin*, 13, 261 – 275.

Kee, K. S., Green, M. F., Mintz, J., & Brekke, J. S. 2003 Is emotion processing a predictor of functional outcome in schizophrenia. *Schizophrenia Bulletin*, 29, 487 – 497.

Kerr, S. L., & Neale, J. M. 1993 Emotion perception in schizophrenia: Specific deficit or further evidence of generalized poor performance? *Journal of Abnormal Psychology*, 102, 312 – 318.

Kirmayer, L. J. 1989 Cultural variations in the response to psychiatric disorders and emotional distress. *Social Science and Medicine*, 29, 327 – 329.

Kline, J. S., Smith, J. E., & Ellis, H. C. 1992 Paranoid and non-paranoid schizophrenic processing of facially displayed affect. *Journal of Psychiatric Research*, 26, 169 – 182

Kohler, C. G., Bilker, W., Hagendoorn, M., Gur, R. E., & Gur, R. C. 2000 Emotion recognition deficit in schizophrenia: Association with symptomatology and cognition. *Biological Psychiatry*, 48, 127 – 136.

Kohler, C. G., Turner, T. H., Bilker, W. B., Brensinger, C. M., Siegel, S. J., Kanes, S. J., Gur, R. E., & Gur, R. C. 2003 Facial emotion recognition in schizophrenia: Intensity effects and error pattern. *American Journal of Psychiatry*, 160, 1768 – 1774.

Kosaka, H., Omori M., Murata, T., Iidaka T., Yamada, H., Okada, T., Takahashi, T., Sadato, N., Itoh, H., Yonekura, Y., & Wada, Y. 2002 Differential amygdala response during facial recognition in patients with schizophrenia: An fMRI study. *Schizophrenia Research*, 57, 87 – 95.

Kraepelin, E. 1896 *Psychiatrie : Ein Lehrbuch fur Studierende und Ärzte*. 5 Auflage. Leipzig : A. Abel.

Kucharska-Pietura, K., David, A. S., Dropko, P., & Klimkowski, M. 2002 The perception of emotion chimeric faces in schizophrenia: Further evidence of right hemisphere dysfunction. *Neuropsychiatry, Neuropsychology, and Behavioral Neurology*, 15, 72 – 78.

Kucharska-Pietura, K., & Klimkowski, M. 2002 Perception of facial affect in chronic schizophrenia and right brain damage. *Acta Neurobiologiae Experimentalis*, 62, 33 – 43.

Lewis, S. F., & Garver, D. L. 1995 Treatment and diagnostic subtype in facial affect recognition in schizophrenia. *Journal of Psychiatric Research*, 29, 5 – 11.

Mandal, M. K., & Palchoudhury, S. 1985 Decoding of facial affect in schizophrenia. *Psychological Reports*, 56, 651 – 652.

Mandal, M. K., Pandey, R., & Prasad, A. B. 1998 Facial expressions of emotions and schizophrenia: A review. *Schizophrenia Bulletin*, 24, 399 – 412.

Matsumoto, D., & Ekman, P. 1988 *Japanese and Caucasian facial expressions of emotion*. San Francisco: San Francisco State University.

Morris, J. S., Friston, K. J., Buchel, C., Frith, C. D., Young, A. W., Calder, A. J., & Dolan, R. J. 1998 A neuromodulatory role for the human amygdala in processing emotional facial expressions. *Brain*, 121, 47 – 57.

Morris, J. S., Frith, C. D., Perrett, D. I., Rowland, D., Young, A. W., Calder, A. J., & Dolan, R. J. 1996 A differential neural response in the human amygdala to fearful and happy facial expressions. *Nature*, 383, 812 – 815.

Morrison, R. L., Bellack, A. S., & Mueser, K. T. 1988 Deficits in facial-affect recognition and schizophrenia. *Schizophrenia Bulletin*, 14, 67 – 83.

Nelson, M. D., Saykin, A. J., Flashman, L. A., & Riordan, H. J. 1998 Hippocampal volume reduction in schizophrenia as assessed by magnetic resonance imaging: A meta-analytic study. *Archives of General Psychiatry*, 55, 433 – 440.

Novic, J., Luchins, D. J., & Perline, R. 1984 Facial affect recognition in schizophrenia: Is there a differential deficit? *British Journal of Psychiatry*, 144, 533 – 537.

岡田　俊、久保田泰考、佐藤　弥、村井俊哉　2003　統合失調症における表情認知障害の通文化的研究．精神医学, 45, 535 – 541.

Okada, T., Kubota, Y., Sato, W., Murai, T., & Toichi, M. 2002 Impaired facial-affect recognition in schizophrenia. *Proceedings of XII World Congress of Psychiatry*, 2, 43.

Paradiso, S., Andreasen, N. C., Crespo-Facorro, B., O'Leary, D. S., Watkins, G. L., Boles Ponto, L. L., & Hichwa, R. D. 2003 Emotions in unmedicated patients with schizophrenia during evaluation with positron emission tomography. *American Journal of Psychiatry*, 160, 1775 – 1783.

Phillips, M. L., Williams, L., Senior, C., Bullmore, E. T., Brammer, M. J., Andrew, C., Williams, S. C. R., & David, A. S. 1999 A differential neural response to threatening and non-threatening negative facial expressions in paranoid and non-paranoid schizophrenics. *Psychiatry Research : Neuroimaging Section*, 92, 11 – 31.

Phillips, M. L., Young, A. W., Senior, C., Brammer, M., Andrew, C., Calder, A. J., Bullmore, E. T., Perrett, D. I., Rowland, D., Williams, S. C., Gray, J. A., & David, A. S. 1997 A specific neural substrate for perceiving facial expres-

sions of disgust. *Nature*, 389, 495-498.
Poole, J. H., Tobias, F. C., & Vinogradov, S. 2000 The functional relevance of affect recognition errors in schizophrenia. *Journal of the International Neuropsychological Society*, 6, 649-658.
Rapcsak, S. Z., Galper, S. R., Comer, J. F., Reminger, S. L., Nielsen, L., Kaszniak, A. W., Verfaellie, M., Laguna, J. F., Labiner, D. M., & Cohen, R. A. 2000 Fear recognition deficits after focal brain damage : A cautionary note. *Neurology*, 54, 575-581.
Russell, J. A. 1994 Is there universal recognition of emotion from facial expressions? A review of the cross cultural studies. *Psychological Bulletin*, 115, 102-141.
Salem, J. E., Kring, A. M., & Kerr, S. L. 1996 More evidence for generalized poor performance in facial emotion perception in schizophrenia. *Journal of Abnormal Psychology*, 105, 480-483.
Sato, W., Kubota, Y., Okada, T., Murai, T., Yoshikawa, S., & Sengoku, A. 2002 Seeing happy emotion in fearful and angry faces : Qualitative analysis of the facial expression recognition in a bilateral amygdala damaged patient. *Cortex*, 38, 727-742.
Schneider, K. 1950 *Klinische Psychopathologie*. 1 Auflage. Berlin : Springer.
Silver, H., & Shlomo, N. 2001 Perception of facial emotions in chronic schizophrenia does not correlate with negative symptoms but correlates with cognitive and motor dysfunction. *Schizophrenia Research*, 52, 265-273.
Sprengelmeyer, R., Young, A. W., Calder, A. J., Karnat, A., Lange, H., Homberg, V., Perrett, D. I., & Rowland, D. 1996 Loss of disgust : Perception of faces and emotions in Huntington's disease. *Brain*, 119, 1647-1665.
Streit, M., Ioannides, A., Sinnemann, T., Wolwer, W., Dammers, J., Zilles, K., & Gaebel, W. 2001 Disturbed facial affect recognition in patients with schizophrenia associated with hypoactivity in distributed brain regions : A magnetoencephalographic study. *American Journal of Psychiatry*, 158, 1429-1436.
Sweet, L. H., Primeau, M., Fichtner, C. G., & Lutz, G. 1998 Dissociation of affect recognition and mood state from blunting in patients with schizophrenia. *Psychiatry Research*, 81, 301-308.
Walker, E. F. 1981 Emotion recognition in disturbed and normal children : A research note. *Journal of Child Psychology and Psychiatry*, 22, 263-268.
Walker, E. F., Marwit, S., & Emory, E. 1980 A cross-sectional study of emotion recognition in schizophrenics. *Journal of Abnormal Psychology*, 89, 428-436.
Williams, L. M., Loughland, C. M., Green, M. J., Harris, A. W., & Gordon, E. 2003 Emotion perception in schizophrenia : An eye movement study comparing the effectiveness of risperidone vs. haloperidol. *Psychiatry Research*, 120, 13-27.
Wölwer, W., Streit, M., Polzer, U., & Gaebel, W. 1996 Facial affect recognition in the course of schizophrenia. *European Archives of Psychiatry and Clinical Neuroscience*, 3, 165-170.
World Health Organization 1992 *The ICD-10 Classification of Mental and Behavioural Disorders : Clinical Descriptions and Diagnostic Guidelines*. Geneva : WHO.
Zuckerman, M., Libets, M. S., Koivumaki, J. H., & Rosenthal, R. 1975 Encoding and decoding nonverbal cues of emotion. *Journal of Personality and Social Psychology*, 32, 1065-1076.
Zuroff, D. C., & Colussy, S. A. 1986 Emotional recognition in schizophrenic and depressed inpatients. *Journal of Clinical Psychology*, 42, 411-417.

★第7章一第2節

有村達之・小牧元・村上修二・玉川恵一・西方宏昭・河井啓介・野崎剛弘・瀧井正人・久保千春　2002　アレキシサイミア評価のための日本語改訂版 Beth Israel Hospital Psychosomatic Questionnaire 構造化面接法（SI-BIQ）開発の試み．心身医学, 42, 259-269.
馬場天信・佐藤豪　2001　アレキシサイミアの内的感情体験想起に伴う精神生理学的反応性の検討．心身医学, 41, 265-272.
馬場天信・佐藤豪・門地里絵・鈴木直人　2003　感情喚起刺激に対するアレキシサイミアの精神生理学的反応．健康心理学研究, 16, 21-30.
馬場天信・佐藤豪・鈴木直人　2001　Alexithymia と人格特性　－人格5因子理論と Cloninger の気質・性格7次元モデルからの検討-．同志社心理, 48, 29-39.
馬場天信・竹原卓真・川田幸真・鈴木直人・佐藤豪　2002　Alexithymia 傾向者の感情読みとり能力．日本心理学会第66回大会発表論文集, 849.
Bagby, R. M., Parker, J. D. A., & Taylor, G. J. 1994a The twenty-item Toronto Alexithymia Scale-I : Item selection and cross validation of the factor structure. *Journal of Psychosomatic Research*, 38, 23-32.

## 引用文献

Bagby, R. M., Taylor, G. J., & Parker, J. D. A. 1994b The twenty item Toronto Alexithymia Scale-II : Convergent, discriminant, and concurrent validity. *Journal of Psychosomatic Research*, 38, 33 – 40.

Berthoz, S., Artiges, E., Van De Moortele, P. F., Poline, J. B., Rouquette, S., Consoli, S. M., & Martinot, J. L. 2002 Effect of impaired recognition and expression of emotions on frontocingulate cortices : An fMRI study of men with alexithymia. *American Journal of Psychiatry*, 159, 961 – 967.

Cloninger, C. R. 1997 A psychological model of personality and psychopathology. 心身医学, 37, 91 – 102.

Cloninger, C. R., Svrakic, D. M., & Przybeck, T. R. 1993 A psychobiological model of temperament and character. *Archives of General Psychiatry*, 50, 975 – 990.

Ekman, P., & Friesen, W. V. 1976 *Pictures of facial affect*. Palo Alto, California : Consulting Psychologists Press.

Fukunishi, I., & Koyama, K. 2000 Expression of unfavorable emotions in Japanese college students with alexithymic characteristics. *Psychological Reports*, 87, 1165 – 1170.

後藤和史・小玉正博・佐々木雄二 1999 アレキシサイミアは一次元的特性なのか？－2因子モデルアレキシサイミア質問紙の作成－ 筑波大学心理学研究, 21, 166 – 172.

Grabe, H. J., Spitzer, C., & Freyberger, H. J. 2001 Alexithymia and the temperament and character model of personality. *Psychotherapy and Psychosomatics*, 70, 261 – 267.

Haviland, M. G., Warren, W. L., & Riggs, M. L. 2000 An observer scale to measure alexithymia. *Psychosomatics*, 41, 385 – 392.

Izard, C. 1971 *The face of emotion*. New York : Appleton-Centur-Crofts.

Jessimer, M. & Markham, R. 1997 Alexthymia : A right hemisphere dysfunction specific to recognition of certain facial expressions. *Brain and Cognition*, 34, 246 – 258.

Kamachi, M., Bruce, V., Mukaida, S., Gyoba, J., Yoshikawa, S., & Akamatsu, S. 2001 Dynamic properties inflence the perception of facial expressions. *Perception*, 30, 875 – 887.

Kano, M., Fukudo, S., Gyoba, J., Kamachi, M., Tagawa, M., Mochizuki, H., Itoh, M., Hongo, M., & Yanai, K. 2003 Specific brain processing of facial expressions in people with alexithymia : An H215O – PET study. *Brain*, 126, 1474 – 1484.

小牧元・前田基成・有村達之・中田光紀・篠田晴男・緒方一子・志ști翠・川村則行・久保千春 2003 日本語版The20－item Toronto Alexithymia Scale (TAS－20) の信頼性, 因子妥当性の検討 心身医学, 43, 839 – 846.

Krystal, H. 1979 Alexithymia and psychotherapy. *American Journal of Psychotherapy*, 33, 17 – 31.

Lane, R. D., Ahern, G. L., Schwartz, G. E., & Kaszniak, A. W. 1997 Is alexithymia the emotional equivalent of blindsight ? *Biological Psychiatry*, 42, 834 – 844.

Lane, R. D., Sechrest, L., Reidel, R., Weldon, V., Kaszniak, A., & Schwartz, G. E. 1996 Impaired verbal and nonverbal emotion recognition in alexithymia. *Psychosomatic Medicine*, 58, 203 – 210.

Lang, P. J., Ohman, A., & Vaitl, D. 1988 *The international affective picture system*. Photographic slides. Gainesville : Center for Research in Psychophysiology, University of Florida.

Luminet, O., Bagby, R. M., Wagner, H., Taylor, G. J., & Parker, J. D. A. 1999 Relation between alexithymia and five-factor model of personality : A facet-level analysis. *Journal of Personality Assessment*, 73, 345 – 358.

Mandal, M. K. 1987 Decoding of facial emotions in terms of expressiveness, by schizophrenics and depressiveness. *Psychiatry*, 50, 371 – 376.

Mann, L. S., Wise, T. N., Trinidad, A., & Kohanski, R. 1994 Alexithymia, affect recognition, and the five-factor model of personality in normal subjects. *Psychological Reports*, 74, 563 – 567.

McDonald, P. W., & Prkachin, K. M. 1990 The expression and perception of facial emotion in alexithymia : A pilot study. *Psychosomatic Medicine*, 52, 199 – 210.

宮岡等1996 Alexithymiaと周辺の概念 臨床成人病, 6, 192 – 196.

Nemiah, J. C. 1978 Alexithymia and psychosomatic illness. *Journal of Continuing Education in Psychiatry*, 39, 25 – 37.

Pandey, R., & Mandal, M. K. 1997 Processing of facial expressions of emotion and alexithymia. *British Journal of Clinical Psychology*, 36, 631 – 633.

Parker, J. D., Taylor, G. J., & Bagby, R. M. 1993 Alexithymia and the recognition of facial expressions of emotion. *Psychotherapy and Psychosomatics*, 59, 197 – 202.

Porcelli, P., Affatati, V., Bellomo, A., De Carne, M., Todarello, O., & Taylor, G. J. 2004 Alexithymia and psychopathology in patients with psychiatric and functional gastrointestinal disorders. *Psychotherapy and Psychosomatics*, 73, 84 – 91.

Roedema, T. M., & Simons, R. F. 1999 Emotion-processing deficit in alexithymia. *Psychophysiology*, 36, 379 – 387.

Russell, J. A. 1980 A circumplex model of affect. *Journal of Personality and Social Psychology*, 39, 1161 – 1178.

Sifneos, P. E. 1973 The prevalence of 'alexithymic' characteristics in psychosomatic patients. *Psychotherapy and Psychosomatics*, 22, 255 – 262.
Sifneos, P. E. 1996 Alexithymia : Past and present. *American Journal of Psychiatry*, 153, 137 – 142.
Taylor, G. J. 1984 Alexithymia : Concept, measurement, and implications for treatment. *American Journal of Psychiatry*, 141, 725 – 732.
Taylor, G. J., & Bagby, R. M. 2004 New trends in alexithymia research. *Psychotherapy and Psychosomatics*, 73, 68 – 77.
Taylor, G. J., Bagby, R. M., & Parker, J. D. A. 1997 *Disorders of affect regulation-Alexithymia in medical and psychiatric illness*. Cambridge : Cambridge University Press. 福西勇夫（監訳）・秋本倫子（訳） 1998 アレキシサイミア －感情制御の障害と精神・身体疾患－ 星和書店
Taylor, G. J., Bagby, R. M., & Parker, J. D. 2003 The 20-Item Toronto Alexithymia Scale. III. Reliability and factorial validity in a community population. *Journal of Psychosomtic Research*, 55, 269 – 275.
Taylor, G. J., Bagby, R. M., Ryan, D. P., & Parker, J. D. 1990 Validation of the alexithymia construct : A measurement-based approach. *Canadian Journal of Psychiatry*, 35, 290 – 297.
Taylor, G. J., Ryan, D., & Bagby, R. M. 1985 Toward the development of a new self-report alexithymia scale. *Psychotherapy and Psychosomatics*, 44, 191 – 199.
Vorst, H. C. M., & Bermond, B. 2001 Validity and reliability of the Bermond-Vorst Alexithymia Questionnaire. *Personality and Individual Difference*, 30, 413 – 434.
Wehmer, F., Brejnak, C., Lumley, M., & Stettner, L. 1995 Alexithymia and physiological reactivity to emotion-provoking visual scenes. *Journal of Nervous and Mental Disease*, 183, 351 – 357.

★第8章

Abdel-Rahman, R., Sommer, W., & Schweinberger, S. R. 2002 Brain-potential evidence for the time course of access to biographical facts and names of familiar persons. *Journal of Experimental Psychology : Learning, Memory and Cognition*, 28, 366 – 373.
Bahrick, H. P. 1984 Memory for people. In J.H.Harris, & P.E.Morris（Eds.）, *Everyday memory, actions and absent-mindedness*. Academic Press. Pp. 19 – 34.
Bartlett, J. C., Hurry, S., & Thorley, W. 1984 Typicality and familiarity of faces. *Memory and Cognition*, 12, 219 – 228.
Baudouin, J. Y., Gllibert, D., Sansone, S., & Tiberghien, G. 2000 When the smile is a cue to familiarity. *Memory*, 8, 285 – 292.
Beales, S.A., & Parkin, A.J. 1984 Context and facial memory : The influence of different processing strategies. *Journal of Practical Research and Applications*, 3, 257 – 264.
Bower, G. H., & Karlin, M. B. 1974 Depth of processing pictures of faces and recognition memory. *Journal of Experimental Psychology*, 103, 751 – 757.
Bruce, V. 1986 Influences of familiarity on the processing of faces. *Perception*, 15, 387 – 397.
Bruce, V., & Young, A. 1986 Understanding face recognition. *British Journal of Psychology*, 77, 305 – 327.
Cohen, G. 1996 *Memory in the real world*. （2 nd ed.） Hove, East Sussex : Psychology press.
Cross, J. F., Cross, J., & Daly, J. 1971 Sex, race, age, and beauty as factors in recognition of faces. *Perception and Psychophysics*, 10, 393 – 396.
Cutler, B. L., & Penrod, S. D. 1989 Moderators of the confidence-accuracy correlation in face recognition : The role of information processing and base-rates. *Applied Cognitive Psychology*, 3, 95 – 107.
D'Argembeau, A., Van der Linden, M., Comblain, C., & Etienne, A. M. 2003 The effects of happy and angry expressions on identity and expression memory for unfamiliar faces. *Cognition and Emotion*, 17, 609 – 622.
Davies, G., & Milne, A. 1982 Recognizing faces in and out of context. *Current Psychological Research*, 2, 235 – 246.
Daw, P. S., & Parkin, A. J. 1981 Observations on the efficiency of two different processing strategies for remembering faces. *Canadian Journal of Psychology*, 35, 351 – 355.
Endo, N., Endo, M., Kirita, T., & Maruyama, K. 1992 The effects of expression on face recognition. *Tohoku Psychologica Folia*, 51, 37 – 44.
Etcoff, N. L. 1984 Selective attention to facial identity and facial emotion. *Neuropsychologia*, 22, 281 – 295.
Fleishman, J. J., Buckley, M. L., Klosinsky, M. J., Smith, N., & Tuck, B. 1976 Judged attractiveness in recognition memory of women's faces. *Perceptual and Motor Skills*, 43, 709 – 710.
Flude, B. M., Ellis, A. W., & Kay, J. 1989 Face processing and name retrieval in an anomic aphasic : Names are stored separately from semantic information about familiar people. *Brain and Cognition*, 11, 60 – 72.
Fox, E., Lester, V., Russo, R., Bowles, R. J., Pichler, A., & Dutton, K. 2000 Facial expressions of emotion : Are an-

## 引用文献

gry faces detected more efficiently? *Cognition and Emotion*, 14, 61－92.
Glasgow, R. E., Zeiss, R. A., Barrera, M., & Lewinsohn, P. M. 1977 Case studies on remediating memory deficits in brain-damaged individuals. *Journal of Clinical Psychology*, 33, 1049－1054.
Glenberg, A. M., & Grimes, T. 1995 Memory and faces: Pictures help you remember who said what. *Personality and Social Psychology Bulletin*, 21, 196－206.
Groninger, L. D., Groninger, D.H., & Stiens, J. 1995 Learning the names of peoples: The role of image mediators. *Memory*, 3, 147－167.
Hansen, C. H., & Hansen, R. D. 1988 Finding the face in the crowd: An anger superiority effect. *Journal of Personality and Social Psychology*, 54, 917－924.
Hodges, J. R., & Greene, J. D.W. 1998 Knowing about people and naming them: Can Alzheimer's disease patients do one without the other? *Quarterly Journal of Experimental Psychology*, 51A, 121－134.
伊藤美加・安藤花恵・浅井杏子・吉川左紀子　2003　未知顔の再認記憶に及ぼす表情の影響（1）日本心理学会第67回大会発表論文集, 798.
Johnston, R. A., & Bruce, V. 1990 Lost properties? Retrieval differences between name codes and semantic codes for familiar people. *Psychological Research*, 52, 62－67.
Kargopoulos, P., Bablekou, Z., Gonida, E., & Kiosseoglou, G. 2003 Effects of face and name presentation on memory for associated verbal descriptors. *American Journal of Psychology*, 116, 415－430.
木原香代子　2001　日常認知のスキルと顔の再認記憶実験との関係：符号化の観点から　京都女子大学教育学科紀要, 41, 52－59.
木原香代子・伊藤美加・吉川左紀子　2002a 顔と個人情報の記憶に及ぼす示差性及び適合度の影響　日本基礎心理学会第21回大会プログラム, 60.
木原香代子・伊藤美加・吉川左紀子　2002b 顔と個人情報の連合記憶：示差性及び適合度の検討　日本心理学会第66回大会発表論文集, 788.
木原香代子・伊藤美加・吉川左紀子　2003　未知顔の再認記憶に及ぼす表情の影響（2）日本心理学会第67回大会発表論文集, 799.
木原香代子・吉川左紀子　2001　顔の再認記憶におけるイメージ操作方略と示差特徴発見方略の比較　心理学研究, 72, 234－239.
木原香代子・吉川左紀子　2004　顔の再認記憶におけるイメージ操作方略の効果　日本心理学会第68回大会発表論文集, 809.
桐田隆博　1997　顔の内的表象形成過程に関する時系列的研究（1）：教員の表情と被験者の学年の交互作用　日本心理学会第61回大会発表論文集, 802.
Klatzky, R. L., Martin, G. L, & Kane, R. A. 1982 Semantic interpretation effects on memory for faces. *Memory and Cognition*, 10, 195－206.
Kottoor, T. M. 1989 Recognition of faces by adults. *Psychological Studies*, 34, 102－105.
Langlois, J. H., & Roggman, L. A. 1990 Attractive faces are only average. *Psychological Science*, 1, 115－121.
Light, L. L., Kayra-Stuart, F., & Hollander, S. 1979 Recognition memory for typical and unusual faces. *Journal of Experimental Psychology: Human Learning and Memory*, 5, 212－228.
Malpass, R. S. 1981　Training in face recognition. In G.Davies, H.Ellis, & J.Shepherd(Eds.), *Perceiving and remembering faces*. London: Academic Press. Pp. 271－285.
McWeeny, K. H., Young, A. W., Hay, D. C., & Ellis, A. W. 1987 Putting names to faces. *British Journal of Psychology*, 78, 143－149.
Memon, A., & Bruce, V. 1983 The effects of encoding strategy and context change on face recognition. *Journal of Practical Research and Applications*, 2, 313－326.
Memon, A., & Bruce, V. 1985－86 Context effects in episodic studies of verbal and facial memory: A review. *Current Psychological Research and Review*, 4, 349－369.
Milders, M., Deelman, B., & Berg, I. 1998　Rehabilitation of memory for people's names. *Memory*, 6, 21－36.
Morris, P. E., & Wickham, L. H. V. 2001 Typicality and face recognition: A critical re-evaluation of the two factor theory. *Quarterly Journal of Experimental Psychology*, 54A, 863－877.
西谷美和・吉川左紀子・赤松茂　1999　平均顔の特徴を探る：特異性・魅力・記憶の観点から　電子情報通信学会技術研究報告, HCS-98, 23－30.
Patterson, K. E., & Baddeley, A. D. 1977 When face recognition fails. *Journal of Experimental Psychology: Human Learning and Memory*, 3, 406－417.
Perrett, D. I., May, K. A., & Yoshikawa, S. 1994 Facial shape and judgements of female attractiveness. *Nature*, 368,

239-242.
Sarno, J. A., & Alley, T. R. 1997 Attractiveness and the memorability of faces: Only a matter of distinctiveness? *American Journal of Psychology*, 110, 81-92.
Sato, W., Kochiyama, T., Yoshikawa, S., Matsumura, M. 2001 Emotional expression boosts early visual processing of the face: ERP recording and its decomposition by independent component analysis. *Neuroreport*, 12, 709-714.
Schacter, D. L., Rich, S. A., & Stampp, M. S. 1985 Remediation of memory disorders: Experimental evaluation of the spaced-retrieval technique. *Journal of Clinical and Experimental Neuropsychology*, 7, 79-96.
Schweich, M., Van der Linden, M., Bredart, S., Bruyer, R., Nelles, B., & Schils, J. P. 1992 Daily-life difficulties in person recognition reported by young and elderly subjects. *Applied Cognitive Psychology*, 6, 161-172.
Semenza, C., & Zettin, M. 1989 Evidence from aphasia for the role of proper names as pure referring expressions. *Nature*, 342, 678-679.
Shepherd, J. W., & Ellis, H.D. 1973 The effect of attractiveness on recognition memory for faces. *American Journal of Psychology*, 86, 627-633.
Shepherd, J. W., Gibling, F., & Ellis, H.D. 1991 The effects of distinctiveness, presentation time and delay on face recognition. *European Journal of Cognitive Psychology*, 3, 137-145.
Valentine, T. 1991 A unified account of the effects of distinctiveness, inversion and race on face recognition. *Quarterly Journal of Experimental Psychology*, 43A, 161-204.
Valentive, T., & Endo, M. 1992 Towards an exemplar model of face processing: The effects of race and distinctiveness. *Quarterly Journal of Experimental Psychology*, 44A, 671-703.
Vokey J. R., & Read, J.D. 1992 Familiarity, memorability, and the effect of typicality on the recognition of faces. *Memory and Cognition*, 20, 291-302.
Wickham, L. H. V., & Morris, P. E. 2003 Attractiveness, distinctiveness, and recognition of faces: Attractive faces can be typical or distinctive but are not better recognized. *American Journal of Psychology*, 116, 455-468.
Wilson, B. 1982 Success and failure in memory training following a cerebral vascular accident. *Cortex*, 18, 581-594.
Wilson, B. 1987 *Rehabilitation of memory*. New York: Guildford Press.
Winograd, E. 1981 Elaboration and distinctiveness in memory for faces. *Journal of Experimental Psychology: Human Learning and Memory*, 7, 181-190.
Woodhead, M.M., Baddeley, A.D., & Simmonds, D.C. 1979 On training people to recognize faces. *Ergonomics*, 22, 333-343.
Yin, R.K. 1970 Face recognition by brain-injured patients: A dissociable ability? *Neuropsychologia*, 8, 395-402.
吉川左紀子　1999a 日常認知としての顔の記憶　川口潤（編）　現代の認知研究：21世紀に向けて　培風館　Pp. 60-70.
吉川左紀子　1999b 顔の再認記憶に関する実証的研究　風間書房
吉川左紀子　2000　顔の認識　日本児童研究所（編）児童心理学の進歩（2000年版），Vol.39. 金子書房　28-51.
吉川左紀子　2002　顔と名前の認知　井上毅・佐藤浩一（編）　日常認知の心理学　北大路書房　Pp. 128-146.
Young, A. W., Ellis, A. W., & Flude, B. M. 1988 Accessing stored information about familiar people. *Psychological Research*, 50, 111-115.
Young, A. W., Hay, D. C., & Ellis, A. W. 1985 The faces that launched a thousand slips: Everyday difficulties and errors in recognizing people. *British Journal of Psychology*, 76, 495-523.
Young, A. W., McWeeny, K. H., Hay, D. C., & Ellis, A. W. 1986a Matching familiar and unfamiliar faces on identity and expression. *Psychological Research*, 48, 63-68.
Young, A. W., McWeeny, K. H., Ellis, A. W., & Hay, D. C. 1986b Naming and categorizing faces and written names. *Quarterly Journal of Experimental Psychology*, 38A, 297-318.

★第9章
阿部恒之　1990　エステティックの心理学的効果および東洋医学との関連について　フレグランスジャーナル，18, 19-26.
阿部恒之　1997　エステティックの味わい　クレアボー，11, 54-57.
阿部恒之　2001　スキンケアへの期待の変遷と心理学的効果　大坊郁夫（編）化粧行動の心理学　北大路書房　Pp. 148-157.
阿部恒之　2002a　ストレスと化粧の社会生理心理学　フレグランスジャーナル社
阿部恒之　2002b　スキンケアの近代―平成・日本のスキンケアの源流―　研究紀要おいでるみん，13, 45-64.
　　　　　資生堂企業資料館

# 引用文献

阿部恒之・日比野 嵩 1997 化粧がもたらすいやしとはげみ―効用のしくみを考える― クレアボー，11，2-6．

大坊郁夫 1997 魅力の心理学 ポーラ文化研究所

大坊郁夫（編）2001 化粧行動の社会心理学―化粧する人間のこころと行動― 高木 修（監修）シリーズ21世紀の社会心理学9 北大路書房

土居泰子・中内敏子・矢野保子・辻喜美子 1995 化粧による高齢者の自立活性化―徳島県・鳴門山上病院からの報告― *Nursing Today*，3，38-40．

グラハム，G.A.・クリグマン，A.M.（監修） 早川律子（訳・監修） 1988 化粧の心理学 週刊粧業

浜 治世 1994 香りと感情 文映（心理学視聴覚教材）

浜 治世・浅井 泉 1993 メーキャップの臨床心理学への適用 資生堂ビューティーサイエンス研究所（編） 化粧心理学―化粧と心のサイエンス― フレグランスジャーナル社 Pp.346-356．

日比野英子・田辺毅彦・余語真夫・タミー木村・岡 千衣・筑後千晶・角谷安規子 2001 化粧が老人ホーム利用者の心身の健康に与える効果 日本心理学会大65回大会発表論文集，1071．

廣澤 榮 1993 黒髪と化粧の昭和史 岩波書店

伊波和恵 1996 化粧と社会的適応 高木修（監修）大坊郁夫・神山進（編著） 被服と化粧の社会心理学 北大路書房 Pp.178-196．

伊波和恵 2001a 高齢女性と化粧行動 大坊郁夫（編） 化粧行動の心理学 北大路書房，Pp.136-147．

伊波和恵 2001b 高齢者における清潔感および美粧行為の質的・量的検討 科学研究費奨励研究（A）報告書（未発表）

Inami, K. 2003 Reminiscence through a mirror: An emotional activation method using cosmetics for elderly women at a Geriatric Health Institution in Japan (Work Shop: Individual life review and group reminiscence for persons with dementia, by Nomura, T.) Reminiscence and Life Review Conference 2003 (Vancouver, Canada)

伊波和恵・浜 治世 1994 老年期痴呆症者における情動活性化の試み―化粧を用いて― 健康心理学研究，6，29-38．

石田かおり 1995 おしゃれの哲学―現象学的化粧論― 理想社

石田かおり 2002 健康美の時代―美と健康の結びつきからみた日本近現代美容史― 研究紀要おいでるみん，13，67-89．資生堂企業資料館

石井政之 1999 顔面漂流記 かもがわ出版

カイザー，S.B.（著） 高木 修・神山 進（監訳）被服心理学研究会（訳）1994 被服と身体装飾の社会心理学―装いのこころを科学する（上・下）― 北大路書房

蟹沢恒好 2001 今後の課題と展望 武田克之・原田昭太郎・安藤正典（監修）日本化粧品技術者会（編集企画） 化粧品の有用性―評価技術の進歩と将来展望― 薬事日報社 Pp.556-559．

菊池晶夫 1993 アロマテラピーとアロマコロジー 資生堂ビューティーサイエンス研究所（編） 化粧心理学―化粧と心のサイエンス― フレグランスジャーナル社 Pp.189-199．

小林光恵（編著） 2004 ケアとしての死化粧―エンゼルメイク研究会からの提案― 日本看護協会出版会

小森照久 1994 香りによる不眠症治療の試み 治療学，28，996．

南 博 1991 化粧とゆらぐ性 ネスコ・文藝春秋

文部省高等教育局医学教育課（監修） 2000 賢く支える超高齢社会：CAREひとのかたち ほおがほんのり桜色！老人病院などで化粧を施す―（株）資生堂の無料「身だしなみ講座」― Pp.20-21．

モリス，D・石田かおり 1999 「裸のサル」は化粧好き 求竜堂

村澤博人 1991 無臭化へむかう欲望―マイナス存在感考― imago，2，74-79．

村澤博人 1992 顔の文化誌 東京書籍

村澤博人 1998 21世紀の化粧学，化粧文化を展望する フレグランスジャーナル，26，53-56．

村澤博人 2001 大学教育における化粧品科学と化粧学―つくる側から使う側の講座へ― フレグランスジャーナル，29，59-62．

村山久美子・櫃本久美子・原美枝子・松岡美季・道官克一郎 1998 顔の認知と化粧の心理的効果（6） デザイン学研究，45，326-327．（このほか，一連発表あり）

中島義明・神山 進 1996 人間行動学講座 第1巻 まとう―被服行動の心理学― 朝倉書店

ポーラ文化研究所（編）1995 おしゃれ時代 part 2―自分らしさを求めて― ポーラ文化研究所

Saito, M. 1994 A cross-cultural study on color preference in three Asian cities: Comparison between Tokyo, Taipei and Tianjin, *Japanese Psychological Research*, 36, 219-232.

齋藤美穂 1995 『色白』の嗜好構造に関する一考察 コスメトロジー研究報告，3，100-113．

酒井順子　2004　容姿の時代　幻冬舎文庫（書籍公刊は2001年）
櫻井研三　1993　メーキャップにおける錯視　資生堂ビューティーサイエンス研究所（編）　化粧心理学―化粧と心のサイエンス―　フレグランスジャーナル社　Pp. 75 - 84.
資生堂ビューティーサイエンス研究所（編）　1993　化粧心理学―化粧と心のサイエンス―　フレグランスジャーナル社
菅沼　薫　2001　化粧意識と化粧品選好　大坊郁夫（編）　化粧行動の心理学　北大路書房　Pp. 76 - 88.
菅原健介　1993　メーキャップとアイデンティティー　資生堂ビューティーサイエンス研究所（編）　化粧心理学―化粧と心のサイエンス―　フレグランスジャーナル社　Pp. 155 - 160.
菅原健介　2001　化粧による自己表現：動機，効用，アイデンティティ　大坊郁夫（編）化粧行動の社会心理学　北大路書房　Pp. 102 - 113.
高木　修（監修）大坊郁夫・神山　進（編）1996　被服と化粧の社会心理学　北大路書房
高野ルリ子　2001　メーキャップのサイエンス　大坊郁夫（編）　化粧行動の心理学　北大路書房　Pp. 90 - 101.
手島正行　2001　外見に現れた傷や障害をもつ患者のためにできる支援活動―米国の重度熱傷体験者が取った行動とその方法―　看護学雑誌，64，432 - 437.
戸梶亜紀彦　1997　化粧が与える感性的印象について（2）　日本心理学会第61回大会発表論文集，926．
津田亜矢子・伊波和恵・浜　治世　2000　女子学生における化粧の心理的効用の研究（1）―容積皮膚温度と脈波を指標として―　日本心理学会第64回大会論文集，926．
津田亜矢子・安井美晴・滝沢有紀・伊波和恵・浜　治世　2001　女子学生における化粧の心理的効用の研究（2）―他者化粧におけるコミュニケーションの検討，質問紙法を用いて―　日本感情心理学会第9回大会
津谷喜一郎・田崎美弥子　2001　化粧はヘルス改善を謳えるか―好み・満足・主観・生活の質（QOL）を含んだ評価―　武田克之・原田昭太郎・安藤正典（監修）　日本化粧品技術者会（編集企画）　化粧品の有用性―評価技術の進歩と将来展望―　薬事日報社　Pp. 556 - 559.
山本真理子・松井　豊・岩男寿美子　1982　化粧の心理的効用（I・II）　日本社会心理学会発表論文集，103 - 106.
余語真夫　1996　顔をつくる―化粧行動―　中島義明・神山　進（編著）　まとう―被服行動の心理学―　朝倉書店　Pp. 119 - 138.
余語真夫　2002　化粧の健康科学―織田・阿部論文へのコメント―　心理学評論，45，74 - 78.
余語真夫・日比野英子・田辺毅彦・タミー木村・岡　千衣・筑後千晶・角谷安規子・宮副洋・城野秀樹　2001　化粧意識の年齢層間比較　日本心理学会大65回大会発表論文集，514．
余語真夫・津田兼六・浜　治世・鈴木ゆかり・互　恵子　1990　女性の精神的健康に与える化粧の効用　健康心理学研究，3，28 - 32.
余語琢磨　2003　身体を作る・見せる　根ヶ山光一・川野健治（編著）　身体から発達を問う―衣食住のなかのからだとこころ―　新曜社　Pp. 117 - 136.
吉川左紀子・益谷　真・中村　真（編著）　1993　顔と心―顔の心理学入門―　サイエンス社

## ★第10章

Asplund, K., Jansson, L., & Norberg, A. 1995 Facial expressions of patients with dementia : A comparison of two methods of interpretation. *International Psychogeriatrics*, 7, 527 - 534.

Coyne, A. C., Burger, M. C., Berry, J. M., & Botwinick, J. 1987 Adult age, information processing, and partial report performance. *Journal Genetic Psychology*, 148, 219 - 224.

Ekman, P., Friesen, W. V., & Ancoli, S. 1980 Facial signs of emotional experience. *Journal of Personality and Social Psychology*, 39, 1125 - 1134.

Folstein, M. F., Folstein S. E. McHugh, P. R. 1975 Mini-mental state : A practical method for grading the cognitive state for the clinician. *Journal of Psychiatric Research*, 12, 189 - 198.

Izard, C. E. 1979 *The maximally discriminative facial movement coding system*. Newark : University of Delaware.

Izard, C. E. 1991 *The Psychology of emotion*. New York : Plenum Press.

Kraut, R. E. & Johnston, R. E. 1979 Social and emotional messages of smiling : An etiological approach. *Journal of Personality and Social Psychology*, 37, 1539 - 1553.

Lawton, M. P. 1984 The varieties of well-being. In C. Z. Malatesta & C. E. Izard （Eds.）, *Emotion in adult development*. Beverly Hills, CA : Sage. Pp. 67 - 84.

Malatesta, C. Z., & Kalnok, M. 1984 Emotional experience in younger and older adults. *Journal of Gerontology*, 39, 301 - 308.

Malatesta, C. Z., Izard, C. E., Culver, C., & Nicolich, M. 1987a Emotion communication skills in young, middle-aged,

and older women. *Psychology and Aging*, 2, 193-203.
Malatesta, C. Z., Fiore, M. J., & Messina, J. J. 1987b Affect, personality, and facial expressive characteristics of older people. *Psychology and Aging*, 2, 64-69.
中村真・益谷真　2001　高齢者の感情表出―演技された表情の実証的検討―　感情心理学研究, 7, 74-90.
Rosen, J.L. & Neugarten, B.L. 1960 Ego functions in the middle and later years: A thematic apperception study of normal adults. *Journal of Gerontology*, 15, 62-67.
Schneider, K., & Josephs, I. 1991 The expressive and communicative functions of preschool children's smiles in an achievement-situation. *Journal of Nonverbal Behavior*, 15, 185-198.
宇良千秋・矢冨直美　1997　高齢者の笑いの表情に対する年齢と認知能力の影響　発達心理学研究, 8, 34-41.
綿森淑子・竹内愛子・福迫陽子・宮森孝史・鈴木勉・遠藤教子・伊藤元信・笹沼澄子　1989　痴呆患者のコミュニケーション能力　リハビリテーション医学, 26, 23-31.
矢冨直美・宇良千秋・吉田圭子・中谷陽明・和気純子・野村豊子　1996　痴呆性老人における笑いの表出　老年精神医学雑誌, 7, 783-791.

★コラム①
Becker-Stoll, F., Delius, A., & Scheitenberger, S. 2001 Adolescents' nonverbal emotional expressions during negotiation of a disagreement with their mothers: An attachment approach. *International Journal of Behavioral Development*, 25, 344-353.
Denham, S. A., Mitchell-Copeland, J., Strandberg, K., Auerbach, S., & Blair, K. 1997 Parental contributions to preschoolers' emotional competence: Direct and indirect effects. *Motivation and Emotion*, 21, 65-86.
Ekman, P., & Friesen, W. V. 1978 *Facial Action Coding System (FACS): A technique for the measurement of facial action*. Palo Alto, CA: Consulting Psychologists Press.
Halberstadt, A. G. 1986 Family socialization of emotional expression and nonverbal communication styles and skills. *Journal of Personality and Social Psychology*, 51, 827-836.
Halberstadt, A. G., Fox, N. A., & Jones, N. A. 1993 Do expressive mothers have expressive children? The role of socialization in children's affect expression. *Social Development*, 2, 48-65.

★コラム②
柿木隆介・渡邊昌子・三木研作　2002　人間が顔を認知するメカニズム，科学特集「人間理解の科学的基礎」, 72, 295-301.
Parasuraman, R. 1998 *The attentive brain*. Cambridge, MIT Press.
Puce, A., Allison, T., Bentin, S., Gore, J. C., & McCarthy, G. 1998 Temporal cortex activation in humans viewing eye and mouth movements. *Journal of Neuroscience*, 18, 2188-2199.
Puce, A., Smith, A., & Allison, T. 2000 ERPs evoked by viewing facial movements. *Cognitive Neuropsychology*, 17, 221-239.
鈴木竜太・小川宜子・時田学・山田寛　2003　光点運動による表情知覚を反映する事象関連電位, 電子情報通信学会技術研究報告, HCS 2002-103. 19-24.
Watanabe, S., Kakigi, R., & Puce, A. 2001 Occipitotemporal activity elicited by viewing eye movements: A magnetoencephalographic study. *Neuroimage*, 13, 351-363.
Zeki, S. 1993 *A vision of the brain*. Oxford, Blackwell Scientific Publications.

★コラム③
Boutet, I., Collin, C., & Faubert, J. 2003 Configural face encoding and spatial frequency information. *Perception and Psychophysics*, 65, 1078-1093.
Costen, N. P., Parker, D. M., & Craw, I. 1996 Effects of high-pass and low-pass spatial filtering on face identification. *Perception and Psychophysics*, 58, 602-612.
Hayes, T., Morrone, M. C., & Burr, D. C. 1986 Recognition of positive and negative bandpass-filtered images. *Perception*, 15, 595-602.
Morris, J., Öhman, A., & Dolan, R. J. 1998 Conscious and unconscious emotional learning in the human amygdala. *Nature*, 393, 467-470.
永山ルツ子・吉田弘司・利島保　1995　顔の表情と既知性の相互関連性―顔画像の空間周波数特性の操作と倒立呈示法を用いた分析―　心理学研究, 66, 327-335.
永山ルツ子　2000　顔知覚の空間周波数特性　心理学評論, 43, 276-292.

Näsänen, R. 1999 Spatial frequency bandwidth used in the recognition of facial images. *Vision Research*, 39, 3824 – 3833.

Ojanpää, H., & Näsänen, R. 2003 Utilisation of spatial frequency information in face search. *Vision Research*, 43, 2505 – 2515.

Schyns, P. G. & Oliva, A. 1999 Dr. Angry and Mr. Smile : when categorization flexibly modifies the perception of faces in rapid visual presentations. *Cognition*, 69, 243 – 265.

Tanaka, J. W., & Farah, M. J. 1993 Parts and wholes in face recognition. *Quarterly Journal of Experimental Psychology*, 46A, 225 – 245.

Vuilleumier, P., Armony, J. L., Driver, J., & Dolan, R. J. 2003 Distinct spatial frequency sensitivities for processing faces and emotional expressions. *Nature Neuroscience*, 6, 624 – 631.

★コラム④

Carrera, P., & Fernández-Dols, J. M. 1994 Neutral faces in context : Their emotional meaning and their function. *Journal of Nonverbal Behavior*, 18, 281 – 299.

Ekman, P., & Friesen, W. V. 1975 *Unmasking the face : A guide to recognizing emotions from facial clues.* Englewood Cliffs, NJ : Prentice-Hall.

Matsumoto, D. 1996 *Unmasking Japan : Myths and realities about the emotions of the Japanese.* Stanford, CA : Stanford University Press.

Matsumoto, D., & Ekman, P. 1988 *Japanese and Caucasian facial expressions of emotion* (*JACFEE*) *and neutral faces* (*JACNeuF*). [Slides]. Human Interaction Laboratory, University of California, San Francisco.

Mignault, A., & Chaudhuri, A. 2003 The many faces of a neutral face : Head tilt and perception of dominance and emotion. *Journal of Nonverbal Behavior*, 27, 111 – 132.

Russell, J. A. 1997 Reading emotions from and into faces : Resurrecting a dimensional-contextual perspective. In J. A.Russell & J.M.Fernández-Dols (Eds.), *The psychology of facial expression*. New York : Cambridge University Press. Pp. 295 – 320.

Russell, J. A., Weiss, A., & Mendelsohn, G. A. 1989 Affect grid : A single-item scale of pleasure and arousal. *Journal of Personality and Social Psychology*, 57, 493 – 502.

Shah, R., & Lewis, M. B. 2003 Locating the neutral expression in the facial-emotion space. *Visual Cognition*, 10, 549 – 566.

Schlosberg, H. 1952 The description of facial expressions in terms of two dimensions. *Journal of Experimental Psychology*, 44, 229 – 237.

Surakka, V., Sams, M., & Hietanen, J. K. 1999 Modulation of neutral face evaluation by laterally presented emotional expressions. *Perceptual and Motor Skills*, 88, 595 – 606.

渡邊伸行・前田亜希・山田寛　2003　表情認知における物理変数と心理変数の対応関係―Affect Grid 法を用いた検討―　電子情報通信学会技術研究報告, HCS 2003 – 20, 1 – 6.

渡邊伸行・山田寛　2002　視覚の情報空間における無表情の範囲　日本顔学会誌, 2, 59 – 70.

★コラム⑤

Castelli, F., Frith, C., Happe, F., & Frith, U. 2002 Autism, Asperger syndrome and brain mechanisms for the attribution of mental states to animated shapes. *Brain*, 125, 1839 – 1849.

Haxby, J. V., Hoffman, E. A., & Gobbini, M. 2002 Human neural systems for face recognition and social communication. *Biological Psychiatry*, 51, 59 – 67.

Hooker, C. I., Paller, K. A., Gitelman, D. R., Parrish, T. B., Mesulam, M. M., & Reber, P. J. 2003 Brain networks for analyzing eye gaze. *Cognitive Brain Research*, 17, 406 – 418.

★コラム⑥

Kreiman, G., Koch, C., & Fried, I. 2000 Category-specific visual responses of single neurons in the human medial temporal lobe. *Nature Neuroscience*, 3, 946 – 953.

★コラム⑦

Carr, L., Iacoboni, M., Dubeau, M. C., Mazziotta, J. C., & Lenzi, G. L. 2003 Neural mechanisms of empathy in humans : A relay from neural systems for imitation to limbic areas. *Proceedings of the National Academy of Sciences of the USA*, 100, 5497 – 5502.

Singer, T., Seymour, B., O'Doherty, J., Kaube, H., Dolan, R. J., & Frith, C. D. 2004. Empathy for pain involves the affective but not sensory components of pain. *Science*, 303, 1157−1162.

★コラム⑧
Dodson, C. S., Johnson, M. K., & Schooler, J. W. 1997 The verbal overshadowing effect : Why descriptions impair face recognition. *Memory and Cognition*, 25, 129−139.
Fallshore, M., & Schooler, J. W. 1995 Verbal vulnerability of perceptual expertise. *Journal of Experimental Psychology : Learning, Memory, and Cognition*, 21, 1608−1623.
Schooler, J. W., & Engstler-Schooler, T. Y. 1990 Verbal overshadowing of visual memories : Some things are better left unsaid. *Cognitive Psychology*, 22, 36−71.

★コラム⑨
Boutet, I., Gentes-Hawn, A., & Chaudhuri, A. 2002  The influence of attention on holistic face processing. *Cognition*, 84, 321−341.
Carmel, D., & Bentin, S. 2002  Domain Specificity versus expertise : Factors influencing distinct processing of faces. *Cognition*, 83, 1−29.
Liu, C. H., & Chaudhuri, A. 2003 What determines whether faces are special? *Visual Cognition*, 10, 385−408.
Palermo, R., & Rhodes, G. 2002 The influence of divided attention on holistic face perception. *Cognition*, 82, 225−257.
Reinitz, M. T., Morrissey, J., & Demb, J. 1994 Role of attention in face encoding. *Journal of Experimental Psychology : Learning, Memory, and Cognition*, 20, 161−168.
Ro, T., Russell, C., & Lavie, N. 2001 A detection advantage in the flicker paradigm. *Psychological Science*, 12, 94−99.

# 人名索引（ABC 順）

## ● A

Abdel-Rahman, R.　161
阿部恒之　172, 174, 176, 182, 183
Adachi, I.　12
Addington, D.　132
Addington, J.　132
Adolphs, R.　63, 88, 92, 136
Aggleton, J. P.　92
Ahrens, S. R.　26
Alley, T. R.　153
有村達之　140
Asplund, K.　199

## ● B

馬場天信　140-142, 144, 146
Babcock, M. K.　100
Babloyantz, A.　78
Baddeley, A. D.　156
Bagby, R. M.　140, 141, 146
Bahrick, H. P.　154, 155
バーバラ・C・クエイル　181
Baron-Cohen, S.　91
Barrett, S. E.　122
Bartlett, J. C.　152
Barton, J. J.　88
Bassili, J. N.　49
Batki, A.　9, 91
Baudouin, J. Y.　90, 158, 159
Baylis, G. C.　114, 119
Beale, J. M.　67
Beales, S. A.　156
Becker-Stoll, F.　38
Bench, C. J.　98
Benson, P. J.　52
Bentin, S.　88, 120-122, 169
Benton, A.　129, 133
Bermond, B.　140
Bermpohl, F.　101, 102
Berntson, G. G.　5
Berthoz, S.　145
Blair, R. J.　92
Blanz, V.　67
Bleuler, E.　128
Borod, J. C.　129, 137
Botzel, K.　120
Boutet, I.　59, 170
Bower, G. H.　156
Boysen, S. T.　5
Breiter, H. C.　94, 136
Broks, P.　136
Brown, D. E.　63
Bruce, C.　111, 114
Bruce, V.　2, 6, 43, 45, 86-88, 90, 91, 103, 120-123, 152, 156, 159-161, 163-166
Bullock, M.　64-66, 71, 72
Busey, T. A.　68
Bushnell, I. W. R.　11, 17
Buss, D.　63

## ● C

Caharel, S.　99
Calder, A. J.　52, 64, 68, 69, 79, 91, 92, 136
Campanella, S.　122
Campbell, R.　53, 70
Canli, T.　92
Carey, S.　6, 8, 18, 89
Carlson, J. G.　63
Carmel, D.　169
Caron, R. F.　29
Carr, L.　93, 149
Carrera, P.　81-83
Carroll, J. M.　67
Castelli, F.　106
Chao, L. L.　89
Chapman, J. P.　129
Chapman, L. J.　129
Chaudhuri, A.　82, 170
Chevalier-Skolnikoff, S.　5
Christie, F.　43
Cloninger, C. R.　141
Cohen, G.　161
Costen, N. P.　58
Cottrell, G.　79
Cowey, A.　119
Coyne, A. C.　194
Cross, J. F.　153
Cutler, B. L.　153
Cutting, J.　131

## ● D

D'Argembeau, A.　158
D'Esposito, M.　90
大坊郁夫　175, 177
Dailey, M. N.　69

Damasio, A. R.　95
Dasser, V.　5
Davies, G.　159
Davis, M.　90
Davis, P. J.　131
Daw, P. S.　156
De Renzi, E.　91
de Waal, F. B. M.　3
Decety, J.　101
Denham, S. A.　37
Deouell, L. Y.　122
DePaulo, B. M.　63
Devinsky, O.　97
Diamond, R.　6, 8, 89
Dodd, B.　53
Dodson, C. S.　168
土居泰子　178
Dolgin, K.　27
Doty, R. W.　7
Dougherty, F. E.　128, 129
Druzgal, T. J.　90

● E

Edwards, J.　129
Eifuku, S.　112, 115, 118, 119
Eimer, M.　121-123
Ekman, P.　37, 48, 62, 63, 68, 71, 82, 130, 133, 142, 144
Ellis, H. D.　8, 95, 153
遠藤光男(Endo, M.)　87, 153
Endo, N.　90, 159
Engstler-Schooler, T. Y.　167
Etcoff, N. L.　52, 68, 69, 71, 159

● F

Fallshore, M.　167
Fantz, R. L.　14
Farah, M. J.　58, 89
Feinberg, T. E.　99, 129
Fernández-Dols, J. M.　81-83
Field, T. M.　26
Fleishman, J. J.　153
Flude, B. M.　161
Fobes, J. L.　4
Folstein, M. F.　195
Fox, E.　158
Fridlund, A. J.　63
Friesen, W. V.　37, 48, 63, 68, 82, 130, 133, 142, 144
Frijda, N. H.　63
Frommann, N.　133
Fudge, J. L.　137

Fujita, I.　114, 119
藤田和生(Fujita, K.)　2, 4, 16
Fukunishi, I.　141

● G

Gaebel, W.　132
Garfield, D. A.　129
Garver, D. L.　131, 132
Gauthier, I.　89, 90
Geday, J.　90
Geldart, S.　24
Gessler, S.　129, 131
Gibson, M. G.　131
Glasgow, R. E.　162
Glenberg, A. M.　160, 161
Golland, Y.　121
Goren, C.　9
Gorno-Tempini, M, L.　92
Gothard, K. M.　8
後藤和史　140
Grabe, H. J.　141
Gray, J. M.　136
Greene, J. D. W.　161
Grimes, T.　160, 161
Groninger, L. D.　162
Grusserr, O. J.　120
グラハム, G. A.　174

● H

Haan, M.　27, 31, 90
Habel, U.　130
Haidt, J.　63
Halberstadt, A. G.　37
浜 治世　178, 184
Hansen, C. H.　158
Hansen, R. D.　158
Hariri, A. R.　98, 102, 103
Harnad, S.　64
Harris, D. M.　91
Hasselmo, M. E.　112-115
Hatfield, E.　63
Haviland, M. G.　140
Haxby, J. V.　87, 89, 91, 96, 97, 106
Hejmadi, A.　63
Hempel, A.　137
Heywood, C. A.　119
日比野英子　179
日比野 嵩　183
Hill, H.　41, 43-45
廣澤 榮　182
Hochberg, J. E.　62
Hodges, J. R.　161

Holmes, A.　123
Hooker, C. I.　92,　105,　106,　133
Horel, J. A.　119
Hughson, R. L.　78
Humphreys, G. W.　49

● I

Iacoboni, M.　101
池田　進　62
伊波和恵(Inami, K.)　178,　179,　184,　185
Ishai, A.　90
石田かおり　172,　180,　183
石井政之　180
伊藤美加　158
Izard, C. E.　128,　189,　192

● J

Jeffreys, D. A.　120,　121
Jenkins, J. M.　63
Jessimer, M.　146
Johansson, G.　49
Johnson, M. H.　9,　10,　15,　90
Johnson, S. C.　101
Johnston, A.　41-45
Johnston, P. J.　130
Johnston, R. A.　161
Johnston, R. E.　192
Josephs, I.　192

● K

Kaiser, S. B.　175
柿木隆介(Kakigi, R.)　57
Kalnok, M.　188
蒲池みゆき(Kamachi, M.)　49-53,　145
神山　進　175
Kandel,　E. R.　110
蟹沢恒好　184
Kano, M.　145,　146
Kanwisher, ●　88
Kargopoulos, P.　160,　161
Karlin, M. B.　156
Katsikitis, M.　66
Kawashima, R.　92
Kay, J.　91
Kay, S. R.　131
Keating, C. F.　8
Keating, E. G.　8
Kee, K. S.　133
Keenan, J. P.　99
Keil, C. F.　67
Kelley, W. M.　101
Keltner, D.　63

Kendrick, K. M.　12
Kerr, S. L.　129
Kersten, D.　100
木原香代子　154,　156-159,　162,　165
菊池晶夫　176,　184
King, J. L.　4
Kircher, T, T.　100
桐田隆博　160
Kirmayer, L. J.　130
Klatzky, R. L.　162
Klimkowski, M.　137
Kline, J. S.　131,　132
Knight, B.　42
Kobatake, E, .　114
小林光恵　182
Kohler, C. G.　129,　132
小牧　元　140
小森照久　184
Kondo, H.　97,　98
小西賢三　122
Konishi, S.　98
Kosaka, H.　137
Kottoor, T. M.　159
Koyama, K.　141
Kraepelin, E.　128
Kraut, R. E.　192
Kreiman, G.　125,　126
Krystal, H.　139,　142
Kucharska-Pietura, K.　137
桑畑裕子(Kuwahata, H.)　10

● L

LaBarbera, J. D.　27
Lander, K.　42,　45
Lane, R. D.　142,　145
Lang, P. J.　142
Lange, K.　98
Langlois, J. H.　153
Lawton, M. P.　188
LeDoux, J. E.　92,　94
Lewis, M.　100
Lewis, S. F.　131,　132
Light, L. L.　152
Liu, C. H.　170
Logothetis, N. K.　110
Lucchelli, F.　91
Ludemann, P. M.　32
Luminet, O.　141

● M

MacDonald, A. W.　98
Magee, J. J.　52,　68,　69,　71

Malatesta, C. Z.　　188, 190, 191
Malpass, R. S.　　155
Mandal, M. K.　　129, 143
Mandelbrot, B. B.　　76, 77
Mann, L. S.　　142, 146
Markham, R.　　146
Markus, H.　　99
益谷 真　　188-191, 193
Matsumoto, D.　　82, 133
松沢哲郎　　5
松本有央　　118
McDonald, P. W.　　142
McGuire, P. K.　　100
McWeeny, K. H.　　161
Meltzoff, A. N.　　91
Memon, A.　　156
Mendelson, M. J.　　9
Mesquita, B.　　63
Mignault, A.　　82
Milders, M.　　161
Miller, R. S.　　100
Milne, A.　　159
南 博　　175, 182
宮岡 等　　140
宮内 哲　　86
Miyoshi, M.　　122
Moore, M. K.　　91
Morris, J. S.　　60, 92, 94, 136
Morris, P. E.　　153
Morrison, R. L.　　128
Morton, J.　　9, 10, 15, 90
向田 茂　　49
Munhall, K.　　53
村澤博人　　175, 180, 183
村山久美子　　183
Myowa-Yamakoshi, M.　　9-11

● N

Näsänen, R.　　58, 59
永山ルツ子　　58, 59
中島義明　　175
Nakamura, K.　　98, 115
中村 真　　188-191, 193
Nakayama, K.　　96, 99
Narumoto, J.　　92
Neale, J. M.　　129
Nelson, C. A.　　27, 29, 31, 32, 90
Nelson, M. D.　　137
Nemiah, J. C.　　139, 142
Neugarten, B. L.　　188
野村理朗(Nomura, M.)　　90, 93, 94, 96-98, 100

Northoff, G.　　101, 102
Novic, J.　　129

● O

O'Toole, A. J.　　40, 41
Oatley, K.　　63
小川時洋　　74
Ojanpää, H.　　59
岡田 俊(Okada, T.)　　133
Oliva, A.　　46, 59
大平英樹　　94
Optican, L. M.　　117
Oster, H.　　26
Overman, W. H.　　7

● P

Padgett, C.　　79
Palchoudhury, S.　　129
Palermo, R.　　169, 170
Pandey, R.　　143
Paradiso, S.　　137
Parasuraman, R.　　57
Park, S.　　133
Parker, J. D.　　143, 144
Parkin, A. J.　　156
Parr, L. A.　　7, 8
Pascalis, O.　　19
Patterson, K. E.　　156
Peirce, J. W.　　12
Penrod, S. D.　　153
Perrett, D. I.　　52, 110, 113, 114, 153
Phelps, M. T.　　7
Phillips, M. L.　　131, 136
Phillips, R. D.　　31
ポーラ文化研究所　　178, 183
Pollak, S. D.　　30
Pollick, F. E.　　52
Poole, J. H.　　133
Porcelli, P.　　141
Preilowski, B.　　99
Prkachin, K. M.　　142
Puce, A.　　57, 92, 123

● R

Rapcsak, S. Z.　　133
Read, J. D.　　153
Redican, W. K.　　5
Reinitz, M. T.　　169
Remez, R. E.　　54
Rhodes, G.　　169, 170
Richmond, B. J.　　117
Rizzolatti, G.　　101

Ro, T.　169
Roberts, W. A.　7
Roedema, T. M.　142
Roggman, L. A.　153
Rolls, E. T.　113, 114
Rosen, J. L.　188
Rosenfeld, S. A.　6
Rosenstein, D.　26
Rostaing, Y. M.　122
Ruby, P.　102
Russel, C.　130
Russell, J. A.　64-67, 69, 71, 72, 74, 81
Rybarczyk, P.　12

● S ･････････････････････････

Sahraie, A.　94
齋藤美穂　180
酒井順子　180
櫻井研三　183
Salem, J. E.　129
Sarno, J.　153
Sato, E.　52
Sato, W.　93, 136
佐藤　豪　142
Schacter, D. L.　162
Scherer, K. R.　62
Schiano, D. J.　67
Schlosberg, H.　69, 81
Schneider, K.　128, 192
Schooler, J. W.　167
Schweich, M.　161
Schyns, P. G.　46, 59
Semenza, C.　91, 161
瀬谷正敏　62
Shapiro, R. M.　99
Sheline, Y. I.　92, 94
Shepherd, J. W.　8, 152, 153
渋井　進(Shibui, S.)　70, 74, 75
Shimada, I.　78
Shinagawa, Y.　78
Shlomo, N.　131
Sifneos, P. E.　139, 141
Silver, H.　131
Simons, R. F.　142
Singer, T.　149
資生堂ビューティーサイエンス研究所　174
Smith, C. A.　79
Sprengelmeyer, R.　136
Stevenage, V. S.　68
Stone, J. V.　41
Streit, M.　137
菅沼　薫　183

Sugase, Y.　112, 113, 115-117
菅原健介　177
Surakka, V.　82
鈴木直人(Suzuki, N.)　71-72, 74, 75
鈴木竜太　57
Sweet, L. H.　131

● T ･････････････････････････

高木　修　175
高橋　博　74
高野ルリ子　176
竹原卓真(Takehara, T.)　71, 72, 75, 78
竹下秀介　3
Tamura, H.　119
Tanaka, J. W.　58
Tanaka, K.　114, 119
Tarr, M. J.　89
田崎亜弥子　184
Taylor, G. J.　140, 141, 146
Taylor, M. J.　121
手島正行　181
Tolley-Schell, S. A.　30
友永雅己(Tomonaga, M.)　6, 10, 11
Tong, F.　96, 99
Tranel, D.　95
Troje, N. F.　100
津田亜矢子　174, 176
Tsukiura, T.　91
Tsunoda, K.　119
津谷喜一郎　184
Tukmach, E. S. A.　121
Tyack, P. L.　3

● U ･････････････････････････

Ullman, S.　42
宇良千秋　188, 192-195

● V ･････････････････････････

Valentine, T.　45, 153
Van Hoesen, G. W.　6
Vatikiotis-Bateson, E.　53
Vogeley, K.　102
Vokey, J. R.　153
Vorst, H. C. M.　140
Vuilleumier, P.　60, 90, 94

● W ･････････････････････････

Wölwer, W.　132
Walker, E. F.　130
綿森淑子　198
渡邊伸行　75, 81, 83
渡辺　茂(Watanabe, S.)　2, 57

Wehmer, F.　142
West, B. J.　78
Whalen, P. J.　90
Wickham, L. H. V.　153
Wierzbicka, A.　63
Williams, L. M.　132
Wilson, B. A.　162
Winograd, E.　152，156
Winston, J. S.　92
Woodhead, M. M.　155
World Health Organization　133
Wright, A. A.　7
Wright, C. I.　94
Wurf, E.　99

● Y ･･･････････････････････

山田　寛(Yamada, H.)　73-75，83
山口真美　11

山本真理子　173
Yamamoto, Y.　78
Yamane, S.　112，114，115
Yarbus, A. L.　8
矢冨直美　188，192-198
Yin, R. K.　6，89，159
余語真夫　172，176，178
余語琢磨　181
吉川左紀子　156-159，161，164，165，175
Young, A.　8，64，69-71，86-88，90，91，103，120-123，152，159-161，163-166
Young, M. P.　115
Young-Browne, G.　28

● Z ･･･････････････････････

Zettin, M.　91，161
Zuckerman, M.　130
Zuroff, D. C.　129

# 事項索引 (50音順)

### ●あ

IAPS(International Affective Picture System) 142, 145
ICD-10 128, 133
愛着 95, 95
愛着スタイル 38
愛着表象 38
愛着理論 38
曖昧な表情 96, 97, 99
アカゲザル 7
あざ 172
アジルテナガザル 10
アタッチメント 188
アレキシサイミア 139, 140
アロマ(aroma) 184
アロマコロジー(aromachology) 184
アンチエイジング 181

### ●い

EMFACS 37
怒り 129, 131, 133, 135, 137
閾下刺激 93
意識的・顕在的な表情認識 93
一次視覚野 56
一時的知覚判断 48
一級症状 128
遺伝子 102, 103
意味情報へのアクセス 91
意味処理優位性効果 155, 156
因子分析 64
陰性症状 131, 132, 137
陰性症状評価尺度(SANS) 131
陰性成分(N 170) 88, 100, 120
インプリンティング 15
陰蔽 82

### ●う

動きからの構造復元 42

### ●え

ADL(Ability of Dairy Life；日常生活能力) 172
ABX 課題 68
笑顔優位性効果 158
XAB 課題 53
NEO-PI-R 141
MRI 137
MMS(mini-mental state examination) 195, 198
円環モデル 65
猿人類 3
エンゼルメイク 182
エンバーミング 182

### ●お

OAS(Observer Alexithymia Scale) 140
驚き 133, 135

### ●か

外観変化 189, 190
外見的操作 174
外見的適応 174
外向性 141
快情動 137
階層的な分類構造 117
外側膝状体 109
解体型 131
解読 188
海馬 125, 137
顔空間モデル 18
顔刺激選択性ニューロン 113
顔図形 9
顔図形偏好 10
顔と声 53
顔に応答するニューロン 113
顔認識モデル 159, 160, 163
顔認識ユニット 91
顔認知 86, 90
顔認知の特殊 88
顔の動き 40
顔の記憶方略 155
顔の既知感 95
顔の信頼性 92
顔の倒立効果 31
顔の倒立呈示効果 90
顔の認知スタイル 154
顔の表情知覚 47
顔の魅力 153
鏡 180
学習効果 47
拡張システム 88
下後頭回 87
下側頭皮質 109
活動電位 108
カテゴリ化 50
カテゴリ説 62

231

## 事項索引

カテゴリ知覚効果　64
下頭頂葉　102
悲しみ　129, 130, 132, 133, 135, 137
カニクイザル　5
カバーメイク　181
カプグラ症候群　95
仮面うつ病　141
カモフラージュメイク　181
寛解期　131, 132
感覚性強化　4
感情カテゴリ判断　98
感情言語化困難症状　140
感情コミュニケーション　37
感情コンピテンス　37
感情次元説　144
感情信号　188, 189, 191
感情表出　37
感情平板化　128, 137

●き
記憶表象　167
幾何学的錯視　183
基礎化粧　183
既知性判断　58, 96
基底核　136
ギニアヒヒ　8
機能性胃腸障害　141
機能的核磁気共鳴装置(fMRI)　57, 60, 86, 103, 104, 131, 136
機能的神経脳画像　103
基本感情　62, 96
基本感情説　144
基本情動　190, 191
基本表情　189
基本6情動　130, 133
逆再生　45
QOL(quality of life：生活の質)　185
嗅覚　176
急性期　131, 132
旧世界ザル　3
嗅内皮質　125
cue familiarity　91
驚愕反応調整　148
競合のモニタリング　99
鏡像誤認　99
強調　52
強調顔　11, 20
共同注意　91
恐怖　129, 131, 133, 135, 136
共分散構造モデリング　98
嘘再認率　169
近赤外分光光度計(NIRS)　86, 104

筋電図　199

●く
空間周波数　46, 58
空間周波数成分　94
空間的な強調　52
偶発記憶　158
口の動き　87, 92

●け
ケア　172
計算モデル　79
計算論的モデル　104
継続的知覚判断　48
系統樹　3
系統発生　2
化粧　172
化粧学(cosmetology)　175
化粧下　183
化粧セラピー　178
化粧品学　175
化粧本能　175
化粧を用いた情動活性化　178
結合顔　169
嫌悪　129, 131, 133, 135-137
言語陰蔽効果　167
健康　172
言語描写　167
現象学　180

●こ
コアシステム　87
行為の表象機能　102
高空間周波数成分　94
考現学　182
高次視覚野　57
香粧品学　175
構造的符号化　95
構造的符号化過程　96, 121
剛体的運動　43
剛体的な動き　41
後部帯状回　101, 102
幸福　129, 130, 132, 133, 135, 137
高齢者　188
go/no-go 課題　98
五感　176
心の健康　174
個人差　154
個人情報の記憶　160
個体認識　5
コッホ曲線　76
コミュニケーション機能　188

## ●さ

サイコパス　148
細胞外電位記録　108
錯視　183
差分解析　97
左右分離脳　99
三項関係　179

## ●し

Galex(Gotow Alexithymia Scale)　140
視覚　176
視覚一次野　109
視覚的情報処理　194
視覚的偏好　90
時間的な強調　52
時空間印章　41
次元説　62
自己　91, 92, 95, 99
自己アイデンティティ　177
自己意識的感情　99, 100, 102
自己顔　99
自己関連づけ判断　100
自己鏡像認知　100
自己充足感　174
自己相似性　76
自己呈示　178
自己認知　86, 96, 102
自己の神経基盤　101
自己表現　174
自己表象　102
示差性　152, 153
示差性効果　152
視床下部　92
事象関連電位　57, 88
事象関連電位成分(N 170)　169
事象関連脳電位(ERP)　120
視床枕　94
自信　174
視線　87, 92, 105
視線のモニタリング　91
自尊感情　176
自尊心をとりもどすためのSTEPS　181
失感情症　140
自動性　170
死化粧　182
社会的機能　132, 133
社会的コンピテンス　37
社会的参照　32
社会的笑い　195, 197, 198
自由回答課題　68
自由記述課題　50

羞恥　129
種確認　4
主観的幸福感　188
主観的情動経験　192
熟達化　89, 90
樹状突起　108
馴化・脱馴化法　14
上丘　94
上側頭溝　87, 90-92, 105
上側頭溝皮質　109
情動活性化プログラム　178
情動活性-脱活性　176
情動カテゴリ　129, 130, 134, 135
情動の笑い　197, 198
情動認知能力　142
情報量解析　117
触覚　176
処理シフト説　167
心因性疼痛障害　141
進化　2
人格特性　93
進化の距離　3
親近性　91, 100
神経症傾向　141
神経伝達物質　102, 103
神経脳画像研究　92, 98
心身症　139
新世界ザル　3
身体の魅力　172
身体表現性障害　141
身体変工　181
心的外傷後ストレス障害　141
人物同定　44, 53
人物の記憶　160
心理教育　133
心理空間　66
心理次元　81
心理的満足　176

## ●す

皺眉筋　142
スキンケア　172
ストレス　176
スパイク波　108
スパイク発火　108
刷り込み　15

## ●せ

清潔　185
正弦波音声　54
正準判別分析　74
精通性　191

静的な情報　87
生得性　14
性別判断　98
性別判断課題　46
整容　179
正立顔　45
世界保健機構(WHO)　184
接触　174
摂食障害　141
セルフケア　185
セロトニン　103
セロトニン・トランスポーター　103
セロトニン・トランスポーター遺伝子　102
線画　9, 68
線形モーフィング　49
全体処理　6
全体的処理　167
前頭前野背外側部　97, 98, 99
前頭前野背内側部　97, 98, 101, 102
前頭前野腹外側部　98
前頭前野腹内側部　92, 101, 102
前頭領野　87, 90, 91, 93
前部帯状回　97, 98, 101, 102
前部帯状回背側部　99
前部帯状皮質　137, 145, 146
前部島皮質　136

●そ

走査パターン　8
早発痴呆　128
相貌失認　88, 95
相補代替医療　184
側頭葉　109
側頭領野　91
側頭領野先端部　91
損傷研究　136

●た

target familiarity　91
対人機能　128
対人的魅力　175
大脳基底核　92
代理母　18
多次元尺度構成法　64
他者化粧　176
多面の感情尺度　179

●ち

遅延適合タスク　112
チャンスレベル　54
注意の方向性　91
注意分割　170

注視時間　14
注視タスク　112
中性　130, 132
中性表情　81
中脳水道灰白質　92
中立化　82
チンパンジー　5

●つ

通文化的研究　130, 133

●て

TAS(Toronto Alexithymia Scale)　140
TAS-20(Toronto Alexithymia Scale-20)　140
TAS 日本語訳　140
TCI(Temperament and Character Inventory)　141
低空間周波数成分　94
定型抗精神病薬　132
デオドラント(deodorant)　183
典型性　153
テンプレートマッチング　48

●と

統合失調症　128-134, 136, 137
同時弁別課題　5
同定課題　68
動的な情報　87
投薬　132, 133
倒立顔　45
倒立効果　6
倒立呈示　89
倒立呈示効果　89
読唇　53
特徴的処理　167

●な

ナチュラルメイク　180
名前の記憶　161

●に

似顔絵効果　52
二次視覚野　56
二値化　42
乳児　90
ニューロン　108
認知症高齢者　178, 195, 198, 199
認知神経科学　86, 95, 96
認知神経科学的研究　96

●ね

熱傷患者　181

熱傷フェニックスの会　181
年齢　130

## ●の
脳機能画像研究　136, 137
脳磁図(MEG)　57, 86

## ●は
パーソナリティ　190
バイオロジカルモーション　49
ハイブリッド顔　46
発達研究　9
発話読み取り　53
母親顔認識　11
ハンチントン舞踏病　136

## ●ひ
美意識　175
BVAQ(Bermond-Vorst Alexithymia Questionnaire)　140
比較認知科学　2
非強調顔　20
非言語行動　62
非剛体の運動　43
非剛体的な動き　41
美粧行為　185
非侵襲的脳機能画像法　125
左下頭頂葉　100
左扁桃体　93
非定型抗精神病薬　132
美白　180
皮膚電気反応　148
皮膚伝導率　95
Human Brain Mapping　103
ヒューリスティック　93
美容　172
病期　130
病型　131
表示規則　82, 190, 191, 193
表出　188
表出者　189
表出速度情報　49
表情　87, 91, 92, 102, 188
表情筋　142
表情筋反応　148
表象促進仮説　41
表情知覚　48
表情認知　142, 143, 145, 146
表情の解読　190
表情の記憶　157
美容整形　181

## ●ふ
5 HTTLPR 102
不安感　176
風流　180
Facial Action Coding System　48
不快情動　129, 130, 136, 137
腹話術錯視　53
フサオマキザル　8
ブタオザル　4
物質常用性障害　141
ブラインドサイト　94
フラクタル　75
フラクタル次元　77
フレグランス　172
プレファレンス法　14
プロトタイプ　71
文化　130
文脈　82
文脈効果　47

## ●へ
平均顔　11, 20
変身願望　174
扁桃体　60, 90, 92-95, 98, 106, 125, 131, 136, 137, 146
弁別タスク　112
弁別手がかり　8

## ●ほ
ポイントライト呈示　49
紡錘状回　87-90, 95, 106
紡錘状回外側部　90
補足的情報仮説　41
ボディイメージ　182
ほほえみ　191, 197

## ●ま
マガーク効果　53
真顔優位性　159
マカクザル　4
MAX(maximally discriminative facial movement coding system)　189, 193, 196, 199
マッサージ　176
マルチモーダル　53
慢性期　131
慢性記録実験　111

## ●み
右前頭前野腹外側部　98
右大脳半球機能不全仮説　146
右扁桃体　94

見本合わせ課題　6
ミラー・ニューロン　101
ミラーニューロンシステム　149
魅力　152

●む
無意識的・自動的な処理　94
無菌化　183
無臭化　183
無表情　81

●め
メーキャップ　172
目の重要性　8

●も
妄想型　133
網膜　94, 109
モーションキャプチャ　43
モーフィング　49, 67, 97
目撃証言　167, 168
喪の作業　182
物まね　41

●や
やけど　172
やつし　180

●ゆ
ユニークフェイス　181

●よ
陽性症状　131, 133, 137
陽性症状・陰性症状評価尺度(PANSS)　131
陽性症状評価尺度(SAPS)　131
陽性成分(VPP)　120
陽電子断層撮像法(PET)　86, 103, 104
容貌認知　183

●ら
ラテラリティ　93

●り
リスザル　7
リフレッシュ　176
リラクセーション　176
リラックス　176

●る
類似性　191

●れ
霊長類　3
霊長類の分類　3

●わ
笑い　191, 192, 194-199

【執筆者一覧】

| | | |
|---|---|---|
| 桑畑　裕子 | 京都大学 | 第1章 |
| 山口　真美 | 中央大学 | 第2章 |
| 蒲池　みゆき | 工学院大学 | 第3章 |
| 竹原　卓真 | 編者 | 第4章 |
| 野村　理朗 | 編者 | 第5章 |
| 菅生(宮本)康子 | 産業技術総合研究所 | 第6章第1節 |
| 三好　道子 | 北海道大学大学院 | 第6章第2節 |
| 岡田　俊 | 京都大学 | 第7章第1節 |
| 馬場　天信 | 追手門学院大学 | 第7章第2節 |
| 木原　香代子 | 立命館大学 | 第8章 |
| 伊波　和恵 | 東京富士大学 | 第9章 |
| 宇良　千秋 | 東京都老人総合研究所 | 第10章 |
| 興津　真理子 | 神戸学院大学 | コラム1 |
| 鈴木　竜太 | 日本大学 | コラム2 |
| 永山　ルツ子 | 静岡英和学院大学 | コラム3 |
| 渡邊　伸行 | 金沢工業大学 | コラム4 |
| 森岡　陽介 | 同志社大学大学院 | コラム5 |
| 田積　徹 | 聖泉大学 | コラム6 |
| 佐藤　徳 | 富山大学 | コラム7 |
| 高原　美和 | 東京工業大学大学院 | コラム8 |
| 辻井　岳雄 | 慶應義塾大学 | コラム9 |

【編者紹介】
竹原卓真（たけはら・たくま）
 1970年　奈良県に生まれる
 1993年　同志社大学文学部文化学科心理学専攻　卒業
 2001年　同志社大学大学院文学研究科心理学専攻　博士課程後期課程　単位取得退学
 2003年　学位取得（同志社大学）
 現　在　北星学園大学社会福祉学部　准教授　博士（心理学）
 主著・論文
 ・Differential processes of emotion space over time.（共著）*North American Journal of Psychology*, 3, 217-228. 2001
 ・Robustness of the two-dimensional structure of recognition of facial expression : Evidence under different intensities of emotionality.（共著）*Perceptual and Motor Skills*, 93, 739-753. 2001
 ・Fractals in emotional facial expression recognition.（共著）*Fractals*, 10, 47-52. 2002
 ・表情から感情を読み取る：その代表的モデルと複雑性（単著）感情心理学研究，9，31-39．2002

野村理朗（のむら・みちお）
 1973年　広島県に生まれる
 1997年　名古屋大学工学部電子学科　卒業
 2002年　名古屋大学大学院人間情報学研究科　博士後期課程　単位取得退学
 2002年　学位取得（名古屋大学）
 現　在　広島大学大学院総合科学研究科　准教授　博士（学術）
 主著・論文
 ・曖昧表情の認知過程における事象関連電位（ERP）の応答（共著）感情心理学研究，77-86．2002
 ・Frontal lobe networks for effective processing of ambiguously expressed emotions in humans.（共著）*Neuroscience Letters*, 348, 113-116. 2003
 ・Functional association of the amygdala and ventral prefrontal cortex during cognitive evaluation of facial expressions primed by masked angry faces : An event related fMRI study.（共著）*Neuroimage*, 21, 352-363. 2004
 ・感情の推測プロセスを実現する脳内ネットワーク（単著）心理学評論，47，71-88．2004

---

# 「顔」研究の最前線

| 2004年9月20日　初版第1刷発行 | 定価はカバーに表示 |
| 2008年6月20日　初版第3刷発行 | してあります。 |

　　　編　著　者　　竹　原　卓　真
　　　　　　　　　　野　村　理　朗
　　　発　行　所　　㈱北大路書房
　　　〒603-8303　京都市北区紫野十二坊町12-8
　　　　　　　　　電　話　（075）431-0361（代）
　　　　　　　　　FAX　　（075）431-9393
　　　　　　　　　振替　01050-4-2083

　　Ⓒ2004　印刷／製本　亜細亜印刷㈱
　　検印省略　落丁・乱丁本はお取り替えいたします

　　ISBN978-4-7628-2390-9　　Printed in Japan